中央和国家机关
"强素质·作表率" | 读书活动系列

历史是最好的教科书

党史学习边学边记

本书编委会 ◎ 编

人民出版社

2013 年 3 月 1 日，习近平总书记在中央党校建校 80 周年庆祝大会暨 2013 年春季开学典礼上作重要讲话。一句"历史是最好的教科书"，点明了全体中国共产党人鼓舞斗志、明确方向，坚定信念、凝聚力量，启迪智慧、砥砺品格的重要意义。

习近平总书记特别重视历史比较，在他的讲话中，常常上下五千年，纵横几万里，以开阔的历史视野，观察现实、思考未来。他在时间之轴上溯流而上，追溯古代中国的灿烂业绩，着眼近代中国的落后屈辱，分析当代中国的弯道超车，展示出一幅中国自古及今的发展图景。从信手拈来的历史数字、历史细节、历史镜头中，我们可以感受到历史的强劲脉动，可以清晰地认识到当今时代的历史方位。

十年后的今天，回首过去，展望未来，这篇讲话中提出"中国共产党人依靠学习走到今天，也必然要依靠学习走向未来"的论述依然闪烁着智慧的光芒。

习近平总书记强调，党的历史是最生动、最有说服力的教科书。我们党历来重视党史学习教育，注重用党的奋斗历程和伟大成就鼓舞斗志、明确方向，用党的光荣传统和优良作风坚定信念、凝聚力量，用党的实践创造和历史经验启迪智慧、砥砺品格。

2021年是中国共产党成立100周年。为深入学习贯彻习近平总书记在党史学习教育动员大会上的重要讲话，把思想和行动统一到习近平总书记重要讲话精神上来，推动中央和国家机关党员干部做到学史明理、学史增信、学史崇德、学史力行，教育引导党员干部学党史、悟思想、办实事、开新局，进一步学懂弄通做实习近平新时代中国特色社会主义思想，不断增强"四个意识"、坚定"四个自信"、做到"两个维护"，中央和国家机关"强素质·作表率"读书活动以"学好用好党史学习教育指定书目，深化理解习近平新时代中国特色社会主义思想"为主题，围绕习近平《论中国共产党历史》等4本党史学习教育指定学习材料和《中华人民共和国简史》等3本重要参考材料，采取线上线下相结合的方式，邀请参与图书编写的权威专家进行导读，讲座视频在支部工作APP首播，在"学习强国"学习平台、人民网等平台播发，进一步借助互联网新媒体扩大学习覆盖面和传播力。同时，依托旗帜微平台同步开展党史学习接力赛，中央和国家机关 123 个部门的 862 个党支部、1039 个青年理论学习小组 2 万余名党员干部代表参加比赛，着力打造理论学习新课堂、组织生活新平台、党性锻炼新渠道，推动中央和国家机关形成学党史、强素质、作表率的浓厚氛围。

为了让更多党员干部学习分享读书活动成果，我们认真整理了专家讲稿，精心设计了重要论述、经典摘编、本讲要点、随堂思考等版块，从党史学习接力赛中精选部分心得体会形成了"青年说"，从 7 本学习书目中挑选部分重要内容设置题目形成了"学以致用"，以《历史是最好的教科书——党史学习边学边记》为书名结集出版，可作为党员干部特别是青年干部进行理论学习的重要辅导材料。

目录 CONTENTS

第1讲

历史是最好的教科书：

习近平《论中国共产党历史》导读

2021 年 4 月 19 日

黄一兵

中央党史和文献研究院副院长，党史学习教育中央宣讲团成员，法学博士，研究员，国家"万人计划"第一批哲学社会科学领军人才。

◆◆ 重要论述 ◆◆

初心易得，始终难守。以史为鉴，可以知兴替。我们要用历史映照现实、远观未来，从中国共产党的百年奋斗中看清楚过去我们为什么能够成功、弄明白未来我们怎样才能继续成功，从而在新的征程上更加坚定、更加自觉地牢记初心使命、开创美好未来。

——习近平在庆祝中国共产党成立 100 周年大会上的讲话（2021 年 7 月 1 日）

中国的昨天已经写在人类的史册上，中国的今天正在亿万人民手中创造，中国的明天必将更加美好。全党全军全国各族人民要更加紧密地团结起来，不忘初心，牢记使命，继续把我们的人民共和国巩固好、发展好，继续为实现"两个一百年"奋斗目标、实现中华民族伟大复兴的中国梦而奋斗！

——习近平在庆祝中华人民共和国成立七十周年大会上的讲话（2019 年 10 月 1 日）

经过鸦片战争以来一百七十多年的持续奋斗，中华民族伟大复兴展现出光明的前景。现在，我们比历史上任何时期都更接近中华民族伟大复兴的目标，比历史上任何时期都更有信心、有能力实现这个目标。

无论我们走得多远，都不能忘记来时的路。前几天，我去了江西于都，参观中央红军长征出发地，目的是缅怀当年党中央和中央红军在苏区浴血奋战的峥嵘岁月，牢记红色政权是从哪来的、新中国是怎么建立起来的，不忘历史、不忘初心。

一个忘记来路的民族必定是没有出路的民族，一个忘记初心的政党必定是没有未来的政党。

要深化党的创新理论学习教育，推动理想信念教育常态化制度化，加强党史、新中国史、改革开放史、社会主义发展史教育，加强爱国主义、集体主义、社会主义教育，引导人们坚定道路自信、理论自信、制度自信、文化自信，促进全体人民在思想上精神上紧紧团结在一起。

本讲要点

　　从内容上看，习近平《论中国共产党历史》实现了四个全覆盖：第一个全覆盖，覆盖了百年党史的重大事件和重要人物；第二个全覆盖，覆盖了百年党史的重大历史贡献；第三个全覆盖，覆盖了百年党史的重大历史经验；第四个全覆盖，覆盖了百年党史的重要精神创造。

　　从方法上看，习近平《论中国共产党历史》体现了四个着力点：第一个着力点，体现历史思维，助力治国理政；第二个着力点，追寻红色原点，体悟革命真谛；第三个着力点，缅怀前辈楷模，传承红色基因；第四个着力点，注重学习教育，继承优良传统。

　　从结构上看，习近平《论中国共产党历史》贯穿着四条主线：第一条主线是阐述实现中华民族伟大复兴中国梦的内容；第二条主线是坚持和发展中国特色社会主义的内容；第三条主线是推进党的建设新的伟大工程的内容；第四条主线是进行具有许多新的历史特征的伟大斗争的内容。

一、习近平《论中国共产党历史》的总体面貌

《论中国共产党历史》全书共计 18.4 万字，40 篇文稿，其中有 16 篇是首次公开发表。《论中国共产党历史》这本书有三个非常鲜明的特点。

（一）从内容上看，本书实现了四个全覆盖。

更多精彩，扫码
观看本讲视频

第一个全覆盖，覆盖了百年党史的重大事件和重要人物。本书由最初的 60 万字最后压缩为 18.4 万字，一个原则就是精选精编，选择最有代表性的、最新的论述。按照这样一个原则，从五四运动一直到浦东开发，每一个重大事件在这本书中都能找到相关重要论述。有些是单篇的，有些是集纳的。翻开这本书，实际上就在读中国共产党历史，就能了解习近平总书记是怎样看从五四运动到新时代党的历史。这是对党史中重大事件和人物的全覆盖。

第二个全覆盖，覆盖了百年党史的重大历史贡献。在这本书中，习近平总书记对党的重大历史贡献作了精确的、高度凝练的概括。所以，学习这本书能够把我们党的历史贡献看清楚、看明白，而且在新的理论高度对党的历史贡献、重大意义有新的阐发和新的观点。

第三个全覆盖，覆盖了百年党史的重大历史经验。重大历史经验和重要历史贡献往往是同一篇文稿的接续内容。习近平总书记在强调中国共产党历史的时候，先是回顾历程、展示贡献，最终落在总结历史经验、指导现实、推动工作上。

第四个全覆盖，覆盖了百年党史的重要精神创造。习近平总书记在 2021 年党史学习教育动员大会上，阐述了一百年来我们党在革命建设改革中锻造形成的革命精神，并把它概括成中国共产党的精神谱系。据统计，总书记在党的十八大以来到各地视察以及在重要会议上的讲话中，涉及党的精神的有 51 处，代表了革命建设改革各个历史阶段，我们共产党人的精神风貌，形成了一个完整的体系。

延伸阅读

第一批纳入中国共产党人精神谱系的伟大精神是：建党精神；井冈山精神、苏区精神、长征精神、遵义会议精神、延安精神、抗战精神、红岩精神、西柏坡精神、照金精神、东北抗联精神、南泥湾精神、太行精神（吕梁精神）、大别山精神、沂蒙精神、老区精神、张思德精神；抗美援朝精神、"两弹一星"精神、雷锋精神、焦裕禄精神、大庆精神（铁人精神）、红旗渠精神、北大荒精神、塞罕坝精神、"两路"精神、老西藏精神（孔繁森精神）、西迁精神、王杰精神；改革开放精神、特区精神、抗洪精神、抗击"非典"精神、抗震救灾精神、载人航天精神、劳模精神（劳动精神、工匠精神）、青藏铁路精神、女排精神；脱贫攻坚精神、抗疫精神、"三牛"精神、科学家精神、企业家精神、探月精神、新时代北斗精神、丝路精神。这些精神，集中彰显了中华民族和中国人民长期以来形成的伟大创造精神、伟大奋斗精神、伟大团结精神、伟大梦想精神，彰显了一代又一代

党的一大会址

中国共产党人"为有牺牲多壮志，敢教日月换新天"的奋斗精神。

——《中国共产党人精神谱系第一批伟大精神正式发布》，《人民日报》2021年9月30日。

（二）从方法上看，本书体现了四个着力点。

第一个着力点，体现历史思维，助力治国理政。党的十八大召开后，中国共产党站在深厚的历史基础之上走向未来，习近平总书记第一次参观活动，就是去参观《复兴之路》展览，第一次外出调研就去了深圳。在参观《复兴之路》展览的时候，总书记首次提出了"中国梦"的概念；在深圳，总书记深刻回顾我们党创建深圳特区的经历。党的十九大召开后，他带领全体政治局常委前往中共一大会址、嘉兴南湖，宣誓初心使命。所以，他每一步治国理政的发展历程都与对历史的认识和把握紧密联系在一起。书中有16篇首次公开发表的文稿，大部分是总书记参观考察过程中对党的历史问题的阐释内容。

敲黑板 ◀┄┄┄┄

> 今天，中华民族向世界展现的是一派欣欣向荣的气象，正以不可阻挡的步伐迈向伟大复兴。

第二个着力点，追寻红色原点，体悟革命真谛。党的十八大以来，习近平总书记到各地考察调研一以贯之的就是回顾革命历史，回到历史原点。不论是到陕西调研时前往中共七大会址，还是到西柏坡参观，不论是在红军长征的起点江西于都，还是在甘肃省张掖市的中国工农红军西路军纪念馆，尽管每一次主题不一样，但是每一次调研活动都会到革命圣地或者革命遗址参观访问，而且都有重要论述。

第三个着力点，缅怀前辈楷模，传承红色基因。习近平总书记在重大历史事件的纪念活动、在重要人物诞辰纪念日的讲话共同构成了党的十八大以来习近平总书记论党史的重要内容。本书收录了《在纪念马克思诞辰二百周年大会上的讲话》《在纪念毛泽东同志诞辰一百二十周年座谈会上的讲话》《在纪念邓小平同志诞辰一百一十周年座谈会上的讲话》《在庆祝中国共产党成立九十五周年大会上的讲话》《在纪念红军长征胜利八十周年大会上的讲话》《在庆祝中国人民解放军建军九十周年大会上的讲话》等文稿，都是通过缅怀前辈楷模来学习党史。

第四个着力点，注重学习教育，继承优良传统。从党的十八大以来的党的群众路线教育实践活动到"不忘初心、牢记使命"主题教育，到现在的党史学习教育，实际上，学习党的历史、传承红色基因始终是一条红线，贯穿于党的十八大以来习近平总书记治国理政全过程。

（三）从结构上看，本书贯穿了四条主线。

本书合计 40 篇文稿，贯穿着四条主线：第一条主线是阐述实现中华民族伟大复兴中国梦的内容；第二条主线是坚持和发展中国特色社会主义的内容；第三条主线是推进党的建设新的伟大工程的内容；第四条主线是进行具有许多新的历史特征的伟大斗争的内容。

更多精彩，扫码
观看本讲视频

二、深刻回答了"党史是什么"

习近平总书记论党史不是就党史论党史，他是有系统、有着力点、有主线地论党史。这本书尽管是按照时间进行编排，但它是系统地、完整地体现了总书记论党的历史的重要内容的一本著作。总书记论党的历史，深刻回答了"党史是什么"这个问题。

（一）宏大史观带动了新时代我们党对自身历史认识的新发展。

许多人会说，党史是什么？这么多年难道没有回答，没有一个答案吗？有。但是，一代又一代中国共产党在当时的理论高度、认识高度、实践高度的基础上来分析研究党的历史，所得出来的结论是逐步发展、逐步推进、逐步丰富、逐步完善的。在新的历史条件下，总书记回答了"党史是什么、具有哪些特点"这个问题。其中一个最鲜明的特点就是他具有宽广历史视野和深远历史眼光的大历史观。

总书记说，我们的"历史视野中，要有 5000 多年中华文明史，要有 500 多年世界社会主义史，要有中国人民近代以来 180 多年斗争史，要有中国共产党 100 年的奋斗史，要有中华人民共和国 70 多年的发展史，要有改革开放 40 多年的实践史，要有新时代中国特色社会主义取得的历史性成就、发生的历史性变革"，这是一个多大的思想体系。它不仅仅着眼于我们党 100 年的历史，他把 100 年的历史放到了 5000 年，放到 180 年，放到了 70 年、40 年这样一个多维的历史跨度内来认识。这样一个宏大史观必然带动了新时代我们党对自身历史认识的新发展。

延伸阅读

历史充分证明：没有先进理论的指导，没有用先进理论武装起来的先进政党的领导，没有先进政党顺应历史潮流、勇担历史重任、敢于作出巨大牺牲，中国人民就无法打败压在自己头上的各种反动派，中华民族就无法改变被压迫、被奴役的命运。

> 历史呼唤着真正能够带领中华民族实现伟大复兴使命的承担者，这个任务光荣地落到了先进生产力的代表——中国工人阶级的肩上。
>
> ——《中国共产党简史》，人民出版社、中共党史出版社2021年版，第4页。

（二）展现了我们党对自身历史认识的最新成果。

首先，我们看这本书，开卷篇就是习近平总书记在参观《复兴之路》展览时的讲话——《实现中华民族伟大复兴是中华民族近代以来最伟大的梦想》。在这个讲话中，习近平总书记指出，"中华民族的昨天，可以说是'雄关漫道真如铁'……中华民族的今天，正可谓'人间正道是沧桑'……中华民族的明天，可以说是'长风破浪会有时'。""实现中华民族伟大复兴是一项光荣而艰巨的事业，需要一代又一代中国人共同为之努力。空谈误国，实干兴邦。我们这一代共产党人一定要承前启后、继往开来，把我们的党建设好，团结全体中华儿女把我们国家建设好，把我们民族发展好，继续朝着中华民族伟大复兴的目标奋勇前进。"

而本书的倒数第二篇选编的是习近平总书记在党的十九届五中全会第二次全体会议上讲话的一部分——《中华民族伟

大复兴历史进程的大跨越》，是非常新的一篇文稿。在这篇文稿中，总书记深刻回顾我们党带领人民实现中华民族伟大复兴的实践，强调"中国共产党建立近百年来，团结带领中国人民所进行的一切奋斗，就是为了把我国建设成为现代化强国，实现中华民族伟大复兴。""进入新发展阶段，是中华民族伟大复兴历史进程的大跨越。"大家要注意这两句话非常的关键，第一句话，总书记对一百年来我们党对历史、对中华民族伟大复兴的贡献，作了一个高度凝练的概括和总结；第二句话，进入新发展阶段，指的是党的十八大以后中国特色社会主义进入新时代。

新时代怎么样推动了我们党带领全国各族人民实现中华民族伟大复兴呢？它实现了什么样的成果呢？新时代是中华民族伟大复兴历史进程中的大跨越，记住"大跨越"这三个字，新时代我们党带领全国人民实现中华民族伟大复兴的鲜明特点就是"大跨越"。这是贯通全书的一个核心思想。

（三）将党史和中华民族史贯通，实现了历史主题的重大拓展。

敲黑板 ◀••••••

> 新时代我们党带领全国人民实现中华民族伟大复兴的鲜明特点就是"大跨越"。

过去我们学党史，第一部分第一章是中国社会进入了半殖民地半封建社会，我想大家在中学、大学里学的都是这样的。但是，在2021

年出版的《中国共产党简史》的第一段，它的开篇叫做《近代中国民族复兴的历史任务和各种力量的艰难探索》，半殖民地半封建社会的认识是我们党对中华民族伟大复兴的贡献，认清了当时的中国是一个什么样的社会，是对社会性质的分析和判断。认清了当时的社会性质以后，中国共产党对于如何改变这样一个历史状况进行了新的理论和实践探索，这就是提出两大历史任务——争取民族独立、人民解放和实现国家富强、人民幸福。

这两大历史任务不仅是中国共产党人需要解决的任务，实际上这两大历史性任务也是整个中华民族需要解决的重大任务。这就是历史主题的拓展。

（四）实现了党史具体内容的丰富和完善。

本书首次清晰描绘了党领导民族复兴的基本路径。我们知道，近代以来，中华民族这个概念不是我们共产党人提出来的，它是梁启超提出来的。振兴中华这个概念，也不是共产党人提出来的，它是孙中山提出来的。但是民族复兴这个概念，却确确实实的是中国共产党首先提出来、首先高高举起的一面旗帜，它的首创者是谁？是李大钊。是哪篇文章呢？是1919年李大钊发表的那篇文章——《青春》。李大钊在这篇文章中提出，实现民族复活。我想，这个复活就是复兴。而从那个时候开始，一代又一代共产党人高举着中华民族伟大复兴的旗帜，使这个伟大复兴的事业逐步从梦想变为现实。

延伸阅读 ◀•••

　　青年循蹈乎此，本其理性，加以努力，进前而勿顾后，背黑暗而向光明，为世界进文明，为人类造幸福，以青春之我，创建青春之家庭，青春之国家，青春之民族，青春之人类，青春之地球，青春之宇宙，资以乐其无涯之生。乘风破浪，迢迢乎远矣，复何无计留春望尘莫及之忧哉？

　　——《李大钊文集》第1卷，人民出版社1999年版，第194页。

　　正是由于中国共产党的顽强奋斗，在党的领导下，我们夺取了新民主主义革命的胜利，中华民族实现了从不断衰弱到根本扭转命运、持续走向繁荣富强；建立社会主义制度，实现中华民族有史以来最伟大、最深刻的社会变革；实行改革开放，中华民族复兴走上了正确的道路；中国特色社会主义进入新时代，中华民族实现了强起来的伟大飞跃。

　　为了这一伟大的事业，共产党人付出了巨大牺牲。在新民主主义革命时期，我们召开了七次党的代表大会，这七次代表大会选举产生了中央委员和中央候补委员174人，而174人中就有42人在新中国成立前牺牲遇难，约占全部人数的

25%。中央政治局委员 55 人，15 人牺牲遇难，约占全部人数的 27%。所以，为了民族复兴的事业，中国共产党人是作出了最大牺牲的政党。把整个民族复兴史和中国共产党奋斗史贯穿起来是完全有道理的。

站在这样一个角度去回望一百年历史，我们对中国共产党的历史贡献、历史地位认识得更加鲜明。

第一个方面，宏大史观是我们认识党的历史的一个重要方法。从这样一个宏大史观的角度来看党的历史，我们就会有新的体会、新的认识，这就是党史常学常新的原因。

第二个方面，明确了党的历史贡献，从"三件大事"到"三大贡献"再到"三大飞跃"。讲党的历史，大家都知道，主要

庆祝中华人民共和国成立 70 周年大会游行方阵

包含革命、建设、改革三个词六个字，这三个词六个字来源于哪呢？最初是江泽民同志在庆祝中国共产党成立 70 周年大会上的讲话，这个讲话第一次用了"三件大事"这个概念，之后在很长一段时间，包括现在，这"三件大事"仍然是能够站得住的。党领导人民做了"三件大事"，一是完成新民主主义革命的任务，结束了半殖民地半封建社会的历史；二是消灭了剥削制度，建立社会主义制度；三是作出改革开放的伟大决策，开创了中国特色社会主义道路，这是最初的"三件大事"的源头。之后，胡锦涛同志在庆祝中国共产党成立 90 周年大会上的讲话中阐述了这"三件大事"的意义。而对这"三件大事"认识的进一步丰富发展，就是习近平总书记在庆祝中国共产党成立 95 周年大会上的讲话。他明确强调这三件大事的"三大历史贡献"，并且首次提到了"三个飞跃"。第一个飞跃实现了中国从几千年封建专制政治向人民民主的伟大飞跃；第二个飞跃实现了中华民族由不断衰落到根本扭转命运、持续走向繁荣富强的伟大飞跃；第三个飞跃实现了中国人民从站起来到富起来、强起来的伟大飞跃。

随着习近平总书记关于党的历史的思想认识不断丰富和发展，他把马克思主义与中国实际相结合的历史贯通起来认识中国共产党历史的时候，我们又看到了另外一个阐释"三大飞跃"的新角度，这就是习近平总书记在纪念马克思诞辰 200 周年大会上的讲话中提到的新的"三大飞跃"。

　　新的"三大飞跃"，是在庆祝中国共产党成立 95 周年大会提出的"三大飞跃"的基础上的进一步丰富、完善、发展。95 周年提出的"三大飞跃"的最后一个"飞跃"是实现了"从站起来、富起来到强起来的伟大飞跃"。而《在纪念马克思诞辰二百周年大会上的讲话》这篇文章中，就是把从站起来、富起来到强起来的飞跃观点充分地展开论述，这就形成了新的"三大飞跃"：第一，实现了中华民族从东亚病夫到站起来的伟大飞跃；第二，实现了中华民族从站起来到富起来的伟大飞跃；第三，中华民族迎来了从富起来到强起来的伟大飞跃。这就进一步认识、发展、升华了对"三大历史贡献"、对"三大飞跃"的认识。

　　第三个方面，中国特色社会主义是贯穿前后的一条红线。中国特色社会主义是党领导人民顽强奋斗取得的根本性成就。什么叫根本性成就？就是最终取得的成就，是最高层次的成就。本书的第四篇文章，标题叫做《学习党史、国史是坚持和发展中国特色社会主义的必修课》，这篇讲话在本书中有着重要的地位。

　　习近平总书记关于庆祝中国共产党成立的讲话，这本书收录了两篇，一篇是《在庆祝中国共产党成立九十五周年大会上的讲话》，另一篇就是这篇《学习党史、国史是坚持和发展中国特色社会主义的必修课》。这篇文章是习近平总书记主持党的十八届中央政治局第七次集体学习时的讲话，讲话的时间

更多精彩，扫码
观看本讲视频

是中国共产党成立九十二周年前夕。这篇文章从中国特色社会主义角度，系统地、完整地概括了我们党领导人民取得的历史性贡献，并且概括总结了五个方面的主要经验，这就是必须坚持走自己的道路，必须顺应世界大势，必须代表最广大人民根本利益，必须加强党的自身建设，必须坚定中国特色社会主义自信。这是从中国特色社会主义的角度、顽强奋斗的角度概括总结我们党的历史贡献的五个结论，也是体现把中国特色社会主义作为一条红线贯穿前后的代表作。

三、深刻揭示"党史学什么"

习近平总书记在党史学习教育动员大会上强调，准确把握党的历史发展的主题主线、主流本质。主题主线、主流本质是什么呢？党团结带领全国各族人民，为争取民族独立、人民解放和实现国家富强、人民幸福两大历史性任务而不懈奋斗，这就是党的历史发展的主题主线。我们党的历史就是围绕这个主题主线，领导人民进行新民主主义革命、社会主义革命，开展大规模社会主义建设，进行改革开放和社会主义现代化建设并取得伟大胜利的历史，是党把马克思主义基本原理同中国具体实践相结合，实现马克思主义中国化，形成丰富发展毛泽东思想和中国特色社会主义理论体系伟大成果的历史，是党自觉加强自身建设，保持和发展先进性和纯洁性，经受住各种风险考验而不断发展壮大的历史，这就是党的历史发展的主流本质。

　　学习党的历史，就要把握住党的历史发展的主题主线、主流本质。在这个基础之上，党的历史就可以概括总结为"三史统一"和"五史统一"。所谓"三史统一"，就是不懈奋斗史、理论探索史、自身建设史的统一。在这次党史学习教育活动中，"三史统一"又进一步拓展为不懈奋斗史、理论探索史、自身建设史、政治锻造史、践行初心使命史的"五史统一"。我们学习党的历史学什么？就是学这"五史"。

2021 年 6 月 30 日，参观南湖革命纪念馆的党员重温入党誓词

第一，学习党的不懈奋斗史。在这本书中，有 17 篇文稿是关于不懈奋斗史的，其中有 10 篇文稿是在不懈奋斗史的基础上概括和提炼的我们党领导人民在革命实践中形成的宝贵革命精神。

习近平总书记有这样一个认识，怎么学习？他提得非常明确，"在一百年的非凡奋斗历程中，一代又一代中国共产党人顽强拼搏、不懈奋斗，涌现了一大批视死如归的革命烈士、一大批顽强奋斗的英雄人物、一大批忘我奉献的先锋模范，形成了井冈山精神、长征精神、遵义会议精神、延安精神、西柏坡精神、红岩精神、抗美援朝精神、'两弹一星'精神、特区精神、抗洪精神、抗震救灾精神、抗疫精神等伟大精神，构筑起了中国共产党人的精神谱系。""要教育引导全党大力发扬红色传统、传承红色基因，赓续共产党人精神血脉，始终保持革命者的大无畏奋斗精神，鼓起迈进新征程、奋进新时代的精气神。"

第二，学习党的政治锻造史。政治锻造史在这本书代表作有两篇，一篇是《古田会议奠基的我军政治工作对我军生存发展起到了决定性作用》，这是总书记在全军政治工作会议上讲话的一部分；第二篇是《总结党的历史经验，牢固树立"四个意识"》。我们党的历史，是一部奋斗史，同时也是一部政治锻造史。毛泽东同志曾经在 1941 年 9 月中央政治局会议上提出重要的论断——"路线是'王道'，纪律是'霸道'，这两者都不可少。"这句话，习近平总书记也曾引用过。之后在延安整风中，毛主席还提出，"身为党员，铁的纪律就非执行不可。孙行者头上套的箍是金的，列宁论共产党的纪律说纪律是铁的，比孙行者的金箍还厉害，还硬"，这就是认真，就是"霸道"。毛主席在整顿"三风"时说，我们"号召所有的人向积极分子看齐"。毛主席在七大的预备会议上说，"要知道，一个队伍经常是不大整齐的，所以就要常常喊看齐，向左看齐，向右看齐，向中看齐。我们要向中央基准看齐，向大会基准看齐。看齐是原则，有偏差是实际生活，有了偏差，就喊看齐。"看齐意识在当时已经提了出来，而且在党内进行了广泛的教育。所以，政治锻造史是贯穿我们党一百年的整个发展历程的。

学习在线 ◀··

　　身为党员，铁的纪律就必须执行。毛泽东同志说，路线是"王道"，纪律是"霸道"，这两者都不可少。如果党的政治纪律成了摆设，就会形成"破窗效应"，使党的章程、原则、制度、部署丧失严肃性和权威性，党就会沦为各取所需、自行其是的"私人俱乐部"。

　　——《十八大以来重要文献选编》（上），中央文献出版社 2014 年版，第 134 页。

习近平总书记说，"旗帜鲜明讲政治、保证党的团结和集中统一是党的生命，也是我们党能成为百年大党、创造世纪伟业的关键所在。"党员干部学习党史，就要"教育引导全党从党史中汲取正反两方面历史经验，坚定不移向党中央看齐，不断提高政治判断力、政治领悟力、政治执行力，切实增强'四个意识'、坚定'四个自信'、做到'两个维护'，自觉在思想上政治上行动上同党中央保持高度一致，确保全党上下拧成一股绳，心往一处想、劲往一处使。"

第三，学习党的理论探索史。本书中党的理论探索史的代表作就是《在纪念毛泽东同志诞辰一百二十周年座谈会上的讲话》《在纪念邓小平同志诞辰一百一十周年座谈会上的讲话》《在纪念马克思诞辰二百周年大会上的讲话》。总书记对从党的理论探索史中认识党的历史高度重视，他在2015年前往延安考察时，在七大会址曾经这么说，"我们党之所以能够历经考验磨难无往而不胜，关键就在于不断进行实践创新和理论创新。"2020年，习近平总书记走进千年学府岳麓书院，在书院中心讲堂前，总书记望着檐上的"实事求是"匾额，说道："毛主席当年就是在这里熏陶出来的，实事求是就来源于这里。共产党怎么能成功呢？当年在石库门，在南湖上那么一条船，那么十几个人，到今天这一步。这里面的道路一定要搞清楚，一定要把真理本土化。"

中国共产党一百年的发展史，其中精彩的一条就是推进理论创新。不论是毛泽东思想、邓小平理论，还是"三个代表"重要思想、科学发展观和习近平新时代中国特色社会主义思想，都是在实践中不断探索形成的，经历了一个又一个艰辛的探索过程。

所以，总书记说，"我们党的历史，就是一部不断推进马克思主义中国化的历史，就是一部不断推进理论创新、进行理论创造的历史。"学习党的历史，就要感悟马克思主义的真理力量和实践力量，深化对中国化马克思主义既一脉相承又与时俱进的理论品质的认识。了解马克思主义是怎样被中国人民选择和接受的，马克思主义是怎样同中国实际相结合的，马克思主义和马克思主义中国化的理论成果是怎样深刻改变中国和世界的。特别是要结合党的十八大以来，党和国家事业取得的历史性成就、发生的历史性变革，深刻学习领悟习近平新时代中国特色社会主义思想，坚持不懈用党的最新理论武装头脑、指导实践、推动工作。

第四，学习党的践行初心使命史。本书中党的践行初心使命史代表作有五篇。总书记曾经说过，"我们党的百年历史，就是一部践行党的初心使命的历史，就是一部与人民心连心、同呼吸、

敲黑板

学习党的历史，就要感悟马克思主义的真理力量和实践力量，深化对中国化马克思主义既一脉相承又与时俱进的理论品质的认识。

共命运的历史……历史充分证明，江山就是人民，人民就是江山，人心向背关系党的生死存亡。赢得人民信任，得到人民支持，党就能够克服任何困难，就能够无往而不胜。"学什么？就是要学人民奋斗史，学党的践行初心使命史。"人民是江山，江山就是人民！"这句话最早是习仲勋同志说的，习仲勋同志就是我们党坚持群众路线的楷模。

转战陕北的时候，毛主席身边带了很少的中央领导同志，习仲勋同志就是当时战斗在毛主席身边的极少数的几位中央领导同志。习仲勋同志为什么跟随毛主席转战陕北？彭德怀同志在新中国成立以后有过回忆，他表示，因为在最危险的时刻，能敲开陕北老百姓家门的人就是习仲勋。习仲勋同志和刘志丹同志是陕甘边革命根据地的主要创立者，他和陕甘边人民建立了深厚的感情。这里有当年党组织给习仲勋同志的鉴定，当年的组织鉴定非常生动、非常写实，但是却把这个人的特点生动地刻画了出来：平时在办公的地方，每天都挤满了群众，当他和他们在一起的时候，总是极其自然和融洽。也许有时他正忙着，然而他宁愿放下正在做的事情，和蔼地和他们交谈，没有一点架子，没有一点官僚主义。在一个夏天，仲勋走得疲倦了，就随便睡到老乡家的炕上，这位年老的老主人就蹲在他的身边，亲切地看着他，替他驱着苍蝇。这时忽然跑来一个找他的乡民，老汉马上低声说，轻一点，仲勋同志困了，让他好好地睡一会儿。这就是1942年到1943年，西北高干局会议给关中分局特委书记习仲勋同志的组织鉴定。

为什么在那么困难的条件下，中国共产党能够取得胜利，关键在于把根深深地扎在人民群众之中。所以，在中国共产党一百年的历史中，践行初心使命史是一个非常丰富的内容。总书记说，学习党的历史就要"深刻认识党的性质宗旨，坚持一切为了人民、一切依靠人民，始终把人民放在心中最高位置、把人民对美好生活的向往作为奋斗目标，推动改革发展成果更多更公平惠及全体人民，推动共同富裕取得更为明显的实质性进展，把 14 亿中国人民凝聚成推动中华民族伟大复兴的磅礴力量。"

第五，学习党的自身建设史。党的自身建设史在这本书里闪耀在许多篇文稿中，但是相对比较集中有两篇。总书记说过，党的百年历史，也是我们党不断保持党的先进性和纯洁性，不断防范被瓦解、被腐化的危险的历史。我们党一步步走过来，很重要的一条就是不断总结经验，提高本领，不断提高应对风险、迎接挑战、化险为夷的能力水平。这一部分的历史也是需要大家高度关注的。

党史讲到长征的时候往往特别突出强调一个问题，就是这是一场理想信念的远征。为什么强调这一点？我讲党史经常举一个例子，长征的历史过程中，就是中国共产党最艰难的时刻，国共两党内部分别发生了两件事，这两件事就预示着历史的走向。第一件事，1935 年 12 月，红四方面军过党岭山，许多革命红军战士冻死在山上。后来兵站战士上山掩埋烈士遗体，这个时候发现一个战士的手紧紧握成拳头，于是大家把这个战士的手掰开了，发现他手里握着一本党证，党证里面有一块银圆，党证上写着"1933年中共正式党员刘志海"，毫无疑问，刘志海在生命的最后关头把这一块银圆的生活费作为党费交给了党组织。而同样在这个时候，国民党召开了六届四中全会，当时发生了著名的"刺汪事件"，据亲历者回忆说，当时大家开会之前并排照相，正在照相的时候发生了枪杀汪精卫的事情，枪声一响，所有的代表一哄而散。当时唯一坚持下来的只有张学良和张继两个人。张学良把开枪的人摁在地上以后，周围的工作人员才围拢过来。张学良说你们赶紧到周围看一看还有没有别的人，结果在旁边的厕所里发现一个人坐在厕所的地上，于是就问，"你是谁？你为什么到这里来？"他说我是开会的。"那你开会的为什么坐在厕所的地上，做这么奇怪的事？"他说我是会议代表。"你的代表证呢？你的党证呢？"这个人说，由于枪声一响，我一害怕，我把党证和代表证都扔到厕所里去了。这个亲历者多年之后回忆说，从那个时候开始，他就看到国民党党魂尽失，而中国共产党却在一场饱含理想信念的远征中赢得了自己的胜利。所以，中国共产党一百年来保持党的先进性、纯洁性的历史事实是极为丰富的，是一笔宝贵的财富。

四、深刻指导"党史怎么学"

（一）全面看待历史、注重历史的连续性和整体性、坚持实事求是原则。习近平总书记说，"我们党领导人民进行社会主义建设的实践探索，主要分为改革开放前和改革开放后两个历史时期"，"这是

更多精彩，扫码
观看本讲视频

两个相互联系又有重大区别的时期，但本质上都是我们党领导人民进行社会主义建设的实践探索。""中国特色社会主义是在改革开放历史新时期开创的，但也是在新中国已经建立起社会主义基本制度并进行了二十多年建设的基础上开创的。"历史不能是看某个片段，应该把历史作为一个长的历史发展阶段，系统地、完整地、联系地看历史。这样历史的规律、历史的本来面目就能够清晰地呈现出来。

延伸阅读

　　毫无疑问，马克思主义的基本原理，马克思主义的立场、观点和方法，必须坚持，决不能动摇；但是，马克思主义的理论宝库并不是一堆僵死不变的教条，它要在实践中不断增加新的观点、新的结论，抛弃那

些不再适合新情况的个别旧观点、旧结论。

——《实践是检验真理的唯一标准》，人民出版社 1979 年版，第 8 页。

（二）全面、历史、辩证地看待和分析历史事件、历史人物。没有一个政党、没有一个人是不犯错误的，关键问题是怎样认识和对待自己的错误。所以，无论评价人、评价历史，都要全面地、历史地、辩证地看待这个问题。习近平总书记说，"对历史人物的评价，应该放在其所处时代和社会的历史条件下去分析，不能离开对历史条件、历史过程的全面认识和对历史规律的科学把握，不能忽略历史必然性和历史偶然性的关系。不能把历史顺境中的成功简单归功于个人，也不能把历史逆境中的挫折简单归咎于个人。不能用今天的时代条件、发展水平、认识水平去衡量和要求前人，不能苛求前人干出只有后人才能干出的业绩来。"在这个认识的基础之上，总书记分别从"革命领袖是人不是神"的角度阐释了怎么认识重要历史人物；从"前事不忘，后事之师"的角度阐释了我们对待曲折、失误的态度，敢于承认、正确分析、坚决纠正。

（三）做到知其然、知其所以然、知其所以必然。许多著作，特别是过去的一些党史著作，大家觉得它比较"干巴"，缺乏生动性，并不是党史本身缺乏生动性，关键的原因就是没有把历史的本然和所以然揭示出来。如果按照总书记所强调的，做到知其然、知其所以然、知其所以必然，把这三个"然"的思想贯穿到党史的学习、认识、教育中，我们就有新的体会，就有新的认识。

（四）旗帜鲜明反对历史虚无主义。党的历史是一部生动发展的历史，但是，也是备受各种势力，特别是美西方反华势力挑衅、诋毁、抹黑的热点。习近平总书记指出，"灭人之国，必先去其史"，一个民族的历史是一个民族安身立命的基础，"国内外敌对势力往往拿中国革命史、新中国历史来做文章，竭尽攻击、丑化、诬蔑之能事，根本目的就是要搞乱人心，煽动推翻中国共产党的领导和我国社会主义制度。"要"引导人民树立正确的历史观、民族观、国家观、文化观，绝不做亵渎祖先、亵渎经典、亵渎英雄的事情。""自觉反对那些数典忘祖、妄自菲薄的历史虚无主义和文化虚无主义"，"坚决反对一切削弱、歪曲、否定党的领导和我国社会主义制度的言行"。

快问快答

1.习近平总书记在党史学习教育动员大会上首次公开提出要树立正确的党史观。树立正确党史观的核心要义是什么?

答:正确的党史观最生动地体现在习近平总书记《论中国共产党历史》这本书中,习近平总书记构建了一个宏大史观,坚持了历史的阶段性和连续性、偶然性和必然性的有机统一。整本著作,都是历史唯物主义的生动呈现。把握党史观,有三点需要特别注意。

第一,正确地处理好民族复兴史和党的领导的关系。把民族复兴史和中国共产党的历史贯通起来,要深刻认识到,中国共产党正是在领导人民实现中华民族伟大复兴的过程中,确立了自己的领导地位,坚持中国共产党的领导,是历史发展的必然。

第二,人民创造历史和我们党的实践奋斗史的关系。历史是人民创造的,人民推动历史前进和发展,而中国共产党正是因为坚持群众路线、坚持全心全意为人民服务的宗旨,和人民群众有盐同咸,无盐同淡,才能够在不懈奋斗中取得了辉煌的成就,取得了人民的信任。

第三,要正确地处理好主流和支流的关系。历史的发展都是螺旋式上升、波浪式前进的,都是前进性和曲折性相统一的。尤其是我们党领导的这个伟大的事业，是前无古人的事业，它必然会经历一些挫折，这是任何政党来领导都无法避免的。因此，在认识历史的过程中，在把握党的历史的过程中，就要分清主流和支流。就跟我们看黄河一样，如果你在河套平原看黄河，你会得出一个结论，黄河是向北走的；但是如果你从主流来看，你从宏观的视角来看，黄河是向东流的，主流、支流也是这样。树立正确的党史观，就要科学地处理好主流和支流的关系，不能因为我们的成绩而回避我们的错误，也不能因为我们的错误而否定我们的成绩。写党史就是要把成绩写够、把问题写透，就是要处理好主流和支流的本质问题，这是树立正确党史观的一个重要内容。

我们看待党史，既不能用凸透镜看，也不能用凹透镜看，要用实事求是的镜子。要正确地把握它的主题主线、主流本质，要正确地把握它的每一个重大的内涵，这样才能有一个清楚的认识。同时，我们学习党史的过程中还要秉持一种斗争精神，与历史虚无主义斗争，要敢于亮剑，要同时提高我们自己的理论水平和辨析能力。在这样的条件下，我们才能把握好、运用好总书记所说的正确党史观，我们就能够正确地看待党史，就能把党史当成一个宝贵的精神财富来学习、运用。

2.学习历史是为了更好地面对未来，当下中国的崛起正面临日益复杂的国际局势。我们从党史学习中能够汲取到哪些宝贵的应对经验?

答：党史是一个宝贵的财富，不仅体现在应对国际局势上所应该采取的一些态度，实际上对于大家面对的许多问题，都包含一种具有通则性的经验和方法。这种方法不仅在应对我们的经济、政治、文化等各方面建设中有效，同时在应对外部斗争、应对复杂局面上都有效。这种方法就是这次党史学习教育强调的"四个学"，即学史明理、学史增信、学史崇德、学史力行。

第一，学史明理。明的是唯物史观这个"理"，我们要坚定理论自信，这样的话，在应对各种复杂局面的情况下，我们就有了思想上的主心骨，能够真正地看清形势，把握方向。

第二，学史增信。通过党史学习，我们要坚定自己的信念，坚定自己的信仰，在任何时候都不要动摇自己的信仰。即便在最困难的时候，依然能够坚守自己的信仰，能够把握住自己的信仰。所以，信仰是共产党员的钙。

第三，学史崇德。要传承我们党一百年来所形成的这些好的传统、好的作风、好的精神。要用社会主义核心价值观来武装我们自己的头脑。这样的话，才能应对各种复杂的问题。

第四，学史力行。学史绝对不是为学史而学史，一定是把它运用到实践中去，要有这样一个实践导向。要通过学习来砥砺我们的品行，把我们的实践工作做好。这样的话，学史才能发挥作用，历史才能发挥作用。

青年说

学史爱党，学史爱国，学史爱岗。作为青年人，要进一步将党史学习学懂、学通、学透，走心、走深、走实，将学习成果转化为工作业绩。岁月不居，天道酬勤。问征夫以前路，恨晨光之熹微。愿同辈珍惜时光，奋勇前行；以梦为马，不负韶华。

——王雄（国家体育总局党史学习队）

在我小的时候，经常听长辈们提起嘉兴南湖上那艘开创了历史的小船，赤水河畔娄山关的"苍山如海，残阳如血"，井冈山革命根据地燃起的星星之火，天安门广场上闪耀的"人民英雄永垂不朽"纪念碑文。每当他们谈论起过往的历史，那充满自豪与崇敬的神情，总令我心生向往，不禁想要探寻先辈的足迹。

——史学坤（中国银行学史明理队）

作为年轻人，有幸亲历百年交接，见证新征程开启，我将矢志向前，在敢想敢拼、甘于奉献中，体现青年干部的进取精神、蓬勃朝气。百年新起点，同很多年轻人一样，我已打点好了行装，里面装着一份理想、一点精神和一片赤诚，新征程上已出发！

——董倩倩（农业农村部管理干部学院队）

党史是历史的一部分，但又以其独一无二的特质迥异于其他历史。党史上没有王侯将相，没有风花雪月，没有小布尔乔亚的无病呻吟，没有小儿女的惺惺作态；党史是人民史，是民族史，是英雄史，是奋斗史，是牺牲史；党史是雄壮的，是荡气回肠的，是催人奋进的。如果对党史做一个词语温度的分析，那么党史肯定是火热的，他上面全是革命、前进、战斗、奉献、牺牲、自信、热情等积极向上的词语，负面阴冷的词汇一概绝缘。重温党史，对矢志于实现中华民族伟大复兴的当代共产党人，具有莫大的现实意义和指导价值。

——孔浩（中央网信办"学乐"之队）

学以致用

1.改革开放以来，我们总结历史经验，不断艰辛探索，终于找到了实现_____的正确道路，取得了举世瞩目的成果。这条道路就是中国特色社会主义。

A.中华民族伟大复兴

B.社会主义建设

C.社会主义市场经济

D.马克思主义中国化

2.要围绕中国共产党为什么"_____"、马克思主义为什么"_____"、中国特色社会主义为什么"_____"等重大问题，广泛开展宣传教育，加强思想舆论引导。

A. 能　好　行

B. 好　能　行

C. 行　好　能

D. 能　行　好

3. 我们一定要牢记红色政权是从哪来的、新中国是怎么建立起来的，倍加珍惜我们党开创的中国特色社会主义，坚定_____、_____、_____、_____。

A. 道路自信 制度自信 理论自信 文化自信

B. 道路自信 理论自信 制度自信 文化自信

C. 理论自信 道路自信 制度自信 文化自信

D. 道路自信 制度自信 文化自信 理论自信

4. 伟大抗疫精神，同中华民族长期形成的特质禀赋和文化基因一脉相承，是_____、_____、_____精神的传承和发展，是中国精神的生动诠释，丰富了民族精神和时代精神的内涵。

A. 爱国主义　社会主义　集体主义

B. 社会主义　爱国主义　集体主义

C. 爱国主义　集体主义　社会主义

D. 集体主义　爱国主义　社会主义

5. 毛泽东思想活的灵魂是贯穿其中的立场、观点、方法，它们有三个基本方面，这就是_____、_____、_____。

A. 群众路线　实事求是　独立自主

B. 实事求是　群众路线　独立自主

C. 独立自主　实事求是　群众路线

D. 实事求是　独立自主　群众路线

6. 对中华民族的英雄，要心怀崇敬，浓墨重彩记录英雄、塑造英雄，让英雄在文艺作品中得到传扬，引导人民树立正确的 _____、_____、_____、_____，绝不做亵渎祖先、亵渎经典、亵渎英雄的事情。

A. 历史观 国家观 民族观 文化观

B. 国家观 历史观 文化观 民族观

C. 历史观 民族观 国家观 文化观

D. 国家观 民族观 历史观 文化观

7. 在中国实行 _____ 制度，是中国人民在人类政治制度史上的伟大创造，是深刻总结近代以后中国政治生活惨痛教训得出的基本结论。

A. 人民代表大会

B. 中国共产党领导的多党合作和政治协商

C. 基层群众自治

D. 民族区域自治

8. 古田会议确立了马克思主义建党建军原则，确立了我军政治工作的 _____、_____、_____，提出了解决把以农民为主要成分的军队建设成为无产阶级性质的新型人民军队这个根本性问题的原则方向。

A. 原则　方针　制度

B. 制度　方针　原则

C. 制度　原则　方针

D. 方针　原则　制度

9.＿＿＿＿＿＿＿＿是党的根本宗旨。

A. 自力更生、艰苦奋斗

B. 解放思想、实事求是

C. 全心全意为人民服务

D. 不忘初心、牢记使命

10. 对马克思主义的坚定信仰，对社会主义和共产主义的坚定信念，是＿＿＿＿＿＿的灵魂，也是共产党人立身、处世、干事的精神支柱。

A. 延安精神

B. 井冈山精神

C. 西柏坡精神

D. 苏区精神

11.＿＿＿＿＿＿和＿＿＿＿＿＿如鸟之双翼、车之两轮。

A. 改革　法治

B. 经济　政治

C. 市场　政府

D. 理论　实践

12. _____，是中国共产党人及其领导的人民军队革命风范的生动反映，是中华民族自强不息的民族品格的集中展示，是以爱国主义为核心的民族精神的最高体现。

A. 延安精神

B. 苏区精神

C. 伟大长征精神

D. 西柏坡精神

13. 理论创新每前进一步，理论武装就要跟进一步。党的历次集中教育活动，都以 _____ 打头，着力解决学习不深入、思想不统一、行动跟不上的问题。

A. 政治学习

B. 作风建设

C. 文风改进

D. 思想教育

14. 我国工人阶级和广大劳动群众是国家的主人，要加强政治理论学习，加强 _____、_____、_____、_____学习，自觉做中国特色社会主义的坚定信仰者、忠实实践者。

A. 党史　新中国史　改革开放史　社会主义发展史

B. 党史　军史　国史　理论发展史

C. 党史　新中国史　中国近代史　改革开放史

D. 党史　国史　军史　理论发展史

15. 历史告诉我们，_____是保持人民军队本质和宗旨的根本保障，这是我们党在血与火的斗争中得出的颠扑不破的真理。

A.与人民群众血肉相连

B.支部建在连上

C.作风优良

D.党指挥枪

16.伟大斗争，伟大工程，伟大事业，伟大梦想，紧密联系、相互贯通、相互作用，其中起决定性作用的是_____新的伟大工程。

A.中华民族伟大复兴

B.党的建设

C.中国特色社会主义

D.社会主义制度

17.我们要胜利实现既定战略目标，就要坚定不移坚持中国特色社会主义道路，坚定不移走改革开放这条_____之路、_____之路、_____之路。

A.胜利　正确　富强

B.正确　胜利　富强

C.正确　强国　富民

D.胜利　正确　富民

18._____的观点、_____的观点是马克思主义认识论的基本观点，_____是马克思主义理论区别于其他理论的显著特征。

A.实践　生活　实践性

B. 人民　　实践　　人民性

C. 发展　　实践　　实践性

D. 人民　　发展　　人民性

19. _____为中国革命、建设、改革提供了强大思想武器，使中国这个古老的东方大国创造了人类历史上前所未有的发展奇迹。

A. 马克思主义

B. 毛泽东思想

C. 邓小平理论

D. "三个代表"重要思想

20. 理论的生命力在于不断_____，推动马克思主义不断_____是中国共产党人的神圣职责。

A. 发展　　创新

B. 进步　　发展

C. 发展　　完善

D. 创新　　发展

21. _____是中国人民和中华民族发展史上一次伟大革命，正是这个伟大革命推动了中国特色社会主义事业的伟大飞跃！

A. 新民主主义革命

B. 社会主义革命

C. 改革开放

D. 社会主义建设

22. 必须毫不动摇巩固和发展公有制经济，毫不动摇鼓励、支持、引导非公有制经济发展，充分发挥 _____在资源配置中的决定性作用，更好发挥 _____作用，激发各类市场主体活力。

A. 政府　市场

B. 市场　国企

C. 资本　企业

D. 市场　政府

23. 我们党只有在领导改革开放和社会主义现代化建设伟大社会革命的同时，坚定不移推进党的伟大自我革命，敢于清除一切侵蚀党的健康肌体的病毒，使党不断 _____、_____、_____、_____，不断增强党的政治领导力、思想引领力、群众组织力、社会号召力，才能确保党始终保持同人民群众的血肉联系。

A. 自我净化　自我完善　自我革新　自我提高

B. 自我净化　自我革新　自我提高　自我完善

C. 自我革新　自我净化　自我完善　自我提高

D. 自我完善　自我革新　自我净化　自我提高

24. 五四运动，孕育了以 _____、_____、_____、_____为主要内容的伟大五四精神，其核心是爱国主义精神。

A. 独立　自主　自立　更生

B. 独立　解放　共和　民生

C.民族　民主　民权　民生

D.爱国　进步　民主　科学

25.前进征程上，我们要坚持中国共产党领导，坚持人民主体地位，坚持中国特色社会主义道路，全面贯彻执行党的＿＿＿＿＿、＿＿＿＿＿、＿＿＿＿＿，不断满足人民对美好生活的向往，不断创造新的历史伟业。

A.基本路线　基本方针　基本政策

B.基本理论　基本方针　基本路线

C.基本路线　基本方略　基本政策

D.基本理论　基本路线　基本方略

26.每个党员都要在思想政治上不断进行检视、剖析、反思，不断＿＿＿＿＿、＿＿＿＿＿、＿＿＿＿＿。

A.坚守使命　担当使命　做到使命

B.激励使命　锐意进取　开拓创新

C.去杂质　除病毒　防污染

D.照镜子　正衣冠　治治病

27.中国共产党高举抗日民族统一战线的旗帜，坚决＿＿＿＿＿、＿＿＿＿＿、＿＿＿＿＿统一战线，坚持独立自主、团结抗战，维护了团结抗战大局。

A.建设　发展　巩固

B.维护　巩固　发展

C.建设　维护　发展

D. 建立　发展　巩固

28. _____是党和国家为推进改革开放和社会主义现代化建设进行的伟大创举。

A. 社会主义市场经济

B. 对外开放

C. 家庭联产承包责任制

D. 兴办经济特区

29. 我们要铭记抗美援朝战争的艰辛历程和伟大胜利，_____、_____，_____、_____，把新时代中国特色社会主义伟大事业不断向前推进。

A. 敢于斗争　善于斗争　勇往直前　不畏牺牲

B. 逢山开路　遇水搭桥　大智大勇　锐意进取

C. 逢山开路　遇水搭桥　大智大勇　开拓进取

D. 敢于斗争　善于斗争　知难向前　坚韧向前

30. 中国共产党和中国人民以英勇顽强的奋斗向世界庄严宣告，中华民族迎来了从站起来、富起来到强起来的伟大飞跃，实现中华民族伟大复兴进入了_____的历史进程！

A. 不可逆转

B. 不可抗拒

C. 波澜壮阔

D. 继往开来

随堂思考

1.毛泽东同志当年提出"两个务必"，主要是基于哪些考虑？新时代，如何坚持和弘扬"两个务必"？

2.学好党史、新中国史、改革开放史、社会主义发展史的意义是什么？

学习体会

....

....

....

....

....

....

....

....

....

第1讲参考答案

1—5　ADBCB　　　6—10　CADCB　　　11—15　ACDAD
16—20　BCAAD　　　21—25　CDADD　　　26—30　CBDDA

第2讲

一部 "有史实" "有人物" "有分析" "有观点" "有道理" 的著作：

《中国共产党简史》导读

邵建斌　　　　　　　　　　　　2021 年 5 月 24 日

中央党史和文献研究院第二研究部四级调研员。研究专长为：毛泽东思想生平和中共党史。在《人民日报》《光明日报》《学习时报》《读书》《党的文献》等报刊杂志发表文章若干篇，承担国家社科基金重大课题，参与编辑毛泽东著作集，编撰《刘少奇年谱》及其他领袖人物年谱，参与党史基本著作《中国共产党简史》撰写。

重要论述

　　中国共产党一经诞生，就把为中国人民谋幸福、为中华民族谋复兴确立为自己的初心使命。一百年来，中国共产党团结带领中国人民进行的一切奋斗、一切牺牲、一切创造，归结起来就是一个主题：实现中华民族伟大复兴。

　　——习近平在庆祝中国共产党成立 100 周年大会上的讲话（2021 年 7 月 1 日）

　　今年是中国共产党成立一百周年。在全党开展党史学习教育，是党中央立足党的百年历史新起点、统筹中华民族伟大复兴战略全局和世界百年未有之大变局、为动员全党全国满怀信心投身全面建设社会主义现代化国家而作出的重大决策。

　　——习近平在党史学习教育动员大会上的讲话（2021 年 2 月 20 日）

五四运动孕育了以爱国、进步、民主、科学为主要内容的伟大五四精神，其核心是爱国主义精神，在近代以来中华民族追求民族独立和发展进步的历史进程中具有里程碑意义。

中国共产党作为中国最先进的阶级——工人阶级的政党，不仅代表着工人阶级的利益，而且代表着整个中国人民和中华民族的利益。

实践证明，以经济建设为中心是兴国之要，四项基本原则是立国之本，改革开放是强国之路，这个基本路线是党和国家的生命线、人民的幸福线。

事在四方，要在中央。在国家治理体系的大棋局中，党中央是坐镇中军帐的"帅"；在中国特色社会主义大厦中，党中央是顶梁柱。

实现中国梦必须走中国道路，这就是中国特色社会主义道路；必须弘扬中国精神，这就是以爱国主义为核心的民族精神和以改革创新为核心的时代精神；必须凝聚中国力量，这就是中国各族人民大团结的力量。

本讲要点 ◀··

中国共产党奋斗的一百年历史，在《中国共产党简史》这本书当中都有体现。它始终围绕着"为中国人民谋幸福，为中华民族谋复兴"这样一条主线。

《中国共产党简史》虽简，但不能写成大事记，要作成一篇文章，衔接自然，一气呵成，并充满逻辑的力量。在写党的百年历史时，不能写成流水账，要把历史写成一个连续发展的、有脉络、有逻辑的过程，给人整体的、而不是零碎的感觉。

围绕实现中华民族伟大复兴中国梦的主题，突出探索和开创中国新民主主义革命道路和中国特色社会主义道路这一主线，前后相继，才能讲清楚前一段历史为后一段历史奠定了什么样的基础、积累了什么样的经验、提出了什么样新的问题，而后一段历史又是在这样的基础上取得了什么样的进步。

不能把党的百年历史写成一部干巴巴的历史，而应该写成一部有血有肉、内容丰满的历史。

不仅要讲清党的百年历史的本然，而且还要讲清百年历史背后的所以然。

中国共产党奋斗的一百年历史，在《中国共产党简史》这本书当中都有体现。它始终围绕着"为中国人民谋幸福，为中华民族谋复兴"这样一条主线。本章围绕这条主线谈谈《中国共产党简史》的编写体会和基本脉络。

一、编写《中国共产党简史》遵循的重要原则

（一）深入学习习近平总书记关于党史的重要论述是做好《中国共产党简史》编写工作的根本前提和保证。

党的十八大以来，习近平总书记围绕党史发表的一系列重要论述，立意高远，内涵丰富，思想深刻，是习近平新时代中国特色社会主义思想的重要组成部分，是我们党的最新理论成果，也集中反映了党史研究的最新进展，是我们编写这本书的根本遵循。

编写组深入学习总书记重要讲话和指示精神，反复领会精神实质、思想内涵和工作要求，在《中国共产党简史》的编写中充分体现了出来。

大家在阅读这本书时会发现，本书对党史上的重大事件、重要人物、重大方针政策、重要战略部署和重大理论成果的叙述和评价，都充分体现了总书记最新的讲话精神。仅以新民主主义革命时期为例，也就是本书的第1—4章，这样的地方就

有 40 处之多。其他三个历史时期，同样都有许多。这里举两个例子。

1. 关于红军长征胜利的意义。

以前出版的党史基本著作中表述为：中国工农红军长征的胜利，是中国革命转危为安的关键。毛泽东曾形象地指出："长征是历史纪录上的第一次，长征是宣言书，长征是宣传队，

遵义会议会址

长征是播种机。"它宣告了国民党围追堵截的破产，实现了红军的战略大转移，宣传了中国共产党的政治主张，在沿途播下了革命的种子，鼓舞了广大人民群众。长征的胜利是在遵义会议后确立以毛泽东同志为核心的党中央正确领导下取得的。

长征的胜利表明，中国共产党及其所领导的中国工农红军具有战胜任何困难的无比顽强的生命力，是一支不可战胜的力量。长征后保存下来的红军人数虽然不多，但这是党的极为宝贵的精华，构成以后领导抗日战争和解放战争的骨干。毛泽东曾说过："我们的军事力量在长征前曾经达到过三十万人，因为犯错误，后来剩下不到三万人，不到十分之一。重要的是在困难的时候不要动摇。三万人比三十万人哪个更强大？因为得到了教训，不到三万人的队伍，要比三十万人更强大。"

加油站

遵义会议是党的历史上一个生死攸关的转折点。这次会议在红军第五次反"围剿"失败和长征初期严重受挫的历史关头召开，事实上确立了毛泽东在党中央和红军的领导地位，开始确立了以毛泽东为主要代表的马克思主义正确路线在党中央的领导地位，开始形成以毛泽东为核心的第一代中央领导集体，开启了党独立自主解决中国革命实际问题的新阶段，在最危急关头挽救了党、挽救了红军、挽救了中国革命。

遵义会议的鲜明特点是坚持真理、修正错误，确立党中央的正确领导，创造性地制定和实施符合中国革命特点的战略策略。

——《中国共产党简史》，人民出版社、中共党史出版社 2021 年版，第 59—60 页。

《中国共产党简史》在第 63—65 页，即第二章第五节，用长达 5 个自然段的篇幅，充分吸收习近平总书记 2016 年 10 月 21 日在纪念红军长征胜利 80 周年大会上的讲话和 2018 年 1 月 5 日在新进中央委员会的委员、候补委员和省部级主要领导干部学习贯彻习近平新时代中国特色社会主义思想和党的十九大精神研讨班上的讲话精神，浓墨重彩地阐述了长征胜利的意义。先高度概括地引用总书记说过的四个"伟大远征"，然后引用总书记的讲话，分别从理想信念、检验真理、唤醒民众和开创新局四个方面分开论述，有说理、有分析、有细节、有情感，使人读后备受感染和教育。

2.关于抗美援朝战争伟大胜利的意义。

我们吸收习近平总书记在纪念中国人民志愿军抗美援朝出国作战 70 周年大会上的讲话，将以前党史基本著作中的 173 个字，扩展为《中国共产党简史》中的 557 个字。"抗美援朝战争伟大胜利，是中国人民站起来后屹立于世界东方的宣言书，是中华民族走向伟大复兴的重要里程碑，对中国和世界都有着重大而深远的意义。"

接下来，引用总书记的5个"经此一战"，并把总书记5个"这一战"的精神汇总起来，在本书概括地表述为：

"这一战，拼来了山河无恙、家国安宁，打出了中国人民的精气神，人民军队战斗力威震世界，让全世界对中国刮目相看，充分展示了中国人民不畏强暴的钢铁意志、万众一心的顽强品格、敢打必胜的血性铁骨、维护世界和平的坚定决心，再次证明正义必定战胜强权，和平发展是不可阻挡的历史潮流。"

📋 学习在线 ◀·······

我们党历来重视党史学习教育，注重用党的奋斗历程和伟大成就鼓舞斗志、明确方向，用党的光荣传统和优良作风坚定信念、凝聚力量，用党的实践创造和历史经验启迪智慧、砥砺品格。

——《在党史学习教育动员大会上的讲话》，人民出版社2021年版，第2页。

这样的例子还有很多。《中国共产党简史》通过贯彻习近平总书记的讲话精神、有些地方直接引用总书记的原话，切实增强了整本书的思想性、可读性和感染力，也切实能让本书在

"学史明理、学史增信、学史崇德、学史力行"中发挥作用。

（二）《中国共产党简史》虽简，但不能写成大事记，要作成一篇文章，衔接自然，一气呵成，并充满逻辑的力量。

编写组认为，在写党的百年历史时，不能写成流水账，要把历史写成一个连续发展的、有脉络、有逻辑的过程，给人整体的、而不是零碎的感觉。举例来说，不能一开始就说1921年，中国共产党成立了，然后进行了大革命，大革命失败后开始进行土地革命，随着日本帝国主义全面侵华，党开始进行全民族抗战，抗日战争胜利之后，我们又打败了国民党的反动统治，于是，建立了新中国。这么写下来，读者看到和记住的可能只是几个时间节点，对于党为什么在这个时间成立、轰轰烈烈的大革命何以迅速失败、全民族抗战中党怎样发挥了中流砥柱的作用等问题，就会感到茫然。

应该有分析、有衔接，把党的百年历史串起来。从1840年我们进入近代历史，面临民族独立、人民解放和国家富强、人民幸福两大历史任务进入。回顾几次中国先进分子的探索，通过对前辈探索失败的总结，理解党的成立的历史必然性。而在党成立初期，则要说明它科学分析中国社会状况，首次正确提出中国革命目标的难能可贵。但是，同时又要看到，党是幼小的，不仅力量小，而且经验少。力量小，就要求必须要寻求同盟者；经验少，在和同盟者合作中就可能犯"左"或右的错误。所以，大革命才会失败。大革命的失败，给了党最深刻的教育，最深刻、最主要的，就是要有独立的武装，要靠革命的武装来反抗武装的反革命，要搞土地革命，要建立统一战线并保持党的独立性，要把我们党自身建设强大。这样，我们党才从大革命后进入土地革命时期，又进入抗日战争时期和解放战争时期，才不断取得一个又一个胜利。

⛽ 加油站 ◄•·····

1939年10月，毛泽东发表《〈共产党人〉发刊词》，提出了党的建设的总目标、总任务，即"建设一个全国范围的、广大群众性的、思想上政治上组织上完全巩固的布尔什维克化的中国共产党"，把党的建设称为"伟大的工程"；指出党的建设要紧密围绕党的政治路线进行。还指出，统一战线问题、武装斗争问题、党的建设问题，是党在中国革命中的三个基本问题。正确地理解这三个问题及其相互关系，就等于正确地领导了全部中国革命。

——《中国共产党简史》，人民出版社、中共党史出版社2021年版，第98页，有改动。

新中国成立之后，我们首先面临的是新生人民政权立不立得住的问题，这个问题通过经济领域的几次大战，通过抗美援朝战争，通过民主改革等解决了以后，党带领人民展开规模空前的社会主义建设事业。但由于缺乏经验，急于求成，结果事与愿违，先后造成"大跃进"和"文化大革命"的不幸局面。但党在人民群众的支持下，吸取教训、纠正错误，从十一届三中全会起，开启了改革开放的新征程。党的十八大以来，我们的事业更是取得历史性成就，发生历史性变革。

历史就是这样一步一步走过来的。

围绕实现中华民族伟大复兴中国梦的主题，突出探索和开创中国新民主主义革命道路和中国特色社会主义道路这一主线，前后相继，才能讲清楚前一段历史为后一段历史奠定了什么样的基础、积累了什么样的经验、提出了什么样新的问题，而后一段历史又是在这样的基础上取得了什么样的进步。

（三）《中国共产党简史》的编写要特别注意做到五个"有"。

所谓五个"有"，即指"有史实""有人物""有分析""有观点""有道理"五个方面，下面我们将五个"有"分成三个部分进行论述。

1."有史实""有人物"

不能把党的百年历史写成一部干巴巴的历史，而应该写成一部有血有肉、内容丰满的历史，解决好详略取舍的问题。胡乔木曾专门谈过这个问题，他说："要很好地选材料，有些让人有身临其境感觉的东西要写进去。我们党的历史有许多可歌可泣的人、事、文，都要写进去，让人看起来非常精彩，打动人心，使人看了感动。"这两个"有"，是文字技巧方面的，但处理起来并不容易。党的百年历史，发生过那么多惊心动魄的事，出现过那么多可歌可泣的人，如何选择需要认真地掂量。

通过深入地学习习近平总书记的重要论述，课题组发现，总书记在讲话中提到了很多伟大的英雄、感人的事迹，阐释了很多穿越时空、历久弥新的伟大精神，既有代表性，又有说服力。

比如，在本书第64页，增加了长征中"军需处长"的故事。这个故事是这样的：在翻越大雪山途中，有个同志穿着单薄的旧衣服被冻死，指挥员让把军需处长叫来，想问问他为什么不给这个被冻死的同志发棉衣，队伍里的同志含泪告诉他，被冻死的这个同志就是军需处长。管被装的宁可自己冻死，也没有自己先穿暖和一点。这个故事，总书记2018年1月5日在学习贯彻党的十九大精神研讨班开班式上发表的重要讲话中提到过，本书在编写过程中加了进来，生动体现了红军战士的崇高精神境界。

另一个故事是"半条被子"的故事。这个故事在习近平《论中国共产党历史》一书中先后出现过三次，是总书记多次阐述过的，本书在编写过程中也加了进来。这个让人民认识了共产党、把党当成自己人的故事，非常生动，非常感人，最能形象而又生动地说明我们党的性质和宗旨。

最近，大家纷纷被电视剧《觉醒年代》吸引，被陈延年、方志敏等一批年轻人深深地触动，本书在编写中加入了类似的细节。比如提到陈延年的时候，本书这样写道：陈延年被捕后，受尽酷刑，以钢铁般的意志，宁死不屈。刑场上，刽子手喝令其跪下，他高声回应：革命者光明磊落，视死如归，只有站着死，绝不跪下！陈延年昂首挺胸，英勇牺牲。提到方志敏时，引用方志敏的原话描绘他对未来的美好愿望，写道："中国一定有个可赞美的光明前途"，"生育我们的母亲，也会最美丽地装饰起来，与世界上各位母亲平等的携手了。"

这样的例子还有很多，读者在阅读时可以用心地慢慢体会。

2."有分析""有观点"

就是说，要讲清内在的逻辑。不仅要讲清党的百年历史的本然，而且还要讲清百年历史背后的所以然。本书编写组在这方面做了很多工作，加入了很多分析。尤其注意在重要历史关头，点上那么几笔，指出历史发展的关键和要害之处。

比如，本书在第一章结束、总结大革命失败的经验教训时写了这样一段话：

"大革命从兴起到失败的经验教训表明，党不但要建立革命的统一战线，而且要始终保持自身的独立性，实行'又团结又斗争'的方针,争取无产阶级在革命中的领导权。同时,根据中国当时的国情,要取得革命胜利,必须坚持武装斗争,组建由党直接统率和指挥的军队;必须解决农民土地问题,以充分发动农民参加革命,扩大革命力量;党必须加强自身建设,加强党的民主集中制,既要发展党的组织和注重党员数量,更要巩固党的组织和注重党员质量。只有正确认识和解决了这些问题,党才能领导中国革命事业走向成功。"

这里其实提出了中国新民主主义道路的几个基本问题:统一战线、武装斗争、土地革命、党的建设。大革命之所以以失败告终,根本在于这几个问题没有认识清楚,没有将马克思主义的普遍真理同中国的具体实际结合起来。那么,中国革命往哪里去?怎样才能取得成功?读者在这里一定会产生这样的问题,这同样也是中国革命如何继续前进所面临的问题。接下来的几章,实际上回答了这个问题。

再比如,本书第四章第四节,讲到解放战争时期,尤其是讲到1947年的十二月会议以后,写了这样一段:

"这时已处在夺取新民主主义革命全面胜利的历史转折期。党的历史证明,在历史重大转折到来时,必须有预见地认真研究新情况和新问题,及时制定正确的对策,采取有效的措施。党在这个历史时刻制定了各项切合实际的政策,并为增强全党同志的政策观念进行大量工作,使全党在正确路线和政策的基础上保持高度的统一,有条不紊地开展工作,这就为迎接即将到来的革命在全国范围内的胜利创造了最重要的条件。"

这段议论十分重要。第一句，先点明现在已经处在革命胜利的历史转折期，这也是毛泽东在十二月会议上的一个重要判断。接下来，本书更为宏阔地指出，党每在历史重大转折到来时，都研究新情况、新问题，制定正确对策，采取有效措施，这其实是《中国共产党简史》对党的历史规律的一个总结。而十二月会议又恰逢这样的历史关头，它制定的各项政策也会像历史上一样为革命的胜利创造条件，后来事实的发展也恰恰证明了这一点。这样的议论既是对党的历史的凝练概括，也是对历史规律的深刻揭示，对我们认识历史发展的内在逻辑很有帮助。

还比如，如何看待党从 1956 年到 1976 年对社会主义建设的探索。这一时期发生了"大跃进"和"文化大革命"，人们的看法自然比较复杂。《中国共产党简史》坚持唯物史观和正确党史观，实事求是地进行分析。讲到"大跃进"时，在第六章第二节恳切地说明："尽最大的努力把建设搞得快一点，以争取更多的主动，是当时全党全国人民的迫切愿望。"但是，由于党对大规模社会主义建设的经验不足，结果事与愿违。讲到"文化大革命"时，在第六章第三节指出："作为政治运动的'文化大革命'与'文化大革命'历史时期是有区别的。"

毛泽东同志毕生最突出最伟大的贡献，就是领导我们党和人民找到了新民主主义革命的正确道路，完成了反帝反封建的任务，建立了中华人民共和国，确立了社会主义基本制度，取得了社会主义建设的基础性成就，并为我们探索建设中国特色社会主义的道路积累了经验和提供了条件，为我们党和人民事业胜利发展、为中华民族阔步赶上时代发展潮流创造了根本前提，奠定了坚实的理论和实践基础。

——《在纪念毛泽东同志诞辰 120 周年座谈会上的讲话》，人民出版社 2013 年版，第 8—9 页。

在第六章的结尾处，本书综合习近平总书记在纪念毛泽东同志诞辰 120 周年座谈会上的讲话及其他一系列重要讲话，对这一历史时期如何为中国特色社会主义打下基础、积累经验做了言简意赅的总结。写道：

"虽然经历了严重曲折，但仍取得了独创性理论成果和巨大成就。我们党领导人民在旧中国一穷二白的基础上，进行了中国历史上从来不曾有过的热气腾腾的社会主义建设，在不长的时间里，我国社会就发生了翻天覆地的变化，建立起独立的比较完整的工业体系和国民经济体系，独立研制出'两弹一星'，有效维护了国家主权和安全，成为在世界上有重要影响的大国，积累起在中国这样一个社会生产力水平十分落后的东方大国进行社会主义建设的重要经验。我们党努力探索符合中国国情的社会主义建设道路，逐步形成了一些十分重要的认识：提出把党和国家的工作重点转到社会主义建设和技术革命上来；提出走自己的路，探索适合中国国情的社会主义建设道路；提出社会主义社会的基本矛盾和主要矛盾，发展生产力是根本任务；提出社会主义现代化建设分两个步骤，进而提出中国社会主义的发展分两个阶段；提出社会主义社会还存在商品生产和商品交换，要尊重价值法则，大力发展商品生产；提出必须正确区分和处理敌我矛盾和人民内部矛盾；等等。这些独创性理论成果和巨大成就，为在新的历史时期开创中国特色社会主义提供了宝贵经验、理论准备、物质基础。"

这就为我们认识和评价这一时期提供了根本遵循。

3."有道理"

有什么道理呢？就是中国共产党为什么"能"、马克思主义为什么"行"、中国特色社会主义为什么"好"的道理。我们的党史学习教育，不仅仅是让广大党员弄清楚党的历史，更要如习近平总书记在党史学习教育动员大会上所要求的那样："回顾历史不是为了从成功中寻求慰藉，更不是为了躺在功劳簿上、为回避今天面临的困难和问题寻找借口，而是为了总结历史经验、把握历史规律，增强开拓前进的勇气和力量。"而要起到这个作用，就一定要把"能""行""好"的道理讲清楚。

这里，以中国共产党为什么"能"为例，作简要介绍。

中国共产党之所以"能"，是因为我们党有坚定的理想信念。本书第一章第三节，刚讲完党的成立，马上在后面接了这样一句话，说道："它从一开始就坚持以马克思主义为行动指南，始终把为中国人民谋幸福，为中华民族谋复兴作为初心和使命。"第二章第三节，在写到土地革命的时候，同样点明了这一点："土地革命是中国新民主主义革命的基本内容之一，也是党践行初心和使命的具体体现。"第四章第六节，在总结中国革命胜利的经验时，也明确地指出：中国共产党从诞生之日起，就把为中国人民谋幸福、为中华民族谋复兴作为自己的初心和使命。这个初心和使命是激励中国共产党人不断前进的根本动力。

中国共产党之所以"能"，是因为我们党始终加强自身建设。《中国共产党简史》对党的历届全国代表大会如何推进了中国革命、建设、改革和复兴的步伐，《党章》的修改是怎样体现了党的建设的新要求，都进行了浓墨重彩的描述。比如，第四章第六节，关于党的七大，增加了毛泽东关于"看齐意识"的表述；第六章第一节，关于党的八大，增加了八大《党章》对贯彻民主集中制

敲黑板 ◀······

学习党史是为了传承红色基因，发扬党的优良传统和作风。

的要求，等等。

中国共产党之所以"能"，是因为我们党始终保持同人民群众的血肉联系，依靠人民创造历史伟业。《简史》第四章第五节在写渡江战役的时候，引用总书记 2020 年 8 月 19 日在安徽考察时的讲话，指出：渡江战役的胜利，是靠老百姓用小船划出来的。

《中国共产党简史》就是这样把"能""行""好"的道理，以深入浅出的方式，通过通俗易懂的语言，通过感动人心的事迹，通过具体生动的细节讲了出来，起到教育作用，把学到的党史转化为行动的力量。

二、《中国共产党简史》的基本脉络

（一）党的创建和投身大革命的洪流

理解党的成立，关键是要理解中国共产党成立的历史必然性。第一章从近代中国在西方列强入侵之下成为半殖民地半封建社会的历史背景入手，突出实现伟大复兴成为中华民族近代以来最伟大的梦想，突出中国人民面临的两大历史任务。为实现这个伟大梦想，在党成立之前，中国的先进分子已进行了不懈探索。可是，却一次又一次地失败了。实现中华民族伟大复兴的使命，历史地落在中国共产党肩上。

本书第一章第一节第一目的结尾，在叙述了具体的探索过程后，对这一问题的概括回答：连续用了三个"没有"，即"没有先进理论的指导，没有用先进理论武装起来的先进政党的领导，没有先进政党顺应历史潮流、勇担历史重任、敢于作出巨大牺牲，中国人民就无法打败压在自己头上的各种反动派，中华民族就无法改变被压迫、被奴役的命运。"得出了这样的结论："历史呼唤着真正能够带领中华民族实现伟大复兴使命的承担者，这个任务光荣地落到了先进生产力的代表——中国工人阶级的肩上。"

党成立之后，面对的第一个问题就是要准确分析中国的实际情况，制定符合中国国情的革命目标。

党的初心和使命，就是为中国人民谋幸福、为中华民族谋复兴，一百年来，从未改变。党刚成立短短一年，就正确分析了中国社会状况，确定中国革命要分两步走，而当前的目标是反帝、反封建。由于党对中国的实际情况比以往任何政治力量认识得都更为深刻，中国革命的步伐也就大大往前迈进了一步，迎来第一次大革命的高潮，开创了一个新的局面。

但是，由于党在紧要关头犯了右倾错误，大革命还是失败了。在第一章的末尾，本书总结出大革命失败最主要的经验教训，这在前面已经提到，即：要建立统一战线并保持自身独立性；要搞武装斗争；要解决农民土地问题；要加强党的建设。革命道路虽然遭遇重大挫折，但前进的方向更加明确了。

（二）掀起土地革命的风暴

从大革命失败到土地革命兴起，八七会议是一个转折点。正如本书第 38 页评论的那样："它给正处在思想混乱和组织涣散中的中国共产党指明了新的出路，为挽救党和革命作出了巨大贡献。这是由大革命失败到土地革命战争兴起的历史性转变。"八七会议确定的总方针是：土地革命和武装反抗国民党反动派。

这一时期，党面临的一个重要任务，是如何建立党领导下的人民军队并进行武装斗争。本书在第二章一开始就指明了这个问题，"在严酷的斗争和血的教训中，党深刻认识到，没有革命的武装就无法战胜武装的反革命，就无法担起领导中国革命的重任，就无法夺取中国革命的胜利，就无法改变中国人民和中华民族的命运。不进行武装反抗，就无异于坐以待毙，听任整个中国变成黑暗的中国。"

党自己搞武装的起点是南昌起义。南昌起义是开创性的。本书第 37 页对南昌起义是这样评价的："南昌起义标志着中国共产党独立领导革命战争、创建人民军队和武装夺取政权的开端，开启了中国革命新纪元。"

但是，各地起义部队都是旧军队的底子，各种不良现象都存在。这就又提出一个"建设无产阶级领导的新型人民军队"的问题。在这个过程中，有两个具有重大意义的事件。

第一件是三湾改编。三湾改编主要有三个方面的内容：第一，整编部队；第二，在部队内部实行民主制度，成立各级士兵委员会，官兵平等；第三，全军由党的前敌委员会统一领导，党支部建立在连上，这一点也是最具历史意义的。本书对"三湾改编"评价道："由此开始改变起义军中旧军队的习气和不良作风，从组织上确立了党对军队的领导，是建设无产阶级领导的新型人民军队的重要开端。"

第二件有重大意义的事件是红四军党的第九次代表大会，也就是古田会议。古田会议确立了思想建党、政治建军的原则，系统地解决了以农民为主要成分的军队如何建设成无产阶级领导的新型人民军队这个根本性问题，使军队实现了浴火重生、凤凰涅槃。正如习近平总书记所说：古田，"是新型人民军队定型的地方"。

用一句话总结党的绝对领导下新型人民军队的创建，就是本书第44页所引用的习近平总书记的一句话："发端于南昌起义，奠基于三湾改编，定型于古田会议"。

八七会议确定的总方针中，还有一个是土地革命。如何正确地实施土地革命呢？

井冈山革命根据地建立之后，党就在个别地区试行过分田。到1928年，颁布了井冈山《土地法》。1929年，毛泽东又主持制定了兴国县《土地法》，将井冈山《土地法》规定的"没收一切土地"改为"没收一切公共土地及地主阶级的土地"。

随后，经过不停地完善，最终形成一套比较切实可行的土地革命路线、政策和方法。本书第 50 页将它概括为："依靠贫农、雇农，联合中农，限制富农，消灭地主阶级，变封建土地所有制为农民土地所有制；以乡为单位，按人口平均分配土地，在原耕地基础上，抽多补少，抽肥补瘦；等等。"

但是，由于党内接连发生三次"左"倾错误，尤其是王明"左"倾教条主义错误，导致第五次反"围剿"失败，党和红军被迫开始进行战略转移。中国革命再次面临向哪里去的问题。

1935 年召开的遵义会议，是党的历史上一个生死攸关的转折点。本书第 59 页根据习近平总书记重要讲话，对遵义会议评价道：遵义会议，"事实上确立了毛泽东在党中央和红军的领导地位，开始确立了以毛泽东为主要代表的马克思主义正确路线在党中央的领导地位，开始形成以毛泽东为核心的第一代中央领导集体，开启了党独立自主解决中国革命实际问题的新阶段，在最危急关头挽救了党、挽救了红军、挽救了中国革命。"

敲黑板

中国共产党历经百年风雨，到今天仍然是生命力旺盛，不在于党是不是历史上犯过错误，而在于党以自我革命的勇气不断地纠正自己的错误，总结自己的经验教训，使自己不断走向成熟。

（三）全民族抗日战争的中流砥柱

党在这一时期面临的首要问题是如何打败日本侵略者。1937 年 8 月，党中央召开洛川会议。会议通过《中国共产党抗日救国十大纲领》和毛泽东起草的《为动员一切力量争取抗战胜利而斗争》。会议强调，必须坚持统一战线中无产阶级的领导权，在敌人后方放手发动独立自主的山地游击战争，在国民党统治区放手发动抗日的群众运动。

1938 年 5 月 26 日至 6 月 3 日，毛泽东在延安抗日战争研究会上作了《论持久战》的长篇讲演，科学地预见到抗日战争将经过战略防御、战略相持、战略反攻三个阶段。明确提出，通过三个阶段，中国必将由劣势到平衡再到优势。系统阐明了党的抗日持久战战略总方针。

按照上述方针，党和党领导下的八路军、新四军等，在正面战场、在敌后、在国统区、在敌占区都做了大量工作，确保了统一战线不破裂，确保了全民族抗战一直坚持到最后。

但是，随着战争进入相持阶段，日军对国民党加大了诱降的力度，将主要力量用来对付共产党。蒋介石这个时候也把防共、限共放在了更重要的位置来考虑。如何回答"中国向何处去"这个问题，成为党在这一时期面临的又一课题。

1939 年至 1940 年，毛泽东接连发表一系列重要文章，第一次旗帜鲜明地提出新民主主义的完整理论。本书第 99 页对这一理论作了详细介绍。新民主主义理论的提出，使全党对中国现阶段革命的性质、内容、领导权和发展前途有了一个明确而完整的认识。这一理论成为引导中国人民自觉地在复杂环境中不断前进的旗帜，对中国革命的胜利发展起了重大指导作用。新民主主义理论的提出和系统阐明，是马克思主义中国化的重大理论成果，标志着毛泽东思想得到多方面展开而趋于成熟。

抗战后期，党经过延安整风和党的七大，实现了在以毛泽东同志为核心的党中央领导下全党新的团结和统一，为新民主主义革命在全国的胜利，奠定了重要的思想政治基础。

党的七大会址

（四）夺取新民主主义革命的全国性胜利

抗日战争胜利后，党延续的是七大提出的"联合政府"的方针。面对的第一个任务就是如何争取和平。党为此表现了最大的诚意，作出了最大的让步，付出了最大的努力。毛泽东不顾个人安危，以"弥天大勇"赴重庆谈判。虽然 1946 年的早春一度出现和平的希望，但因国民党执意要用武力消灭共产党和革命力量，国共关系急转直下，并最终爆发全面内战。

延伸阅读

从 1946 年 5 月 4 日中共中央发布了《关于土地问题的指示》，简称"五四指示"。

党争取和平而不可得，只能迎接并打赢战争，这在和谈破裂后成为党的首要任务。党领导人民军队进行了伟大的解放战争。解放战争的战略防御从 1946 年 6 月到 1947 年 6 月，前 8 个月粉碎了国民党的全面进攻，后 4 个月粉碎了国民党的重点进攻。解放战争的战略进攻从千里跃进大别山开始，在中原、在东北、在华北，解放军不断取得胜利，辽沈、淮海、平津三大战役结束后，就面临要不要将革命进行到底的问题，随着渡江战役的胜利，这个问题最终也解决了。

解放区开展轰轰烈烈的土地改革运动

党不但善于破坏一个旧世界,还善于建设一个新世界。战争进行到一定阶段,如何适时地提出建设一个新国家的问题便成为党面临的一个课题。毛泽东在 1947 年底召开的十二月会议上作出重要论断,他说:"这是一个历史的转折点。这是蒋介石的二十年反革命统治由发展到消灭的转折点。这是一百多年以来帝国主义在中国的统治由发展到消灭的转折点。"毛泽东在大会上提交的《目前形势和我们的任务》的报告,提出了整个"打倒蒋介石,解放全中国"时期各方面带纲领性的政策。1948 年在西柏坡召开的九月政治局会议是又一个重要节点。如果说十二月会议只是看到了胜利的可能,那么九月会议就不一样了,是看到了确定的前途。这次会议,党中央从军事上、政治上、组织上、思想上，都为建立新中国做了准备。再往后，就是党的七届二中全会和毛泽东在发表《论人民民主专政》。本书在第 140 页对此评价道："党的七届二中全会决议和毛泽东的《论人民民主专政》，为新中国的建立奠定了理论基础和政策基础。"最后，伴随着中国人民政治协商会议的召开，新中国成立了。

延伸阅读 ◆⋯

　　第一届全国人民代表大会第一次会议的召开和宪法以及各个组织法的颁布，标志着人民代表大会制度这一根本政治制度的确立。具有 5000 多年文明史、几亿人口的中国建立起人民当家作主的新型政治制度，在中国政治发展史乃至世界政治发展史上都具有划时代意义，并在以后的实践中，逐步形成显著的制度优势。

　　——《中华人民共和国简史》，人民出版社、当代中国出版社 2021 年版，第 64 页。

（五）中华人民共和国的成立和社会主义制度的建立

　　新中国的政权建立之后，我们并不是高枕无忧了。相反，党和国家面临的困难和问题一点也不少。本书第 147—148 页对此有一个概括的描述：军事上，人民解放战争还没有完全结束……在新解放区，国民党溃逃时遗留下的大批残余力量，同恶霸势力以及惯匪相勾结，严重危及社会新秩序的建立和稳定。经济上，新中国继承的是一个千疮百孔的烂摊子。生产萎缩，民生困苦……国际上，美国……不肯放弃与中国人民为敌的立场，拒绝承认新中国，……并对新中国实行政治孤立、经济封锁和军事包围。党自身的队伍也面临着全国执政的新考验……要继续保持优良传统和作风，经得起资产阶级"糖衣炮弹"的攻击。

总之，新中国成立后，党面临的任务是如何巩固新生的人民政权。中华人民共和国成立之初，党成功组织了同投机资本作斗争的"银元之战"和"米棉之战"，稳定了物价。接着，又统一了全国财经工作。正当全国人民集中力量争取财政经济状况基本好转的时候，朝鲜内战爆发。党中央经过艰难决策，派遣中国人民志愿军入朝作战，抗美援朝、保家卫国。与此同时，我们在国内进行了新解放区的土地改革，彻底消灭了在我国延续几千年的封建制度基础，镇压了反革命，扫除了国民党遗留在大陆的反革命残余势力，进行了民主改革，使社会面貌和社会风尚发生了翻天覆地的变化。

　　土地制度改革，是中国共产党领导中国人民从根本上摧毁中国封建制度根基的社会大变革。

　　——《中国共产党简史》，人民出版社、中共党史出版社 2021 年版，第 124 页。

　　自此，新生人民政权能不能立得住的问题才解决。我们才可以开始进行大规模建设，才可以开始由新民主主义向社会主义过渡。

　　如何过渡呢？方法就是"一化三改"，即进行社会主义工业化建设，国家对农业、手工业、资本主义工商业进行社会主义改造。到 1956 年，随着社会主义改造的基本完成，我国社会主义政治制度和经济制度确立起来。至此，我国社会主义制度建立起来了。

　　对这一历史成就，本书在第五章末尾评价道：在党的带领下，中国这个占世界 1/4 人口的东方大国进入了社会主义社会，成功实现了中国历史上最深刻最伟大的社会变革。这是一个伟大的历史性胜利，为当代中国一切发展进步奠定了根本政治前提和制度基础。

（六）社会主义的建设和曲折发展

社会主义政治制度和经济制度确立以后，党面临的根本任务，就是如何领导人民进行社会主义建设，大力发展生产力，实现国家富强和人民幸福。

党的八大开了一个好头，但是，随着1957年一些工厂、农村出现生产迅速增长的新气象，人民群众的积极性大大提高，党也认为经济建设应该搞得更快一些，于是出现了"大跃进"的失误。党很快发现了问题，并决心认真调查研究、纠正错误、调整政策，国民经济转入调整的轨道。到1965年底，调整国民经济的任务全面完成。

但是，在这十年里，党的指导思想始终有两个发展趋向。一个是正确的和比较正确的，另一个是错误的。由于"左"的错误在思想和实践上的累积发展，再加上复杂的国际国内环境的影响，最终导致了"文化大革命"的发生。尽管经历了这么多曲折，但这一段时间的探索，仍为中国特色社会主义道路积累经验和提供条件。我们究竟该如何看待这段历史？前面第一部分已提到这个问题，这里就不再重复了。

延伸阅读 ◆●⋯⋯

1962 年 1 月至 2 月，中共中央召开空前规模的七千人大会。刘少奇代表中央提出书面报告，指出"大跃进"以来工作中的缺点和错误，认为产生的原因，一方面是经验不够，另一方面是党内领导同志不够谦虚谨慎，违反了实事求是和群众路线的传统作风，削弱了民主集中制，从而妨碍了及时发现和纠正错误。

——《中华人民共和国简史》，人民出版社、当代中国出版社 2021 年版，第 87 页。

（七）伟大的转折和中国特色社会主义的开创

"文化大革命"结束之后，党又面临着新的问题。正如邓小平总结 1957 年以来历史经验时所指出的那样："二十年的经验尤其是'文化大革命'的教训告诉我们，不改革不行，不制定新的政治的、经济的、社会的政策不行。"改革，改变，从哪里改起呢？

最初的改变从思想的解放开始。面对千头万绪的问题，应该从哪里着手？邓小平和党中央决定抓住端正思想路线这个"牛鼻子"，作为打开新局面的突破口。因为人的行动都是以思想为指导的。中国近代的历史充分证明了这一点。对这一过程，本书第七章第一节第220、221页写道：1978年5月10日，中央党校内部刊物《理论动态》刊登《实践是检验真理的唯一标准》一文。5月11日，《光明日报》以特约评论员名义公开发表这篇文章，新华社向全国转发。文章鲜明地提出，社会实践不仅是检验真理的标准，而且是唯一的标准。对"四人帮"设置的禁区"要敢于去触及，敢于去弄清是非"。不能拿现成的公式去限制、宰割、剪裁无限丰富的飞速发展的革命实践，应该勇于研究新的实践中提出的新问题。这篇文章在广大干部群众中激起强烈反响，引发了关于真理标准问题的大讨论。……这场深刻而广泛的思想解放运动，成为正本清源、拨乱反正和改革开放的思想先导。

敲黑板

一部改革开放史，其实就是一部不断解放思想、不断开拓创新的历史。

延伸阅读

中国共产党的伟大不在于不犯错误，而在于从不讳疾忌医，敢于直面问题，勇于自我革命，具有极强的自我修复能力。

——《论坚持全面深化改革》，中央文献出版社2018年版，第325页。

思想的闸门打开后，才有了实际工作的重大转变。1978年12月，党召开了具有重大转折意义的十一届三中全会。全会停止使用"以阶级斗争为纲"的口号，决定从1979年1月起，把全党的工作重点和全国人民的注意力转移到社会主义现代化建设上来。全会提出了改革开放的任务。全会强调要充分发扬民主，提出要实现民主制度化、法律化的任务；决定健全党的民主集中制，健全党规党法，严肃党纪。全会还提出要正确对待毛泽东的历史地位和毛泽东思想的科学体系，为坚持和发展毛泽东思想指明了方向。党的十二大更是响亮地向世界宣告：中国共产党要带领人民，"把马克思主义的普遍真理同我国的具体实际结合起来，走自己的路，建设有中国特色的社会主义。"

正如习近平总书记在庆祝改革开放40周年大会上所讲的那样："改革开放是我们党的一次伟大觉醒，正是这个伟大觉醒孕育了我们党从理论到实践的伟大创造。改革开放是中国人民和中华民族发展史上一次伟大革命，正是这个伟大革命推动了中国特色社会主义事业的伟大飞跃！"

（八）把中国特色社会主义全面推向21世纪

中国的改革开放如何迈出新步伐？

1992年6月，江泽民到中央党校，为省部级干部进修班作讲话。这实际上是一次就党的十四大报告征求意见、寻求共识的"吹风会"。在讲话中，江泽民列举了关于经济体制改革目标的几种提法，表示倾向于使用"社会主义市场经济体制"这个提法。会后，江泽民就此征求了邓小平等同志的意见。邓小平表示赞成，并说：这样十四大也就有了一个主题了。

党的十四大作出了三项具有深远意义的决策，本书在第八章第一节详细地写道：

一是抓住机遇，加快发展，集中精力把经济建设搞上去。大会指出，我国经济能不能加快发展，不仅是重大的经济问题，而且是重大的政治问题。

二是确定我国经济体制改革的目标是建立社会主义市场经济体制。大会指出，我国经济体制改革确定什么样的目标模式，是关系整个社会主义现代化建设全局的一个重大问题。这个问题的核心，是正确认识和处理计划与市场的关系。实践的发展和认识的深化，要求党明确提出我国经济体制改革的目标是建立社会主义市场经济体制，以利于进一步解放和发展生产力。我国要建立的社会主义市场经济体制是同社会主义基本制度结合在一起的，目的就是要使市场在社会主义国家宏观调控下对资源配置起基础性作用，使经济活动遵循价值规律的要求，适应供求关系的变化。

三是提出用邓小平同志建设有中国特色社会主义的理论武装全党的任务。

确定建立社会主义市场经济体制的目标后，由于旧调控机制失效，新调控机制还不完善，出现了新的经济过热问题。针对这些问题，党中央又制定了一系列措施来加强和改善宏观调控。需要说明的是，加强宏观调控，并不等于回到计划经济。因为它主要着眼的是正确驾驭宏观经济发展，保持国民经济综合平衡，而且解决问题的方法主要是经济和法律手段，只以必要的行政手段作辅助。

通过党和人民的共同努力，我国成功实现了经济运行的"软着陆"，在经过一段过度扩张后平稳地回落到适当的增长区间。中国既保持了经济快速增长，又有效抑制了通货膨胀，确保了经济社会稳定，避免了大起大落。

到 2000 年，我国成功实现由计划经济体制向社会主义市场经济体制的转变，社会主义市场经济体制基本框架初步建立，经济和社会发展的体制环境发生重大变化。

（九）在新的形势下坚持和发展中国特色社会主义

党的十六大以后，党中央发现，我国在经历了一个经济高速发展阶段之后，存在发展不够协调、公共卫生事业发展滞后、突发事件应急机制不健全等新矛盾新问题。"实现什么样的发展、怎样发展"这一重大理论和实践问题，历史地摆到了中国共产党人面前。

2003 年 8 月底 9 月初，胡锦涛在江西考察时提出"科学发展观"概念，指出要牢固树立协调发展、全面发展、可持续发展的科学发展观。10 月，党的十六届三中全会第一次在党的正式文件中完整地提出了科学发展观，强调"坚持以人为本，树立全面、协调、可持续的发展观，促进经济社会和人的全面发展"。

从 2001 年到 2005 年，我国国内生产总值增长 57.3%，年均增长 9.5%。我国人均国内生产总值突破 1000 美元，经济社会发展进入一个关键时期。2006 年到 2010 年，我国国民经济又迈上一个新台阶。国内生产总值年均增长 11.3%，2010 年超过 40 万亿元，经济总量先后超过德国和日本，跃升至世界第二位，成为世界第二大经济体。

（十）中国特色社会主义进入新时代

党的十八大以来，中国特色社会主义进入新时代。党面临的主要任务是，实现第一个百年奋斗目标，开启实现第二个百年奋斗目标新征程，朝着实现中华民族伟大复兴的宏伟目标继续前进。

以习近平同志为核心的党中央统筹把握中华民族伟大复兴战略全局和世界百年未有之大变局，强调中国特色社会主义新时代是承前启后、继往开来、在新的历史条件下继续夺取中国特色社会主义伟大胜利的时代，是决胜全面建成小康社会、进而全面建设社会主义现代化强国的时代，是全国各族人民团结奋斗、不断创造美好生活、逐步实现全体人民共同富裕的时代，是全体中华儿女勠力同心、奋力实现中华民族伟大复兴中国梦的时代，是我国不断为人类作出更大贡献的时代。中国特色社会主义新时代是我国发展新的历史方位。

以习近平同志为主要代表的中国共产党人，坚持把马克思主义基本原理同中国具体实际相结合、同中华优秀传统文化相结合，坚持毛泽东思想、邓小平理论、"三个代表"重要思想、科学发展观，深刻总结并充分运用党成立以来的历史经验，从新的实际出发，创立了习近平新时代中国特色社会主义思想，明确中国特色社会主义最本质的特征是中国共产党领导，中国特色社会主义制度的最大优势是中国共产党领导，中国共产党是最高政治领导力量，全党必须增强"四个意识"、坚定"四个自信"、做到"两个维护"；明确坚持和发展中国特色社会主义，总任务是实现社会主义现代化和中华民族伟大复兴，在全面建成小康社会的基础上，分两步走在本世纪中叶建成富强民主文明和谐美丽的社会主义现代化强国，以中国式现代化推进中华民族伟大复兴；明确新时代我国社会主要矛盾是人民日益增长的美好生活需要和不平衡不充分的发展之间的矛盾，必须坚持以人民为中心的发展思想，发展全过程人民民主，推动人的全面发展、全体人民共同富裕取得更为明显的实质性进展；明确中国特色社会主义事业总体布局是经济建设、政治建设、文化建设、社会建设、生态文明建设五位一体，战略布局是全面建设社会主义现代化国家、全面深化改革、全面依法治国、全面从严治党四个全面；明确全面深化改革总目标是完善和发展中国特色社会主义制度、推进国家治理体系和治理能力现代化；明确全面推进依法治国总目标是建设中国特色社会主义法治体系、建设社会主义法治国家；明确必须坚持和完善社会主义基本经济制度，使市场在资源配置中起决定性作用，更好发挥政府作用，把握新发展阶段，贯彻创新、协调、绿色、开放、共享的新发展理念，加快构建以国内大循环为主体、国内国际双循环相互促进的新发展格局，推动高质量发展，统筹发展和安全；明确党在新时代的强军目标是建设一支听党指挥、能打胜仗、作风优良的人民军队，把人民军队建设成为世界一流军队；明确中国特色大国外交要服务民族复兴、促进人类进步，推动建设新型国际关系，推动构建人类命运共同体；明确全面从严治党的战略方针，提出新时代党的建设总要求，全面推进党的政治建设、思想建设、组织建设、作风建设、纪律建设，把制度建设贯穿其中，深入推进反腐败斗争，落实管党治党政治责任，以伟大自我革命引领伟大社会革命。这些战略思想和创新理念，是党对中国特色社会主义建设规律认识深化和理论创新的重大成果。

习近平同志对关系新时代党和国家事业发展的一系列重大理论和实践问题进行了深邃思考和科学判断，就新时代坚持和发展什么样的中国特色社会主义、怎样坚持和发展中国特色社会主义，建设什么样的社会主义现代化强国、怎样建设社会主义现代化强国，建设什么样的长期执政的马克思主义政党、怎样建设长期执政的马克思主义政党等重大时代课题，提出一系列原创性的治国理政新理念新思想新战略，是习近平新时代中国特色社会主义思想的主要创立者。习近平新时代中国特色社会主义思想是当代中国马克思主义、二十一世纪马克思主义，是中华文化和中国精神的时代精华，实现了马克思主义中国化新的飞跃。党确立习近平同志党中央的核心、全党的核心地位，确立习近平新时代中国特色社会主义思想的指导地位，反映了全党全军全国各族人民共同心愿，对新时代党和国家事业发展、对推进中华民族伟大复兴历史进程具有决定性意义。

改革开放以后，党和国家事业取得重大成就，为新时代发展中国特色社会主义事业奠定了坚实基础、创造了有利条件。同时，党清醒认识到，外部环境变化带来许多新的风险挑战，国内改革发展稳定面临不少长期没有解决的深层次矛盾和问题以及新出现的一些矛盾和问题，管党治党一度宽松软带来党内消极腐败现象蔓延、政治生态出现严重问题，党群干群关系受到损害，党的创造力、凝聚力、战斗力受到削弱，党治国理政面临重大考验。

以习近平同志为核心的党中央，以伟大的历史主动精神、巨大的政治勇气、强烈的责任担当，统筹国内国际两个大局，贯彻党的基本理论、基本路线、基本方略，统揽伟大斗争、伟大工程、伟大事业、伟大梦想，坚持稳中求进工作总基调，出台一系列重大方针政策，推出一系列重大举措，推进一系列重大工作，战胜一系列重大风险挑战，解决了许多长期想解决而没有解决的难题，办成了许多过去想办而没有办成的大事，推动党和国家事业取得历史性成就、发生历史性变革。

快问快答

1. 长征的胜利为什么促成了我们党政治上、思想上的成熟？对于我们今天走好新时代长征路有什么启示？

答：长征非常艰难，经过长征，尤其是经过遵义会议，事实上确立了毛泽东同志在我们党内的领导地位。遵义会议以后，我们有了毛主席这么一个核心。如果说没有长征前后的对比，那毛主席在党内的领袖地位恐怕将难以确立下来。

遵义会议之前，我们党是什么情况；遵义会议之后，我们党又是什么情况。可以说这是长征在我们党史上一个重大的历史性意义，使我们全党同志已经认识到，必须紧紧地团结在以毛泽东同志为核心的党中央周围。在长征的过程当中，我们还曾经和分裂党和红军的行为做过坚决的斗争，也正因为经历了这个历史时期，使我们全党同志倍加感觉到党指挥枪的极端重要性，认识到一定要把人民群众置于党的绝对领导之下，也认识到一定要高度地重视党的团结，没有党的团结，就没有党的一切。

所以，经过长征，整体上讲，就使我们党更加成熟。毫无疑问，在抗日战争时期，我们党达到了真正意义上的成熟，但是我们党成熟的起点可以说是长征时期。长征当中虽然我们付出了重大的牺牲，但是，我们收获了伟大的长征精神，长征精神无疑成了我们党应该继续弘扬的精神财富。

2.延安整风运动是第一次全党范围内的马克思主义思想教育运动。对于我们今天开展党内集中教育活动，有什么借鉴和指导意义？

答：延安整风在我们党的历史上无疑具有重要的历史地位。在国际共产主义运动史上，出现过很多没有处理好的党内思想认识分歧，对于这种思想认识分歧，他们是一般采取阶级斗争的方式解决思想认识分歧。我们党通过延安整风这种方式，实现了我们党思想上、组织上空前的团结统一。

延安整风是怎么开始的呢？当然首先是从解决思想认识开始的。延安整风中，我们采取惩前毖后、治病救人的方针，采取批评与自我批评的方式，其目的不是"整人"，而是"救人。"所以，我们通过学习党的历史，通过认识党的历史上的路线是非，使我们认识到了教条主义的危害，认识到了马克思主义一定要和中国具体实际相结合的极端重要性。

在延安整风的基础上，确立了毛泽东思想在全党的指导地位。所有的这一切，都给我们后人留下了很深刻的启示。所以，它对我们后来开展党内教育，应该说起了很好的示范作用。

3.习近平总书记提出了要实现中华民族伟大复兴的中国梦，这个中国梦对于我们中华民族有哪些现实的指导意义？

答：中国梦就是中华民族和中国人民共同盼望的一个美好

前景，将这个美好前景用"中国梦"这样一个方式表达出来。那就是说，其实中国梦就是要实现中华民族的伟大复兴，就是希望我们全国人民团结起来，在习近平新时代中国特色社会主义思想的指导下，努力地实现社会主义现代化，进而在这个基础上实现中华民族伟大复兴。只要我们实现了中国梦，中华民族一定有它光明的前景。

青年说

回顾百年党史，段段岁月都波澜壮阔、刻骨铭心，种种精神都跨越时空、辉映未来，股股力量都惊心动魄、浩然磅礴。思想穿过百年时光隧道，身心追随百年伟大征程，我们深深感受到：党员身份无比荣耀！

——郭丽环（国家税务总局党史学习教育接力赛队）

雪山总会迎来下一场更加狂烈的风雪，这些可以覆盖长征途中牺牲的军需处长的身体，却无法阻止他变成一座晶莹的丰碑；革命斗争会迎来更加残酷的考验，它会夺去无数勇士的生命，却不能阻止必将到来的光明未来。《丰碑》的结尾这样写道：将军什么话也没说，大步地钻进了弥天的风雪之中，他听见无数沉重而又坚定的脚步声在说："如果胜利不属于这样的队伍，还会属于谁呢？"

——李姜超（市场监管总局精忠报国队）

党的领导不是抽象的、而是具体的；不是务虚的、而是务实的；不仅是价值判断、更是工作方法，这正是制度优势能不断转化成强大的治理效能、发展动能的关键。通过这几年在基层到中央和国家机关的锻炼，我更加深刻体会到，党的领导地位不是天上掉下来的，而是党的性质、宗旨决定的；不是停留在嘴上、纸上，而是党带领人民群众在一个又一个伟大实践中干出来的。

——雷荣林（中央纪委国家监委机关参赛二队）

学以致用

1.第一个中文全译本《共产党宣言》是由 _____ 翻译而成的。

A.蔡和森

B.陈独秀

C.陈望道

D.李大钊

2.中国共产党的建立，充分展现了开天辟地、_____ 的首创精神，坚定理想、_____ 的奋斗精神，立党为公、_____ 的奉献精神。

A.敢为人先　百折不挠　忠诚为民

B.改革创新　百折不屈　与时俱进

C.敢为人先　忠诚为民　立党为公

D.百折不挠　与时俱进　忠于奉献

3._____确定了土地革命和武装反抗国民党反动派的总方针。

A.古田会议

B.八七会议

C.遵义会议

D.瓦窑堡会议

4._____是建立社会主义市场经济体制的中心环节，也是难点所在。

A.文化体制改革

B.国有企业改革

C.民营企业改革

D.农村土地制度改革

5.毛泽东在_____中，尖锐批驳党内外责难农民运动的种种谬论，论述了农村革命的伟大意义。

A.《寻乌调查》

B.《兴国调查》

C.《湖南农民运动考察报告》

D.《中国社会各阶级的分析》

6.《论持久战》科学地预见到抗日战争将经过 _____ 、_____ 、_____ 三个阶段。

A. 战略进攻　战略相持　战略反攻

B. 战略防御　战略进攻　战略反攻

C. 战略防御　战略相持　战略反攻

D. 战略进攻　战略反攻　战略相持

7. _____ 年 9 月，第一届全国人民代表大会第一次会议一致通过了《中华人民共和国宪法》。

A.1952 年

B.1953 年

C.1954 年

D.1955 年

8.1978 年 5 月 10 日，中央党校内部刊物《理论动态》刊登 _____ 一文，引发了关于真理标准问题的大讨论。

A.《关于真理的标准问题》

B.《实践是检验真理的唯一标准》

C.《马克思主义的一个最基本的原则》

D.《标准只有一个》

9. 党的十四大确定我国经济体制改革的目标是建立 _____ 。

A. 社会主义市场经济体制

B. 自然经济体制

C.市场经济体制

D.计划经济体制

10. _____ 的建立,点燃了工农武装割据的星星之火,为中国革命探索出了农村包围城市、武装夺取政权这样一条前人没有走过的正确道路。

A.井冈山根据地

B.沂蒙山根据地

C.太行山根据地

D.大别山根据地

11. _____ 系统阐明了党的抗日持久战略总方针,是中国共产党领导抗日战争的纲领性文献。

A.《论反对日本帝国主义的策略》

B.《论持久战》

C.《论联合政府》

D.《中国革命和中国共产党》

12.社会主义民主政治的本质和核心是 _____ 。

A.人民民主专政

B.人民当家作主

C.人民民主

D.民主集中制

13.党的 _____ 宣告了社会主义革命的基本完成和社会主义制度的基本确立。

A. 六大

B. 七大

C. 八大

D. 九大

14. 整顿 _____ 部门是邓小平在经济领域扭转混乱局面的突破口。

A. 粮食

B. 铁路

C. 工业

D. 水利

15. 中国梦的本质是 _____ 。

A. 世界人民的梦

B. 国家的梦

C. 中国人的梦

D. 国家富强、民族振兴、人民幸福

16. 实践证明，以经济建设为中心是 _____ ，四项基本原则是 _____ ，改革开放是 _____ ，这个基本路线是党和国家的生命线、人民的幸福线。

A. 立国之本 强国之路 兴国之魂

B. 兴国之要 立国之本 强国之路

C. 强国之路 立国之本 兴国之魂

D. 立国之本 兴国之要 强国之路

17.党和政府坚持把 _____ 作为民生之本,千方百计扩大就业。

A.教育

B.医疗

C.就业

D.社保

18. _____ 、 _____ 、逐步实现 _____ ,是中国特色社会主义的本质要求,是中国共产党的重要历史使命。

A.改善民生 民富国强 消除贫困

B.消除贫困 改善民生 共同富裕

C.民富国强 改善民生 共同富裕

D.消除贫困 共同富裕 改善民生

19. _____ 、 _____ 、 _____ ,是由我国经济社会发展的理论逻辑、历史逻辑、现实逻辑决定的,三者紧密关联。

A.进入新发展阶段 贯彻新发展理念 构建新发展格局

B.贯彻新发展理念 树立新发展标准 构建新发展格局

C.构建新发展格局 树立新发展标准 贯彻新发展理念

D.树立新发展标准 贯彻新发展理念 构建新发展格局

20.稳定实现农村贫困人口"两不愁三保障",具体指:不愁吃、不愁穿, _____ 、基本医疗、住房安全有保障。

A.安全卫生

B.基本生活

C.住房条件

D.义务教育

21.中国共产党坚持 ＿＿＿＿＿＿ 的和平外交政策。

A.结盟

B.霸权主义

C.强权

D.独立自主

22.中国共产党在中国革命中战胜敌人的三个主要法宝是

＿＿＿＿＿＿、＿＿＿＿＿＿、＿＿＿＿＿＿。

A.实事求是 武装斗争 党的建设

B.统一战线 武装斗争 党的建设

C.武装斗争 统一战线 实事求是

D.实事求是 统一战线 党的建设

23.强军目标中，＿＿＿＿＿＿ 是灵魂，决定军队建设的政治方

向；＿＿＿＿＿＿ 是核心，反映军队的根本职能和军队建设的根本指

向；＿＿＿＿＿＿ 是保证，关系军队的性质、宗旨、本色。

A.听党指挥 能打胜仗 作风优良

B.对党忠诚 听党指挥 能打胜仗

C.作风优良 能打胜仗 听党指挥

D.对党忠诚 作风优良 能打胜仗

24.新时代坚持和发展中国特色社会主义的根本动力是

＿＿＿＿＿＿。

A. 全面对外开放

B. 发展对外贸易

C. 推动科技和创新

D. 全面深化改革

25. 实现伟大梦想，必须进行 _____ 、建设 _____ 、推进 _____ 。这"四个伟大"紧密联系、相互贯通、相互作用，其中起决定性作用的是党的建设新的伟大工程。

A. 伟大革命 伟大工程 伟大事业

B. 伟大斗争 伟大工程 伟大事业

C. 伟大工程 伟大斗争 伟大革命

D. 伟大事业 伟大工程 伟大斗争

26. 党的 _____ 决定党的建设的方向和效果，是党的建设的"灵魂"和"根基"。

A. 思想建设

B. 作风建设

C. 政治建设

D. 组织建设

27. _____ 是毛泽东关于怎样建设社会主义的根本指导思想。

A.《实践论》

B.《反对本本主义》

C.《论十大关系》

D.《我们的经济政策》

28.党的 _____ 确立毛泽东思想为党的指导思想，是近代中国历史和人民革命斗争发展的必然选择。

A.五大

B.六大

C.七大

D.八大

29.统筹 _____ 和 _____ ，增强忧患意识，做到居安思危，使我们党治国理政的一个重大原则。

A.稳定 安全

B.发展 安全

C.安全 和谐

D.和谐 发展

30.坚持 _____ ，增强 _____ ，着力防范化解重大风险，是习近平新时代中国特色社会主义思想的重要内容。

A.底线思维 忧患意识

B.问题导向 忧患意识

C.问题导向 底线思维

D.底线思维 问题导向

随堂思考

1. 中国新民主主义革命胜利的原因和基本经验是什么?

2. 中国梦的核心内涵是什么?

学习体会

一部「有史实」「有人物」「有分析」「有观点」「有道理」的著作：

......
......
......
......
......
......
......
......

第2讲参考答案

1—5 CABBC   6—10 CCBAA   11—15 BBCBD
16—20 BCBAD   21—25 DBADB   26—30 CCCBA

更多精彩，扫码
观看本讲视频

第3讲

深刻领会新时代党的创新理论核心要义：

《习近平新时代中国特色社会主义思想学习问答》

导读

2021 年 6 月 21 日

颜晓峰

天津大学马克思主义学院院长，马克思主义理论研究和建设工程咨询委员会委员。《习近平新时代中国特色社会主义思想学习问答》编写组成员、起草专家之一。

·➤ 重要论述 ◄·

中国特色社会主义，承载着几代中国共产党人的理想和探索，寄托着无数仁人志士的夙愿和期盼，凝聚着亿万人民的奋斗和牺牲，是近代以来中国社会发展的必然选择，是发展中国、稳定中国的必由之路。

——习近平在十八届中共中央政治局第一次集体学习时的讲话（2012 年 11 月 17 日）

新时代中国特色社会主义思想和基本方略，不是从天上掉下来的，不是主观臆想出来的，而是党的十八大以来，在新中国成立特别是改革开放以来我们党推进理论创新和实践创新的基础上，全党全国各族人民进行艰辛理论探索的成果，是全党全国各族人民创新创造的智慧结晶。

——习近平在党的十九届一中全会上的讲话（2017 年 10 月 25 日）

党的十八大以来，以习近平同志为主要代表的中国共产党人，顺应时代发展，从理论和实践结合上系统回答了新时代坚持和发展什么样的中国特色社会主义、怎样坚持和发展中国特色社会主义这个重大时代课题，创立了习近平新时代中国特色社会主义思想。这一思想，是对马克思列宁主义、毛泽东思想、邓小平理论、"三个代表"重要思想、科学发展观的继承和发展，是马克思主义中国化最新成果，是当今时代最现实、最鲜活的马克思主义。

在新的"赶考"路上，党面临的执政环境和社会条件发生深刻变化，一个时期以来党内存在的积弊严重损害党的形象、侵蚀党的执政基础。如何永葆先进性和纯洁性、永葆青春活力？如何永远得到人民拥护和支持？如何实现长期执政？这是我们党必须回答好、解决好的根本性问题。

本讲要点

　　《学习问答》的创作以创新思维阐述创新理论，以精品意识撰写精品佳作，以大众情怀满足大众需求，是党的十八大以来推进马克思主义大众化新的硕果。

　　《学习问答》体现了问题与答案、内容与形式、思想与语言、抽象与形象的有机结合，充分彰显了新时代党的创新理论的思想魅力、语言魅力和情怀魅力。

　　推动习近平新时代中国特色社会主义思想大众化，让党的创新理论飞入寻常百姓家，就是要像《学习问答》这样，把新思想的理论品格充分展现出来，在理论与实践的相互转化、逐步深化的过程中，真正地让理论深入人心、深入大众、深入社会，让广大群众接受、理解、信服，遵循新时代党的创新理论。

一、为什么要编写《习近平新时代中国特色社会主义思想学习问答》？

更多精彩，扫码观看本讲视频

党的十九大确立了习近平新时代中国特色社会主义思想的指导地位，坚持不懈地用这一思想武装全党、教育人民，持续地推进新时代党的创新理论大众化，是一项重大的战略任务。

在"两个一百年"奋斗目标历史交汇的关键节点，在庆祝中国共产党成立100周年，全党开展党史学习教育的重要契机，中共中央宣传部组织编写《习近平新时代中国特色社会主义思想学习问答》（以下简称《学习问答》），它的出版面世成为深入学习党的创新理论的最新成果，为广大党员、干部、群众提供了重要的理论辅助读物，为党史学习教育提供了必备的学习材料。

《学习问答》的创作是以创新思想阐述创新理论，以精品意识撰写精品佳作，以大众情怀满足大众需求，是党的十八大以来推进马克思主义大众化的一个重要硕果。

为了把学习贯彻习近平新时代中国特色社会主义思想引向深入，党的十九大以来，中共中央宣传部先后组织编写了《习近平新时代中国特色社会主义思想三十讲》《习近平新时代中国特色社会主义思想学习纲要》，成为党的十九大之后理论武装的权威读本，也是释理明道的要义概览。在这个基础上，继续编写《学习问答》，实际上反映了新时代党的创新理论不断丰富完善的发展趋势，推进伟大事业，进行伟大斗争，取得伟大成就的实践创新，有力地推动了理论创新。理论创新每向前推进，都要求理论阐释的紧密跟进。

《学习问答》的编写，反映了全党和广大群众学习实践新思想的最新进展，在学习中加深对新思想的科学性、深刻性的认识，在贯彻实践中增强对这一新思想、真理性、指导性的体悟，这些在学习过程中的新体会和新认识，都需要在统一编写的理论读物中反映出来。

《学习问答》的编写，反映了党的理论宣传工作，密切关注社会理论需求的热点难点问题，着力提高理论大众化效果水平的主动作为。党员、干部、群众在学习新思想的过程中，提出了一些问题，需要得到很好的解答。把准了群众思想的脉搏，就要有的放矢做好解疑释惑的工作，掌握了党员、干部、群众学理论、用理论的程度，就要回应好他们的理论渴望。2021 年《学习问答》的出版发行，可以说是恰逢其时，正当其用。

二、从结构上看，《学习问答》有哪些特点？

从结构上看，《学习问答》采取了问答体的形式，这是理

论宣传、理论读物编写的一种新的形式。通过采用问答体的形式，全面系统地展现习近平新时代中国特色社会主义思想的重大意义、科学体系、丰富内涵和实践要求，是推进理论大众化的一种探索创新，也是一种有效方式。纵观马克思主义发展史，恩格斯在1847年写了一本理论通俗读物《共产主义原理》，就是采取了问答体的形式。在《共产主义原理》里，恩格斯列了25个问题，第一个问题就是什么是共产主义？恩格斯通过对这25个问题的回答，初步阐述了共产主义者同盟的纲领，也为《共产党宣言》的写作作了理论准备。问答体的形式围绕理论要点展开，以问题为中心，犹如渔网上一个个错落有致的结，编织成一张严密、有序的理论之网。这种体系逻辑有利于我们从新的视角系统把握新思想。

加油站

《共产主义原理》是恩格斯为共产主义者同盟起草的纲领草案。关于以问答方式拟定纲领的问题，早在正义者同盟进行改组和改名为共产主义者同盟（1847年6月）的第一次代表大会以前就进行过讨论。1847年9月，共产主义者同盟伦敦中央委员会（沙佩尔、鲍威尔、莫尔）把《共产主义问答》分发给同盟的各个区部和支部。这个带有空想社会主义影响痕迹的文件不能使马克思和恩格斯满意，同样，"真正的社会主义者"莫·赫斯在巴黎拟定的"修正"草案也不能使他们满意。10 月 22 日，在巴黎共产主义者同盟区部委员会的会议上，恩格斯尖锐地批评了赫斯的草案，使它遭到否决。恩格斯受委托起草新的草案。这个很快就写成的草案就是《共产主义原理》。

——《共产主义原理》，人民出版社 1973 年版，第 1 页。

问答体的形式，是聚焦理论重点、科学论证，提炼出理论创新关键之点，一步步地展现出重大思想观点的立意、深意、新意。这是以思维为支撑的理论熏陶，有利于我们在学习习近平新时代中国特色社会主义思想的过程中逐步提高理论思维能力。

问答体的形式，扭住了理论的难点，通过层层分析，一一解开我们在认识和实践中产生的疑难扣子，把在平时学习过程中形成的思想困惑尽力廓清，实现以问答为方法的思想提升。我们在求学过程中，很多知识、理论、技术的提高，都是通过问题的提出和回答的过程逐步掌握和深化。这种形式同样有利于我们学会运用马克思主义的立场、观点和方法看待和解决各种问题。在学习本书过程中，很多读者都会有这样一种体验，这实际上就是新时代党的创新理论的精品培训课。

采用问答体的形式，问答的成效取决于问题的设计。增强理论大众化的效果，必须在问题的质量上下功夫，问题的质量是基础。《学习问答》一共列了 100 个问题，这些问题有哪些特点？

（一）点中有面，面中有点。

这 100 个问题覆盖了习近平新时代中国特色社会主义思想系统回答的基本问题，科学制定的基本方略等。特别是突出了这一思想体系的"八个明确"和"十四个坚持"（注：党的十九届六中全会后，习近平新时代中国特色社会主义思想的主要内容已概括为"十个明确"、"十四个坚持"、"十三个方面成就"。），这些问题是问题化的体系，又是体系化的问题。全书 100 个问题分为七个板块，这七个板块搭起了科学理论体系的四梁八柱。每个板块又列出了若干问题，这些问题涵盖了这一板块的重点内容。

加油站

"八个明确"和"十四个坚持"

★ "八个明确"

①明确坚持和发展中国特色社会主义，总任务是实现社会主义现代化和中华民族伟大复兴，在全面建成小康社会的基础上，分两步走在本世纪中叶建成富强民主文明和谐美丽的社会主义现代化强国；

②明确新时代我国社会主要矛盾是人民日益增长的美好生活需要和不平衡不充分的发展之间的矛盾，必须坚持以人民为中心的发展思想，不断促进人的全面发展、全体人民共同富裕；

③明确中国特色社会主义事业总体布局是"五位一体"、战略布局是"四个全面"，强调坚定道路自信、理论自信、制度自信、文化自信；

④明确全面深化改革总目标是完善和发展中国特色社会主义制度、推进国家治理体系和治理能力现代化；

⑤明确全面推进依法治国总目标是建设中国特色社会主义法治体系、建设社会主义法治国家；

⑥明确党在新时代的强军目标是建设一支听党指挥、能打胜仗、作风优良的人民军队，把人民军队建设成为世界一流军队；

⑦明确中国特色大国外交要推动构建新型国际关系，推动构建人类命运共同体；

⑧明确中国特色社会主义最本质的特征是中国共产党领导，中国特色社会主义制度的最大优势是中国共产党领导，党是最高政治领导力量，提出新时代党的建设总要求，突出政治建设在党的建设中的重要地位。

★ "十四个坚持"

坚持党对一切工作的领导；坚持以人民为中心；坚持全面深化改革；坚持新发展理念；坚持人民当家作主；坚持全面依法治国；坚持社会主义核心价值体系；坚持在发展中保障和改善民生；坚持人与自然和谐共生；坚持总体国家安全观；坚持党对人民军队的绝对领导；坚持"一国两制"和推进祖国统一；坚持推动构建人类命运共同体；坚持全面从严治党。

——综合整理自《习近平谈治国理政》第3卷，外文出版社2020年版，第15—20页，有删减。

（二）来自实践，来自群众。

这100个问题有深厚的现实性，是我们在深入学习贯彻党的创新理论中提出来的亟待回答和解决的重要问题，体现了问题逻辑、理论逻辑、实践逻辑的统一。比如"为什么说社会主要矛盾发生变化，但我国仍处于并将长期处于社会主义初期阶段？"这个问题是正确把握新时代历史方位的一个实质性的问题，解答好这个问题，实际上也有助于我们理解新发展阶段和社会主义初级阶段的关系。

（三）与时俱进，紧扣变化。

这 100 个问题收录了最近以来提出的新观点以及我们目前进行的新实践。比如收录了"如何理解以国内大循环为主体、国内国际双循环相互促进的新发展格局？"等新问题，这是新冠肺炎疫情防控以来提出的新问题。这样就为学好新思想、干好新事业提供了解渴管用的理论营养，使得理论读物的编写成为动态开放的过程。

延伸阅读 ◀··

从国内大循环与国内国际双循环的关系看，国内循环是基础，两者是统一体。国际市场是国内市场的延伸，国内大循环为国内国际双循环提供坚实基础。发挥我国超大规模市场优势，将为世界各国提供更加广阔的市场机会，依托国内大循环吸引全球商品和资源要素，打造我国新的国际合作和竞争优势。国内大循环绝不是自我封闭、自给自足，也不是各地区的小循环，更不可能什么都自己做，放弃国际分工与合作。

要坚持开放合作的双循环，通过强化开放合作，更加紧密地同世界经济联系互动，提升国内大循环的效率和水平。可以说，推动双循环必须坚持实施更大范围、更宽领域、更深层次对外开放。

——刘鹤：《加快构建以国内大循环为主体、国内国际双循环相互促进的新发展格局（学习贯彻党的十九届五中全会精神）》，《人民日报》2020 年 11 月 25 日。

三、从内容上看，《学习问答》有哪些特色？

问题的设置是写好《学习问答》的起点，同时问得好还要答得好，这样才能让大众交口称赞。《学习问答》在整体风格上力求做到准、新、活的统一，每个问答篇幅在 2000 字左右，虽然不长，但是简明扼要，思路清晰，视角新颖，解析透彻，生动活泼，引人爱读，体现了问题与答案、内容与形式、思想与语言、抽象与形象的有机结合。《学习问答》所表现出来的风格，究其根本，是充分彰显了新时代党的创新理论的思想魅力、语言魅力和情怀魅力。

更多精彩，扫码
观看本讲视频

(一)《学习问答》体现出"准"的要求。

学习习近平新时代中国特色社会主义思想，最重要的是要读原著、读原文。《学习问答》准确阐释了习近平新时代中国特色社会主义思想的核心要义、重大判断、创新观点，架起了广大党员、干部、群众通向学习原著、原文，理解与把握原著、原文的一座桥梁。"准"是理论大众化的前提和根本。《学习问答》对每个问题的回答都是建立在认真学习领会习近平总书记相关重要论述的基础上，理清来龙去脉，掌握思想要旨，细心品味、反复推敲，在此基础上凝结成融为一体、原汁原味的观点阐发。

比如在《学习问答》中有个问题是"如何理解中国式现代化是人类历史上前所未有大变革？"，回答这个问题的依据，是习近平总书记在党的十九届五中全会上特别强调的，我国现代化是人口规模巨大的现代化，是全体人民共同富裕的现代化，是物质文明和精神文明相协调的现代化，是人与自然和谐共生的现代化，是走和平发展道路的现代化。在这个基础上，《学习问答》进一步提炼出中国式现代化是在中国这块古老而又崭新的大地上的现代化，是近代以来中华民族孜孜以求的梦想；是社会主义现代化，是独具特色、有别于资本主义的现代化；是发展中国家的现代化，开辟了后发国家走向现代化的崭新道路；是超大规模的现代化，将深刻改变世界面貌，为整个人类社会发展作出前所未有的贡献等要点。《学习问答》对中国式现代化的解读，为我们提供了一个全面而精准的回答。

学习在线

　　共同富裕是社会主义的本质要求，是中国式现代化的重要特征。

　　党的十八大以来，党中央把握发展阶段新变化，把逐步实现全体人民共同富裕摆在更加重要的位置上，推动区域协调发展，采取有力措施保障和改善民生，打赢脱贫攻坚战，全面建成小康社会，为促进共同富裕创造了良好条件。现在，已经到了扎实推动共同富裕的历史阶段。

　　适应我国社会主要矛盾的变化，更好满足人民日益增长的美好生活需要，必须把促进全体人民共同富裕作为为人民谋幸福的着力点，不断夯实党长期执政基础。

　　——《扎实推动共同富裕》，《求是》2021年10月。

　　要做到"准"，在《学习问答》中表现为知其言更知其意，这样就能够从多维度呈现思想理论的孕育和创新观点的本义。

（二）《学习问答》体现出"新"的要求。

　　《学习问答》精辟讲出了创新思想的新内涵、新层次、新味道，使得理论学习常学常新、常学常进，收获大，提高快。"新"是理论大众化的关键和深化。《学习问答》中的很多问题在以往也有过不同程度的解读，但是我们在以往解读的基础上，仍然可以通过新的认识、新的实践进展继续研究和思考，进而阐发出新的解读。比如"中国共产党领导是中国特色社会主义最本质的特征"这个重大论断，在《学习问答》中是从党的领导直接关系着中国特色社会主义的性质、方向和命运，体现在我们党是统领中国特色社会主义各领域各方面的最高政治领导力量，体现在党的领导是中国特色社会主义的最大优势，体现在党的领导是实现社会主义现代化和民族复兴的根本保证。从这些方面作出论证，推进了我们对这个命题的深入理解。

📋 学习在线 ◀⋯

　　中国特色社会主义最本质的特征是中国共产党领导，中国特色社会主义制度的最大优势是中国共产党领导，党是最高政治领导力量。党政军民学，东西南北中，党是领导一切的。坚持和完善党的领导，是党和国家的根本所在、命脉所在，是全国各族人民的利益所在、幸福所在。中国有了中国共产党执政，是中国、中国人民、中华民族的一大幸事。在坚持党的领导这个决定党和国家前途命运的重大原则问题上，全党全国必须保持高度的思想自觉、政治自觉、行动自觉，丝毫不能动摇。

——综合整理自《中国共产党领导是中国特色社会主义最本质的特征》，《求是》2020 年 7 月。

"新"的要诀在于要讲出蕴含其中的道理、学理、哲理，使得广大读者知其然更知其所以然。马克思有一句名言，"理论只要彻底，就能说服人，所谓彻底，就是抓住事物的根本。"比如我们对世界正经历百年之未有大变局的解读，就是揭示出当今世界从事实上一家独大的单极世界向协同共治的多极世界的转变，现代化发展路径从一元走向多元的转变，从世界社会主义遭受严重曲折向科学社会主义在 21 世纪焕发勃勃生机的转变。从这几个根本性的变化解读世界正经历百年未有之大变局，就给人以豁然开朗的感觉。

(三)《学习问答》体现出"活"的要求。

《学习问答》着眼于大众阅读，改进了通俗理论读物的面貌风格，便于读者接受，这样就为理论大众化提供了催化剂。"活"是理论大众化的灵魂和生命。2021 年全国两会期间，习近平总书记看望参加全国政协会议的医药卫生界教育界委员时谈到，"上思政课不能拿着文件宣读，没有生命、干巴巴的。"上思政课不能如此，理论读物同样也不能如此。翻开《学习问答》，让人顿感活力盎然。

首先，七个板块的主标题都富于诗意，比如"初心砥柱天地间""万山磅礴有主峰"等，这些主标题加强了生动性。其次，每个回答的开头不是从下定义开始，而是颇具匠心，风格也是多种多样。有的是用精炼的概括开头，比如全书第一个问题"如何理解习近平新时代中国特色社会主义思想是当代中国马克思主义、21 世纪马克思主义？"回答的开头是"历史的长河奔流不息，思想的波涛卷起巨澜"；有的是用文艺的词语作为回答的开头，比如用《江山》这首歌的歌词，"老百姓是地老百姓是天，老百姓是共产党永远的挂念"。更多的回答是用典型的事例作为开头，比如有的用巨型马克思铜像在德国的特里尔市中心的西蒙教堂广场揭幕，有的用世界互联网大会永久会址乌镇的日常，还有的用庆祝中华人民共和国成立 70 周年的群众游行，这些生动的事例增

敲黑板

推动党的创新理论飞入寻常百姓家，要像《学习问答》这样，力求准、新、活的统一，"准"是理论大众化的前提和根本，"新"是理论大众化的关键和深化，"活"是理论大众化的灵魂和生命。

加了本书的吸引力。

"活"的要求，体现在论述的语言尽量鲜活。比如在《学习问答》中有这样的语言，"从曾经面临'被开除球籍'的危险到'地球村里最靓的仔'"，还有"'中国血统'的'复兴号'以高达350公里的时速在中华大地上疾驰穿梭"，鲜活的语言提高了可读性。

"活"的要求，体现在版面的整体设计上。突出的特点就是图文并茂，在读物中配上了说明主体的精美图片；整体设计主从协调，在版面设计上嵌入要点传真、习言习语、知识链接、域外声音、网友微言等短小精悍的补充和点缀，以及每个板块后面列出了延伸阅读的书目，加大了读物的信息量。

《学习问答》力求准、新、活的统一，体现出理论大众化的准、新、活，归根到底是要实现理论与实践高度统一的内在要求。因为实践是客观实在的，是不断推陈出新、多样多彩的，理论的表达方式也应该要符合实践的本性。

推动习近平新时代中国特色社会主义思想大众化，让党的创新理论飞入寻常百姓家，就是要像《学习问答》这样，把新思想的理论品格充分展现出来，在理论与实践的相互转化、逐步深化的过程中，真正地让理论深入人心、深入大众、深入社会，让广大群众接受、理解、信服，遵循新时代党的创新理论。

四、关于《学习问答》的内容设置

《学习问答》全书共分 7 个板块、100 个问题。内容丰富、形式新颖，图文并茂、通俗易懂，是深入学习贯彻习近平新时代中国特色社会主义思想的重要辅助读物。本讲选取前两个板块进行解读。

（一）解读"思想之旗领航向——关于习近平新时代中国特色社会主义思想的指导地位"。

1. 如何理解习近平新时代中国特色社会主义思想是当代中国马克思主义、21 世纪马克思主义？

全书第一个板块提出的第一个问题是"如何理解习近平新时代中国特色社会主义思想是当代中国马克思主义、21 世纪马克思主义？"党的十九大确立了习近平新时代中国特色社会主义思想的指导地位，把习近平新时代中国特色社会主义的贡献、意义、定位表述为当代中国马克思主义、21 世纪马克思主义。

将这一思想表述为当代中国马克思主义，表明了这一思想是回应新时代中国的重大时代课题，是马克思主义中国化的最新成果，是指导新时代中国发展进步的科学理论，当代中国马克思主义强调的是这一思想的中国特色。将这一思想表述为

更多精彩，扫码观看本讲视频

21世纪马克思主义，表明了这一思想回应当今世界面临的重大问题、共同问题，提供了中国智慧、中国方案，作出了中国贡献。这一思想内涵的思想理念把科学社会主义基本原则与当代社会主义实践结合起来，既是中国特色的社会主义，也是具有世界意义的社会主义。这一思想把中国前进方向与世界前进潮流融合起来，既适用于中国发展进步，也适用于世界发展进步，是21世纪马克思主义。

进入新时代，当代中国共产党人要继续重视中国实践，同时要更加重视在中国实践基础上生长起来的马克思主义普遍化、世界化。21世纪马克思主义强调的是这一思想的普遍意义和世界意义，所以，在马克思主义发展到21世纪的今天，科学社会主义发展到21世纪的今天，我们要继续坚持中国道路、坚持推进马克思主义中国化，同时也要更加重视中国道路的特殊性向普遍性的转变，也就是从中国特色向具有世界意义的转变。

📖 学习在线

理论的生命力在于不断创新，推动马克思主义不断发展是中国共产党人的神圣职责。我们要坚持用马克思主义观察时代、解读时代、引领时代，用鲜活丰富的当代中国实践来推动马克思主义发展，用宽广视野吸收人类创造的一切优秀文明成果，坚持在改革中守正出新、不断超越自己，在开放中博采众长、不断完善自己，不断深化对共产党执政规律、社会主义建设规律、人类社会发展规律的认识，不断开辟当代中国马克思主义、21世纪马克思主义新境界！

——《在纪念马克思诞辰200周年大会上的讲话》，人民出版社2018年版，第27页。

习近平新时代中国特色社会主义思想是当代中国马克思主义、21世纪马克思主义，要从它的理论原创性贡献来理解把握。这一思想作出的理论原创性贡献体现在许多方面和观点上，比如明确地把中国特色社会主义文化纳入中国特色社会主义基本结构之中，强调文化自信是一个国家、一个民族发展中更基本、更深层、更持久的力量。道路、理论、制度、文化四位一体，相互支持，相互促进，丰富发展了马克思主义关于社会主义基本结构的思想。比如明确提出"四个全面"战略布局，形成了战略目标与战略举措紧密配合的系统布局，抓住了新时代坚持和发展中国特色社会主义的重大问题和重大矛盾，形成了统筹推进"五位一体"总体布局的主攻方向，丰富发展了马克思主义关于社会主义发展途径的思想。比如明确提出我国社会主要矛盾变化的论断，把社会主义初级阶段的百年时期进一步区分为落后的社会生产条件下的初级阶段和不平衡不充分发展条件下的初级阶段，丰富发展了马克思主义关于社会主义社会主要矛盾的思想和社会主义社会阶段划分的思想。比如明确提出了国家治理体系和治理能力现代化的重要命题，从制度层面推进国家治理，突出了社会运行的治理之维，丰富发展了马克思主义关于社会发展机制的思想。还比如，明确提出构建人类命运共同体的思想，丰富发展了马克思的"共同体"思想等等。随着实践的发展，习近平新时代中国特色社会主义思想还会提出新的重大的具有原创性的思想观点。

🛢 加油站 ◀·······

"四个全面"与"五位一体"

★ "四个全面"

2014年12月，习近平同志在江苏省调研考察时提出"四个全面"的思想，即全面建成小康社会、全面深化改革、全面依法治国、全面从严治党。"四个全面"廓清了治国理政的全貌，抓住了治国理政的关键，拎起了治国理政的总纲，集中体现了党治国理政的新思路、新方略。

★ "五位一体"

"五位一体"的总体布局是党的十八大正式确定的，中国特色社会主义建设包含经济建设、政治建设、文化建设、社会建设、生态文明建设。

小康这个中华民族千年梦想的实现，"四个全面"战略布局的内涵发生了变化。站在新的历史起点上，必须按照中国特色社会主义事业"五位一体"总体布局和"四个全面"战略布局，统筹推进经济建设、政治建设、文化建设、社会建设、生态文明建设，协调推进全社会主义现代化国家、全面深化改革、全面依法治国、全面从严治党。

2. 习近平新时代中国特色社会主义思想是在"两个大局"历史交汇的时代背景下形成的。

中国特色社会主义进入新时代最为鲜明的时代特色就是中华民族伟大复兴战略全局和世界百年未有之大变局的历史交汇，习近平新时代中国特色社会主义思想是把握"两个大局"作出深邃思考的理论结晶，是在"两个大局"历史交汇中推动中国特色社会主义进入新时代的科学指导。"两个大局"的交汇所形成的独特历史景观，衬托出习近平新时代中国特色社会主义思想的独特地位和贡献。

中华民族伟大复兴战略全局和世界百年未有之大变局时代背景的判断，是 2019 年 5 月，习近平总书记在江西考察并主持召开座谈会时明确提出来的。怎么理解中华民族伟大复兴的战略全局？这一战略全局，是近代 170 多年来实现中国梦的历史进程进入到最为接近实现这一目标的历史阶段，在实现"两个一百年"奋斗目标的新时代中国特色社会主义伟大实践中，在以习近平同志为核心的党中央统筹推进下，所构成的一种战略态势、战略部署、战略工程。这一战略全局，是历经一代代中国人民矢志不渝、接续奋斗，历经一代代中国共产党人初心不忘、使命不弃而终成宏伟气象。这一战略全局，经历了从推翻封建专制统治到推翻"三座大山"统治，从建立新中国到建设社会主义，从改革开放伟大革命到新时代伟大社会革命的伟大飞跃。这一战略全局，内在于新时代坚持和发展中国特色社会主义的总目标、总任务、总体布局、战略布局之中，运行于新时代中国特色社会主义发展的战略安排之中，呈现于习近平总书记对新时代重大时代课题的系统回答之中。这一战略全局，依靠新时代中国共产党人精心谋划、科学布局而不断完善，依靠党和人民想在一起、干在一起而铸就辉煌。现在我们看到，中华民族伟大复兴的战略全局，路线图越来越深入，时间表越来越精准。

学习在线

领导干部要胸怀两个大局，一个是中华民族伟大复兴的战略全局，一个是世界百年未有之大变局，这是我们谋划工作的基本出发点。

当前，我国仍处于发展的重要战略机遇期，但面临的国际形势日趋错综复杂。我们要清醒认识国际国内各种不利因素的长期性、复杂性，妥善做好应对各种困难局面的准备。最重要的还是做好我们自己的事情。要统筹研究部署，协同推进改革发展稳定各项工作，谋定而后动，厚积而薄发，更加主动办好自己的事情。

——《习近平谈治国理政》第 3 卷，外文出版社 2020 年版，第 77 页。

怎么理解世界百年未有之大变局？它是十月革命一百多年来、第一次世界大战结束一百多年来、五四运动和中国共产党成立一百年来，世界政治格局、经济布局、军事棋局、科技进步等领域发生的全球性、历史性、革命性变化。世界百年未有之大变局体现在以下几个方面：

第一，全球治理体系的大变局。新兴市场国家和发展中国家快速崛起，国际力量对比更趋均衡，以美国为首的西方国家霸权主义、强权政治走向衰弱，推动全球治理体系变革是大势所趋。

第二，两种制度较量的大变局。中国特色社会主义旗帜高高飘扬，中国是世界上最大的社会主义国家，中国共产党人高举科学社会主义这面旗帜。当今世界范围内两种意识形态、两种社会制度的历史演进及其较量发生了有利于马克思主义、有利于社会主义的深刻转变。

第三，经济科技的大变局。经济全球化这个历史大势不可逆转，世界各国利益和命运更加紧密地联系在一起，新冠肺炎疫情全球大流行让我们更加深刻地认识到这一点。这些年来，新一轮科技革命和产业革命深入发展，社会生产和消费从工业化向自动化、智能化转变。

第四，国际安全形势的大变局。和平、发展、合作、共赢已经成为时代潮流，传统安全和非传统安全问题复杂交织，恐怖主义、网络安全、气候变化、传染病这些非传统安全威胁持续蔓延，特别是重大传染性疾病的威胁。

需要强调的是，世界百年未有之大变局中最为显著和深刻的变局就是中国与世界关系的变化。中国这百年来，从所谓的"东亚病夫"到走近世界舞台中央，从半殖民地半封建社会成为迎来从站起来、富起来到强起来伟大飞跃的世界大国。

"两个大局"不是孤立存在，而是相互影响、相互作用。中华民族伟大复兴的战略全局是在世界百年未有之大变局的大环境下形成和展开的。我们推进战略全局，就必须放在世界大变局的背景下筹划，运用好大变局下我国发展的重要战略机遇期，整体推进中华民族伟大复兴。

世界百年未有之大变局，不是外在于中国的变局，也不是置中国于局外的变局。中国就是塑造这一大变局的重要力量。大变局对中国来说，是可以运势造势，形成变局中的变局，使变局朝着有利于实现中华民族伟大复兴、有利于构建人类命运共同体的方向演变。中华民族伟大复兴战略全局也是世界百年未有之大变局的重要变量。因此，"两个大局"二者相互交织，相互作用，融合交汇，构成了一个更具总体性、全局性的局势，构成了一个具有世界历史意义的战略走向。

中国向何处去？世界向何处去？"两个大局"交汇所产生的大趋势具有举足轻重的分量。通过对"两个大局"的分析，可以看到"两个大局"的交汇构成习近平新时代中国特色社会主义思想最为宏观、最为根本、最为深远的时代背景，构成了习近平新时代中国特色社会主义思想独特而深刻的时代内涵。

敲黑板

"两个大局"相互影响、相互作用，中华民族伟大复兴的战略全局是在世界百年未有之大变局的大环境下形成和展开的，世界百年未有之大变局，其中最为显著和深刻的变局就是中国与世界关系的变化。

135

（二）解读"人间正道开新篇——关于新时代坚持和发展中国特色社会主义"。

1. 如何认识新时代？

党的十八大以来，中国特色社会主义进入新时代。怎样理解中国特色社会主义进入新时代？党的十九大报告对中国特色社会主义进入新时代作了系统的、深刻的阐述。认识新时代，要先认识什么是时代？时代是表述特定历史、社会历史的范畴，在不同的社会形态、历史时期、发展阶段中，形成了不同内涵的时代。对于一个民族、一个国家来说，新时代表明了战略任务的变化，表明了发展坐标的前进，表明了国际影响的增强。认识新时代是我们开创新事业的前提，引领新时代是我们实现新目标的基础。

时代的划分和时代划分的依据多种多样。马克思主义是把社会经济形态作为时代变革与演进的基本依据。所以，在时代划分上有以制度形态为标志划分的时代，有以经济形态为标志划分的时代，有以技术形态为标志划分的时代，有以时代主题为标志划分的时代，有以历史方位为标志划分的时代，还有以杰出人物为标志划分的时代。

⛽ 加油站 ◀·······

　　各个人借以进行生产的社会关系，即社会生产关系，是随着物质生产资料、生产力的变化和发展而变化和改变的。生产关系总和起来就构成所谓社会关系，构成所谓社会，并且构成为一个处于一定历史发展阶段上的社会，具有独特的特征的社会。古典古代社会、封建社会和资产阶级社会都是这样的生产关系的总和，而其中每一个生产关系的总和同时又标志着人类历史发展中的一个特殊的阶段。

　　——《马克思恩格斯选集》第1卷，人民出版社1995年版，第345页。

　　中国特色社会主义新时代，是在中国特色社会主义的发展进程中所作出的一个划分。党的十九大报告从三重历史坐标界定新时代。

　　第一个历史坐标，从中华民族的历史方位看，中国特色社会主义进入新时代，意味着近代以来久经磨难的中华民族迎来了从站起来、富起来到强起来的伟大飞跃，迎来了实现中华民族伟大复兴的光明前景。党的十八大以来，我们党几个历史时期的接续奋斗汇聚而成了实现"两个一百年"奋斗目标、实现中华民族伟大复兴中国梦的巨大洪流，一代代中国人民、一代代中国共产党人的强国梦、复兴梦就要在中国人民、中国共产党人的创造实践中变为现实，让中华民族自立自强于世界民族之林，让东方大国重新走近世界舞台中央，正是新时代中国特色社会主义的历史使命。

第二个历史坐标，从社会主义的历史方位看，中国特色社会主义进入新时代，意味着科学社会主义在 21 世纪中国焕发出强大生机活力，在世界上高高举起了中国特色社会主义伟大旗帜。党的十八大以来，是我们党和国家发展进程中极不平凡的时期，以习近平同志为核心的党中央不忘初心、牢记使命，全面推进中国特色社会主义新发展。今天，中国特色社会主义成为社会主义国家实践的忠实继承者和创新发展者。

第三个历史坐标，从当代世界的历史方位看，中国特色社会主义进入新时代，意味着中国特色社会主义道路、理论、制度、文化不断发展，拓展了发展中国家走向现代化的途径，给世界上那些既希望加快发展又希望保持自身独立性的国家和民族提供了全新选择，为解决人类问题贡献了中国智慧和中国方案。现代化是近代以来的世界潮流，也是工业革命之后国家富强的根本途径。在和平与发展的时代主题下，发展中国家怎样走出贫困落后，达到繁荣振兴，建成现代化国家，是构建人类命运共同体的基本条件。中国是世界上最大的发展中国家，也是走向现代化的东方大国，中国道路的世界意义，要从发展中国家向发达国家过渡，后发现代化国家向现代化国家转变的示范意义来思考。中国道路的意义在于经济科技比较落后的发展中国家怎样走出一条不同于西方国家发展的道路，向着现代化目标迈进。

加油站

2013 年 3 月 23 日，国家主席习近平在莫斯科国际关系学院发表演讲，首次提出人类命运共同体理念。他指出："这个世界，各国相互联系、相互依存的程度空前加深，人类生活在同一个地球村里，生活在历史和现实交汇的同一个时空里，越来越成为你中有我、我中有你的命运共同体。"

新时代决定了我国社会发展新的历史方位，新时代必然有它的时代内涵和特征。把握新时代的内涵，才能认识新时代、理解新方位。

党的十九大报告强调了理解把握新时代内涵的五个要点。第一个要点，从新时代的形成过程来看，这是承前启后、继往开来，在新的历史条件下继续夺取中国特色社会主义伟大胜利的时代。第二个要点，从新时代的基本内容来看，这是决胜全面建成小康社会，进而全面建设社会主义现代化强国的时代。第三个要点，从新时代的发展水准来看，这是全国各族人民团结奋斗，不断创造美好生活，逐步实现全体人民共同富裕的时代。第四个要点，从新时代的民心所向来看，这是全体中华儿女勠力同心，奋力实现中华民族伟大复兴中国梦的时代。第五个要点，从新时代的国际影响来看，这是我国日益走近世界舞台中央，不断为人类作出更大贡献的时代。

2. 如何理解新时代社会主要矛盾发生变化？

为什么社会主要矛盾发生了变化？新时代社会主要矛盾变化的意义是什么？党的十九大报告明确指出，我国社会主要矛盾已经转化为人民日益增长的美好生活需要和不平衡不充分的发展之间的矛盾。深刻认识我国社会主要矛盾变化的实践基础，准确把握我国社会主要矛盾发生变化的新的特点，是深入理解新时代中国特色社会主义的一个核心问题，也是决胜全面建成小康社会、全面建设社会主义现代化国家的一个战略基石。

我国社会主要矛盾变化的意义是什么？可以从以下几个方面来理解。

第一个方面，主要矛盾发生变化，标志着经济文化比较落后的国家，社会主义建设出现根本性转折。1956 年召开的党的八大指出，我国国内的主要矛盾，已经是人民对于建立先进的工业国的要求同落后的农业国的现实之间的矛盾，已经是人民对于经济文化迅速发展的需要同当前经济文化不能满足人民需要的状况之间的矛盾。1981 年召开的党的十一届六中全会通过了一份重要文件，即《关于建国以来党的若干历史问题的决议》，文件明确指出："在社会主义改造基本完成以后，我国所要解决的主要矛盾，是人民日益增长的物质文化需要同落后的社会生产力之间的矛盾。"因此，党和国家的主要任务就是大力发展社会主义生产力，满足人民不断增长的物质文化需要。新中国成立特别是改革开放以来，我们党始终不渝地着力解决这一主要矛盾，这就使得人民需要的层次提高、内涵拓展更加丰富，也使社会发展的速度加快，水平提高，更加全面，推动了中国特色社会主义进入新时代，促成了我国社会主要矛盾的变化。

延伸阅读

改革开放以来历届六中全会都关注了什么？

★ 十一届六中全会

1981年6月27日—29日，中共十一届六中全会召开。全会通过《关于建国以来党的若干历史问题的决议》，对新中国成立32年来党的重大历史事件特别是"文化大革命"作出正确总结，实事求是地评价毛泽东的历史地位，科学论述毛泽东思想作为党的指导思想的伟大意义。《决议》的通过，标志着党在指导思想上拨乱反正任务的完成。

★ 十二届六中全会

1986年9月28日，中共十二届六中全会召开。

全会通过《关于社会主义精神文明建设指导方针的决议》，阐明社会主义精神文明建设的战略地位、根本任务和基本指导方针。

★ 十三届六中全会

1990 年 3 月 9 日—12 日，中共十三届六中全会召开。全会通过《关于加强党同人民群众联系的决定》。

★ 十四届六中全会

1996 年 10 月 7 日—10 日，中共十四届六中全会召开。全会通过《关于加强社会主义精神文明建设若干重要问题的决议》。指出，社会主义社会是全面发展、全面进步的社会，社会主义现代化事业是物质文明和精神文明协调发展的事业。

★ 十五届六中全会

2001 年 9 月 24 日—26 日，中共十五届六中全会召开。全会通过《关于加强和改进党的作风建设的决定》，提出作风建设"八个坚持、八个反对"的要求。

★ 十六届六中全会

2006 年 10 月 8 日—11 日，中共十六届六中全会召开。全会通过《关于构建社会主义和谐社会若干重大问题的决定》。指出，社会和谐是中国特色社会主义的本质属性，强调要按照民主法治、公平正义、诚信友爱、充满活力、安定有序、人与自然和谐相处的总要求，构建社会主义和谐社会，推动社会建设与经济建设、政治建设、文化建设协调发展。

★ 十七届六中全会

2011 年 10 月 15 日—18 日，中共十七届六中全会召开。全会通过《关于深化文化体制改革推动社会主义文化大发展大繁荣若干重大问题的决定》，提出坚持中国特色社会主义文化发展道路、努力建设社会主义文化强国的战略任务。

★ 十八届六中全会

2016 年 10 月 24 日—27 日，中共十八届六中全会召开。全会通过《关于新形势下党内政治生活的若干准则》和《中国共产党党内监督条例》。全会明确习近平总书记党中央的核心、全党的核心地位，号召全党同志紧密团结在以习近平同志为核心的党中央周围，牢固树立政治意识、大局意识、核心意识、看齐意识，坚定不移维护党中央权威和党中央集中统一领导。

——《中国共产党一百年大事记》，人民出版社 2021 年版，第 115、126、134、147、159、169、182、213 页。

社会主要矛盾是以一种集中、凝练、典型的形式反映了社会发展的基本关系、核心要素、关键问题，是社会发展的一面镜子。新时代社会主要矛盾的变化，意义非同寻常。它表明社会主义社会的基本矛盾在当代中国表现为新的性质、新的内容、新的水准。社会主要矛盾的变化，表明我国已经实现了人民需要和社会发展的历史性跃升。社会主要矛盾的变化，也表明中国特色社会主义出现了一次根本性的转折，我们迎来了从站起来、富起来到强起来的历史性飞跃，要在富起来的过程中让中国全面强起来，真正强起来，持久强起来。

第二个方面，主要矛盾发生变化，标志着社会主义初级阶段进入新的发展阶段。社会主义初级阶段从我国社会主义改造基本完成之时起，需要上百年的过渡时期。新时代中国特色社会主义仍然是在初级阶段这个总阶段中的新时代，是在初级阶段这个总过程中的新时代。同时，社会主要矛盾的变化，表明新时代中国特色社会主义具有鲜明的时代特征和内涵，同以往几十年相比，不是处于同一个水平和尺度，而是社会主义初级阶段中新的发展阶段。社会主要矛盾是一个社会发展水平、社会发展状况的尺度。社会主要矛盾的变化，表明我国社会主义初级阶段已经处于初级阶段与现代化的衔接过渡期，处于走出初级阶段的酝酿加速期，处于初级阶段的质量水平提高期，还处于实现工业化、信息化、城镇化、农业现代化的跃升期。

第三个方面，主要矛盾发生变化，标志着全面建成小康社会成功在望，全面建设社会主义现代化国家势在必行。主要矛盾是问题，是动力，也是主攻方向。主要矛盾的提出本身就蕴含着解决主要矛盾的目标和途径。新的主要矛盾表明，我们只有乘势而上，开启全面建成社会主义现代化强国新征程，从2020年到2035年，在全面建成小康社会的基础上，再奋斗15年，基本实现社会主义现代化。从2035年到本世纪中叶，在基本实现现代化的基础上，再奋斗15年，把我国建成富强民主文明和谐美丽的社会主义现代化强国。在这样的情况下，人民日益增长的美好生活需要才能与更平衡更充分的发展所适应、协调和满足，没有更充分、更平衡的发展，也很难满足人民日益增长的美好生活需要。

阔步走进新时代，共享美好新生活。
图为甘南草原的小康图景。

敲黑板 ◀

我国社会矛盾形成了新的性质和状况，从主体需要的方面来看，人民对美好生活的需要日益广泛，不仅对物质文化生活提出了更高要求，而且在民主、法治、公平、正义、安全、环境等方面要求日益增长；从发展状况来看，我国社会生产力总体上显著提高，但是更加突出的问题就是发展的不平衡不充分。

第四个方面，主要矛盾发生变化，标志着人民需要层次的拓展提升和经济社会发展的前进上升，我国社会矛盾形成了新的性质和状况。社会主要矛盾的变化，从主体需要的方面看，人民需要的层次发生了历史性变化。从人民对经济文化迅速发展的需要、日益增长的物质文化需要，变化为满足日益增长的美好生活需要。人民对美好生活的需要日益广泛，不仅对物质文化生活提出了更高要求，而且在民主、法治、公平、正义、安全、环境等方面的要求日益增长。从发展状况来看，经济社会的发展状况也发生了历史性变化，从经济文化不能满足人民需要的状况、落后的社会生产，到了不平衡不充分的发展状况。我国社会生产力总体上显著提高，但是更加突出的问题就是发展的不平衡不充分。不平衡不充分的发展已经成为满足人民日益增长的美好生活需要的主要制约因素。新的社会主要矛盾的两方面相融相济，是发展前进中的矛盾，也是一种良性循环，不断促进提高的矛盾。对解决这些矛盾，我们充满希望、充满信心。

3. 如何坚持和完善中国特色社会主义制度?

党的十八届三中全会提出，全面深化改革总目标是完善和发展中国特色社会主义制度，推进国家治理体系和治理能力现代化。党的十九届四中全会通过了《中共中央关于坚持和完善中国特色社会主义制度、推进国家治理体系和治理能力现代化若干重大问题的决定》（以下简称《决定》）。在制度和治理二者之间，要着重于从坚持和完善中国特色社会主义制度这一基础，去理解和把握推进国家治理体系和治理能力现代化。全面、准确地理解和把握制度和治理的关系。推进国家治理体系和治理能力现代化，国家治理说到底还是国家制度问题，这次新冠肺炎疫情防控是对国家治理体系和治理能力的一次大考，但是支撑国家治理体系和治理能力的还是国家制度。国家治理体系和治理能力现代化，究其根本还是中国特色社会主义制度的成熟定型问题。党的十九届四中全会通过的《决定》，从制度层面和治理维度回答了全面建设社会主义现代化国家的方向性、根本性问题，也为我们党和国家长治久安构筑了系统的制度保证和坚实的治理基石。

《决定》指出，相比过去，新时代改革开放具有许多新的内涵和特点，其中很重要的一点就是制度建设分量更重。治理是服务于制度的，我们提出治理问题，强调治理效能，是为了更好地服务于制度。从制度和治理的关系来看，可以从三个方面把握。

一是制度为根，治理为干。制度和治理相比，制度是根本，治理体系和治理能力都是在制度体系和制度能力的基础上生长起来的。用树根和树干做比喻，制度是树根，决定着大树的命脉；治理是树干，彰显着大树的强壮。树干的强壮是由于树根的滋养，如果树根萎缩，就不会有强壮的树干。新中国成立后，我国社会主义实践的主要历史任务是建立社会主义基本制度，并在这个基础上进行改革。毛泽东同志领导确立了社会主义基本制度，为当代中国一切发展进步奠定了根本政治前提和制度基础。邓小平同志深刻总结我国社会主义建设正反两方面经验，借鉴世界社会主义历史经验，推动经济体制和政治体制改革。1992 年，他提出了要用 30 年的时间在各方面形成一整套更加成熟、更加定型的制度目标。进入中国特色社会主义新时代，实现社会主义现代化赋予我们新的主要历史任务，就是坚持和完善中国特色社会主义制度，为我们党和国家的事业发展，人民幸福安康，社会和谐稳定，国家长治久安提供一整套更完备、更稳定、更管用的制度体系。

从党的十八届三中全会到党的十九大，从党的十九大到党的十九届四中全会，全面深化改革都是完善和发展中国特色社会主义制度的重大进展，都是推进中国特色社会主义制度现代化的坚实步伐。在此基础上，我们党才有条件有可能明确提出推进国家治理体系和治理能力现代化的目标。

二是制度为本，治理为用。制度是治理的根本，治理是制度的效用。制度是治理的基石，治理是制度的效能。没有离开制度、缺乏制度支撑的治理，没有制度优势也就很难有治理的绩效，治理失败往往反映了制度失效。治理效能取决于制度可能，也就是取决于制度为治理提供的平台和空间。

新中国成立 70 多年来，中华民族迎来了从站起来、富起来到强起来的伟大飞跃。与这条发展路线相平行，并且起着基础性作用的是制度建设的实践，是制度建设的路线。与站起来相对应的是社会主义制度在中国的建立；与富起来相对应的是中国特色社会主义制度的改革创新；与强起来相对应的是中国特色社会主义制度的完善和发展。推进国家治理体系和治理能力现代化，必须坚定中国特色社会主义制度自信，必须回答和解决在什么样的制度模式下实现治理现代化的问题，没有超越社会制度的治理现代化。我们党提出的推进国家治理体系和治理能力现代化，有着明确的制度前提，就是中国特色社会主义制度。国家治理体系和治理能力现代化，依据的是中国特色社会主义制度模式，它的内涵就是中国特色社会主义制度体系和制度能力现代化。

三是制度为里，治理为表。制度内涵于里，治理显现于外。这次新冠肺炎疫情防控是对我国国家治理体系和治理能力的一次大考。我们党带领人民取得了重大战略成果，交出了优秀答卷，我们的国家治理体系和治理能力经受住了大考。从根本上说，还是中国特色社会主义制度经受住了大考。正如习近平总书记在全国抗击新冠肺炎疫情表彰大会上指出，抗疫斗争伟大实践再次证明，中国特色社会主义制度所具有的显著优势是抵御风险挑战、提高国家治理效能的根本保证。我国社会主义制度具有非凡的组织动员能力、统筹协调能力、贯彻执行能力，能够充分发挥集中力量办大事、办难事、办急事的独特优势。这次抗疫斗争有力彰显了我国国家制度和国家治理体系的优越性。

学习在线

衡量一个国家的制度是否成功、是否优越，一个重要方面就是看其在重大风险挑战面前，能不能号令四面、组织八方共同应对。我国社会主义制度具有非凡的组织动员能力、统筹协调能力、贯彻执行能力，能够充分发挥集中力量办大事、办难事、办急事的独特优势，这次抗疫斗争有力彰显了我国国家制度和国家治理体系的优越性。历史和现实都告诉我们，只要坚持和完善中国特色社会主义制度、推进国家治理体系和治理能力现代化，善于运用制度力量应对风险挑战冲击，我们就一定能够经受住一次次压力测试，不断化危为机、浴火重生。

——《在全国抗击新冠肺炎疫情表彰大会上的讲话》，人民出版社 2020 年版，第 19 页。

从党的十八大到党的十九届四中全会、五中全会，中国共产党对中国特色社会主义制度的认识更加丰富和深刻，对制度和治理的内涵及其关系的把握更加准确和深入，对坚持和完善中国特色社会主义制度，推进国家治理体系和治理能力现代化的认识更加自觉，实践更加全面。中国特色社会主义制度自信成为全党、全体人民的坚定信念。

编者注：本讲作者颜晓峰在这一讲为读者深入讲解了《学习问答》一书7个板块中的第一、二板块，其余内容需要我们在下一步系统深入的学习中，更加深刻地理解和把握。

快问快答

1.在党史学习教育中，青年党员如何用理论指导实践，让解决问题的能力得到提升，真正做到学史明理、学史增信、学史崇德、学史力行呢？

答：首先，学习要下功夫。马克思主义是我们的看家本领，是青年党员以及我们所有党员干部的看家本领。掌握这个看家本领，不是一日之功，必须长年累月坚持不懈地学习。可以在专家指导下做一些精选，像邓小平所说的，"学马列要精，要管用的。"根据个人情况基础、职业及当前所处的位置不同，定出适合自己的"菜单"加深学习。这是一个基本功，它的收益是长久的。

其次，从实践中学，从我们自己的经历和经验中学。社会也是一本大书。我们学习的理论，实际上是以理论的方式对现实的一种规律性的本质性的概括。现实、实践、社会、生活，实际上是以一种生动形象直观的方式来显示、验证或者支持着理论规律和本质的说明。二者实际上应该是得到统一的。

对实践的感悟有切身的体会，就可以把它们提炼概括出来。有些问题，能够从理论中得到解答，有些问题还不能直接得到解答。我们在实践中的体会，能够丰富和完善理论本身。当然，在实践中的感悟，也是需要用心的，用心者能够对每一天所做的事情，所从事的重大工作，都有所感悟。日积月累，理论的深化和实践的积累会越来越丰富。总之，我们很好地学习理论，思考实践问题、现实问题，同时在实践生活中又能够将理论提升与理论融合，按照这种方式坚持若干年，我们的思维水平、理论素养，包括领导能力也会有一个大的提高。

2. 如何理解习近平总书记说的"江山就是人民，人民就是江山"？

答：江山就是人民，人民就是江山，这是习近平总书记在党史学习教育中提出的一个重要思想观点，这个思想观点同习近平总书记的人民观和我们党的性质和宗旨一以贯之。

我们要从马克思主义的国家权力观来认识和把握这个命题的深刻意义。江山是中国传统的表述，在中国历史上，是用江山这个词形象地表示国家权力的概念。什么叫打江山？打江山就是为了争取、夺取国家权力；守江山，说到底也就是要守住国家权力。

中国共产党人的国家权力观和新中国成立之前的统治阶级的国家权力观最根本的不同，是以往的统治者，打江山的根本目的是为了少数人或者某个利益集团的目的来打江山，守江山也同样是为了国家权力在统治阶级或某个利益集团中传承下来。中国共产党打江山，夺取政权，不是为了党自身，而是为了人民的幸福、民族的解放。习近平总书记明确地讲，江山就是人民。我们党无论是打江山还是守江山，无论是革命战争年代夺取政权，还是执政以后巩固政权，要长期执政，根本问题就是在于为谁打江山，为谁守江山。

习近平总书记指出"100年前，中国共产党成立就是为了让老百姓过上好日子，而不是为了自己的私利。我们党的百年奋斗史就是为人民谋幸福的历史。人民就是江山。我们共产党打江山、守江山，都是为了人民幸福，守的是人民的心。"

我们党要始终恪守江山就是人民、人民就是江山这个根本的信念，始终为人民守江山，始终为人民全面建设社会主义现代化国家，这样我们第二个百年奋斗目标就能够在全体中国人民的支持和拥护下得以实现。纵观党的百年历史，革命取得胜利，靠的是人民，社会主义建设取得成就，靠的是人民，改革开放取得成功，靠的是人民。我们今天全面建设社会主义现代化国家这个新的奋斗目标同样也是为了人民、依靠人民。

青年说

作为新时代的中国青年，要发扬坚持真理、坚守理想，践行初心、担当使命，不怕牺牲、英勇斗争，对党忠诚、不负人民的伟大建党精神，以实现中华民族伟大复兴为己任，增强做中国人的志气、骨气、底气，为中华民族伟大复兴贡献青春力量！

——郭郭（外交部红心向党队）

最近热播的电视剧《觉醒年代》里，开启"南陈北李、相约建党"壮举的革命先驱李大钊在走上绞刑台英勇就义前说道："不能因为反动派今天绞死了我，就绞死了伟大的共产主义，共产主义在中国，必然得到光辉的胜利！"在我们党的百年光辉历程中，无数共产党人抛头颅、洒热血，靠的就是这种信仰，为的就是这个理想。有了这一点，我们党才具有无往而不胜的强大力量，党和人民的事业才能不断乘风破浪，从胜利走向更大胜利。作为一名党员干部，不论在社会上有多少角色、担任何种职务，首先必须时刻牢记自己的第一身份是共产党员，必须时刻牢记为中国人民谋幸福、为中华民族谋复兴的初心使命。

——杨振江（信访局青年理论学习队）

入党十余年，岗位不断变化，权力和责任的增长，收获了成长，也偶有焦虑和迷茫——我是谁，我该做什么。我的思想，受见识、学识、经历的限制和影响，时而转向功利和利己；我的迷茫，正是来自对担心自己脱离党组织、动摇党性的迷茫。只有把个人思想融入到党的组织、党的建设，尤其是党的思想政治建设中去，充分接受党和群众监督，在党组织的战斗堡垒中淬炼，在建设中国特色社会主义事业中实践，我们的思想才能得到升华，我们才能拥有坚定的信念和坚强的信仰，才能有坚持为共产主义最高理想而奋斗的勇气和能力。

——曾彬斌（中国银行学史崇德队）

学以致用

1.新时代坚持和发展中国特色社会主义的根本动力是＿＿＿＿。

A.全面深化改革

B.发展对外贸易

C.推动科技创新

D.全面对外开放

2.习近平新时代中国特色社会主义思想的核心要义，改革开放以来党的全部理论和实践的主题，当代中国发展进步的根本方向是＿＿＿＿。

A.坚持和发展中国特色社会主义

B.坚持和完善党的领导

C.人民当家作主

D.社会主义市场经济

3.习近平新时代中国特色社会主义思想在 _____ 会议上被载入宪法。

A.十三届全国人大一次

B.十三届全国人大二次

C.十三届全国人大三次

D.十三届全国人大四次

4.历史充分证明，江山就是人民，人民就是江山，_____关系党的生死存亡。

A.人心向背

B.反腐倡廉

C.从严治党

D.自我革命

5.新时代党的建设要以党的 _____ 为统领。

A.思想建设

B.组织建设

C.纪律建设

D.政治建设

6.2019年1月，中共中央印发 _____ ，这是党中央对新时代加强党的政治建设作出的重要决策部署。

A.《关于新形势下党内政治生活的若干准则》

B.《关于加强党的政治建设的意见》

C.《中国共产党巡视工作条例》

D.《中国共产党问责条例》

7. 从严治党必须从党内 _____ 严起。

A. 组织生活

B. 思想建设

C. 制度建设

D. 政治生活

8. 切实在深入学习贯彻习近平新时代中国特色社会主义思想上作表率，在始终同以习近平同志为核心的党中央保持高度一致上作表率，在坚决贯彻落实党中央各项决策部署上作表率，建设 _____ 的模范机关，为推动中央和国家机关各项事业发展提供坚强保证。

A. 让党中央放心 让人民群众满意

B. 让党中央满意 让人民群众放心

C. 让人民群众放心 让党中央满意

D. 让人民群众满意 让党中央放心

9. 党的十九大提出，习近平新时代中国特色社会主义思想的核心内容是 _____ 。

A. "十四个明确"和"八个坚持"

B. "八个明确"和"十四个坚持"

C. "四个全面"和"五位一体"

D. 坚持和发展中国特色社会主义

10. _____ 明确提出新时代党的建设总要求。

A. 党的十八大

B. 党的十八届三中全会

C. 党的十八届四中全会

D. 党的十九大

11. 决定党和国家前途命运的根本力量是 _____ 。

A. 中国共产党

B. 人民

C. 发展

D. 创新

12. 我国发展新的历史方位是 _____ 。

A. 我国已经越过社会主义初级阶段

B. 我国已经全面建成小康社会

C. 我国已经完成第一个百年目标

D. 中国特色社会主义进入新时代

13. 中国特色社会主义进入新时代，我国社会主要矛盾已经转化为 _____ 。

A. 人民日益增长的物质文化需要同落后的社会生产之间的矛盾

B. 工人阶级和农民阶级之间的矛盾

C. 人民日益增长的美好生活需要和不平衡不充分的发展之间的矛盾

D. 广大人民同极少数敌对分子之间的矛盾

14. 我国的基本国情是 _____。

A. 社会主义进入新时代

B. 仍处在并将长期处于社会主义初级阶段

C. 已经处于社会主义的成熟阶段

D. 将迅速进入共产主义阶段

15. 党的十九大总结实践经验、顺应新时代党的建设总要求提出的重大课题是 _____。

A. 提高党的建设质量

B. 加强党的全面领导

C. 坚持党要管党

D. 以党的政治建设为统领

16. 新时代"三农"工作的总抓手是 _____。

A. 农村脱贫攻坚

B. 美丽乡村建设

C. 实施乡村振兴战略

D."两山"战略

17. 党在新时代的强军目标是 _____。

A. 完善和发展中国特色社会主义制度、推进国家治理体系和治理能力现代化

B. 建设一支听党指挥、能打胜仗、作风优良的人民军队，把人民军队建设成为世界一流军队

C. 建设中国特色社会主义法治体系、建设社会主义法治

国家

    D. 实现社会主义现代化和中华民族伟大复兴

18. 现阶段我国经济发展的基本特征是由高速增长阶段转向 _____ 发展阶段。

    A. 中高速度

    B. 中低速度

    C. 高质量

    D. 高效率

19. 建设有中国特色社会主义文化是 _____ 提出的新命题。

    A. 党的十三大

    B. 党的十四大

    C. 党的十五大

    D. 党的十六大

20. 要深化文化体制改革，完善文化管理体制，加快构建把 _____ 放在首位、社会效益和经济效益相统一的体制机制。

    A. 社会效益

    B. 经济效益

    C. 文化效益

    D. 人民效益

21. 实现中华民族伟大复兴，就是中华民族近代以来最伟大的梦想，其本质是国家富强、民族振兴、_____ 。

A. 人民幸福

B. 共同富裕

C. 全面小康

D. 人民富裕

22. 中华民族永续发展的千年大计是 _____ 。

A. 推行义务教育

B. 建设精神文明

C. 建设物质文明

D. 建设生态文明

23. 中国共产党坚持 _____ 的和平外交政策。

A. 结盟

B. 霸权主义

C. 强权

D. 独立自主

24. （多选）深刻理解和全面把握习近平新时代中国特色社会主义思想的金钥匙是 _____ 、_____ 、_____ 。

A. 为人民谋幸福

B. 为民族谋复兴

C. 为世界谋大同

D. 为个人谋福利

25. （多选）新时代党的教育方针是 _____ 、_____ 、_____ 、_____ 培养德智体美劳全面发展的社会主义建设者和接班人。

A.坚持社会主义办学方向

B.落实立德树人根本任务

C.发展素质教育

D.推进教育公平

26.（多选）习近平新时代中国特色社会主义思想活的灵魂是 _____、_____、_____。

A 解放思想

B 实事求是

C 与时俱进

D 吃苦耐劳

27.（多选）生态文明建设必须坚持的方针是 _____、_____、_____为主。

A.节约优先

B.保护优先

C.退耕还林还草

D.自然恢复

28.（多选）加强党的政治建设，目的是 _____、_____、_____、_____，实现全党团结统一、行动一致。

A.坚定政治信仰

B.强化政治领导

C.提高政治能力

D. 净化政治生态

29.（多选）党的十九大提出，我国按照 ＿＿＿＿＿ 理念和 ＿＿＿＿＿ 、＿＿＿＿＿ 周边外交方针深化同周边国家关系。

A. 睦邻友好

B. 亲诚惠容

C. 与邻为善

D. 以邻为伴

30.（多选）保持香港、澳门长期繁荣稳定，必须全面准确贯彻的方针是 ＿＿＿＿＿ 、＿＿＿＿＿ 、＿＿＿＿＿ 、＿＿＿＿＿ 。

A. "一国两制"

B. "港人治港"

C. "澳人治澳"

D. 高度自治

随堂思考

1. 如何理解习近平新时代中国特色社会主义思想是经过实践检验、富有实践伟力的强大武器？

2. 为什么说中国共产党领导是中国特色社会主义最本质的特征？

学习体会

....

....

....

....

....

....

....

....

....

第3讲参考答案

1—5　AAAAD　　　　6—10　BDABD　　　　11—15　BDCBA

16—20　CBCCA　　　21—25　ADD ABC ABCD

26—30　ABC ABD ABCD BCD ABCD

第 **4** 讲

百年奋斗的光辉历程和伟大精神：

《毛泽东邓小平江泽民胡锦涛关于中国共产党历史论述摘编》导读

2021 年 7 月 26 日

卢洁

中央党史和文献研究院第二研究部原副主任、一级巡视员，享受国务院政府特殊津贴专家，编审，《毛泽东邓小平江泽民胡锦涛关于中国共产党历史论述摘编》编写组负责人之一。

► 重要论述 ◄

中国共产党一经诞生，就把为中国人民谋幸福、为中华民族谋复兴确立为自己的初心使命。一百年来，中国共产党团结带领中国人民进行的一切奋斗、一切牺牲、一切创造，归结起来就是一个主题：实现中华民族伟大复兴。

——习近平在庆祝中国共产党成立 100 周年大会上的讲话（2021 年 7 月 1 日）

党的初心和使命是党的性质宗旨、理想信念、奋斗目标的集中体现，激励着我们党永远坚守，砥砺着我们党坚毅前行。从石库门到天安门，从兴业路到复兴路，我们党近百年来所付出的一切努力、进行的一切斗争、作出的一切牺牲，都是为了人民幸福和民族复兴。

——习近平在"不忘初心、牢记使命"主题教育总结大会上的讲话（2020 年 1 月 8 日）

谁是我们的敌人？谁是我们的朋友？这个问题是革命的首要问题。中国过去一切革命斗争成效甚少，其基本原因就是因为不能团结真正的朋友，以攻击真正的敌人。革命党是群众的向导，在革命中未有革命党领错了路而革命不失败的。我们的革命要有不领错路和一定成功的把握，不可不注意团结我们的真正的朋友，以攻击我们的真正的敌人。

——毛泽东：《中国社会各阶级的分析》（1925年12月1日）

中华人民共和国是打了二十二年仗才建立起来的，是在被封锁、制裁、孤立中成长起来的。经过四十年的发展，特别是经过最近十年的发展，我们的实力增强了，中国是垮不了的，而且还要更加发展起来。这是民族的要求，人民的要求，时代的要求。

——邓小平：《振兴中华民族》（1990年4月7日）

本讲要点 ◀‥‥‥‥‥‥‥‥‥‥‥‥‥‥‥‥‥‥‥‥‥

用历史映照现实、远观未来，从中国共产党的百年奋斗中看清楚过去我们为什么能够成功、弄明白未来我们怎样才能继续成功，从而在新的征程上更加坚定、更加自觉地牢记初心使命、开创美好未来。

我们党的历史，就是一部不断推进马克思主义中国化的历史，就是一部不断推进理论创新、进行理论创造的历史。这是我们党的根本经验。

中国共产党能够成功地成为革命、建设和改革开放的领导核心，关键是能够不断加强自身建设。

不断总结历史经验，用党的历史教育党员干部和凝聚人民群众，是中国共产党的优良传统。

中国共产党坚持把马克思主义基本原理与中国具体实际相结合的历程，就是一部不断推进马克思主义中国化的理论探索史。

中国共产党一切为了人民、一切依靠人民，始终保持党同人民群众的血肉联系，党的百年历史是一部不断践行党的宗旨的为民造福史。

通过学习党的历史，总结、传承好不同历史时期党的自身建设的宝贵经验，才能更好地做到全面从严治党，才能永葆党的生机和活力。

2021年7月1日，庆祝中国共产党成立100周年大会在北京天安门广场隆重举行。

　　在中国共产党百年华诞的重大历史时刻，习近平总书记在庆祝中国共产党成立100周年大会上发表了重要讲话（以下简称"七一讲话"），"七一讲话"是站在一百年重大历史时刻中国共产党人的政治宣言和行动纲领，对中国共产党一百年的历史进行深刻总结和新的概括，提出了很多新思想新论断和新要求。应该说，《毛泽东邓小平江泽民胡锦涛关于中国共产党历史论述摘编》（以下简称《论述摘编》），是中国共产党百年奋斗历程的记录，记录了中国共产党是怎样一路走来，而在这个伟大历程和奋斗中，才能更加看清楚中国共产党为什么能够成功，对于深入学习和理解习近平总书记在"七一讲话"中总结的中国共产党的成功经验和"九个必须"的要求等，都很有启示教育作用。下面我将结合"七一讲话"精神，介绍一下这本书的主要内容。

敲黑板 ◀∙∙∙

习近平总书记在庆祝中国共产党成立 100 周年大会上指出："一百年来，中国共产党团结带领中国人民进行的一切奋斗、一切牺牲、一切创造，归结起来就是一个主题：实现中华民族伟大复兴。"这既是对中国共产党在过去百年担当使命所取得亮丽成绩单的充分肯定，又是对中国共产党在迈向第二个百年奋斗目标历史新征程中更好担当使命发出的动员令。

——辛鸣：《牢牢把握中华民族伟大复兴这一主题》，《学习时报》2021 年 7 月 14 日。

一、关于本书编辑的目的和特点

在 2021 年 2 月 20 日召开的党史学习教育动员大会上，习近平总书记强调："在庆祝我们党百年华诞的重大时刻，在'两个一百年'奋斗目标历史交汇的关键节点，在全党集中开展党史学习教育，正当其时，十分必要。"他强调指出，"我们党历来重视党史学习教育，注重用党的奋斗历程和伟大成就鼓舞斗志、明确方向，用党的光荣传统和优良作风坚定信念、凝聚力量，用党的实践创

更多精彩，扫码观看本讲视频

造和历史经验启迪智慧、砥砺品格。"这是一百年中国共产党的历史经验的深刻总结，也是我们这本《论述摘编》的主题和主线。这就是以毛泽东、邓小平、江泽民、胡锦涛四位同志的论述，深刻阐释党在各个历史时期的辉煌历程、理论成果、宝贵经验和伟大精神。换言之，就是习近平总书记在"七一讲话"中指出的"从中国共产党的百年奋斗中看清楚过去我们为什么能够成功、弄明白未来我们怎样才能继续成功"，这也是党史学习教育的目的。

为配合在全党开展的党史学习教育，经党中央批准，中央党史和文献研究院编辑出版的《论述摘编》，2021年2月由中央文献出版社出版发行。这本书同习近平《论中国共产党历史》《中国共产党简史》《习近平新时代中国特色社会主义思想学习问答》一起，是党中央关于党史学习教育的四本指定学习用书。

正如这本书的书名所示，这是一本专题论述摘编，主题是毛泽东同志、邓小平同志、江泽民同志、胡锦涛同志论中国共产党历史，它涵盖了革命、建设和改革开放的历史，也就是习近平总书记在"七一讲话"中指出的百年党史中三个历史阶段。也就是说，这本书辑录了党的十八大之前四位党和国家领导人对中国共产党历史的论述。选编文稿的类别有讲话、报告、谈话、书信等，共计141段论述，全书9.8万字。从全书所选编论述的时间跨度上来说，开卷篇为1925年，压卷篇为

2012 年，时间跨度达 87 年。

（一）这本《论述摘编》的编选工作有几个突出的特点。

一是，精选精编四位领导人关于党史的经典论述。编选过程中，在精选精编毛泽东同志、邓小平同志、江泽民同志、胡锦涛同志关于党史的经典论述，同时注意不能遗漏重要内容和论述。在四本学习用书中，这本书是最薄的，选编十分精当。

二是，有针对性地遴选适合现在党员进行党史学习教育的内容。比如，1942 年 3 月 30 日，毛泽东同志在中央学习组所作的《如何研究中共党史》，这篇讲话是中国共产党人关于党史研究的名篇和重要文献。本书将全篇分为五段全部编入，这在《论述摘编》的编辑中，也是开了一个先例。对于体现中国共产党伟大精神和政治品格的论述，也是本书反映的重点内容之一。

三是，注意发掘一些针对党员领导干部进行党史教育的新的文献和论述，其中一些论述是首次公开发表。比如，毛泽东部分的最后两段，他提出要进行百年历史的教育和研究，这些是在中共中央党史和文献研究院所藏档案资料中发掘并首次公开发表的。一般来说，没有标注出处的论述，就是新公开发表的。这些都反映了我们党历史上始终高度重视党史教育的传统。

📖 **学习在线** ◀··

　　历来中国人没有写回忆录这样的习惯，中国人喜欢写历史。我们正在组织写中国近百年史，写近百年通史，即综合性的历史，还在写近百年的军事史、政治史、经济史、哲学史和艺术史。也有一些人提议写党的历史。写党史还没有布置好。

　　——毛泽东在会见马里政府代表团时的谈话（1964年6月24日）

二、本书的主要内容

　　（一）不断总结历史经验，用党的历史教育党员干部和凝聚人民群众，是中国共产党的优良传统。一部党的百年历史，就是一部为了实现中华民族伟大复兴的不懈奋斗史和不怕牺牲史。

　　这本《论述摘编》，可以说是凝练、浓缩的中国共产党人不断总结经验、不怕流血牺牲、不懈奋斗的历史。

更多精彩，扫码
观看本讲视频

描绘红军飞夺泸定桥场景的油画

　　在刚刚结束长征到达陕北后，1936 年 12 月毛泽东在总结革命斗争经验时，指出："中国共产党以自己艰苦奋斗的经历，以几十万英勇党员和几万英勇干部的流血牺牲，在全民族几万万人中间起了伟大的教育作用。中国共产党在革命斗争中的伟大的历史成就，使得今天处在民族敌人侵入的紧急关头的中国有了救亡图存的条件，这个条件就是有了一个为大多数人民所信任的、被人民在长时间内考验过因此选中了的政治领导者。"

　　1937 年 6 月，在《关于十五年来党的路线和传统问题》，他又总结道："党就从历来有过的各种'左'右倾原则错误的发生与克服的斗争中锻炼出来，成长壮大起来，也因此得到革命的成绩。如果没有（这是不可能的）或少些（这是可能的）大的小的带原则性的错误，成绩当然不只今天这样，这是以后的殷鉴。"他还用"无数先烈的热血浇灌出来的革命的鲜花"来形容党的奋斗历程是充满流血牺牲的。

1941 年 6 月，毛泽东在为中共中央起草的《关于中国共产党诞生二十周年、抗战四周年纪念的指示》中写道，在党外"要深入地宣传中共二十年来的历史，是为中华民族与中国人民解放事业英勇奋斗的历史。它是最忠实地代表中华民族与中国人民的利益。"在党内"要使全党都明了中共在中国革命中的重大作用，在今天它已经成为团结全国抗战、争取抗战胜利的决定因素，它的政策，关系全国抗战的成败与全中国人民的命运。"他一并指出，要"学习党在二十年革命斗争中的丰富经验。"需要特别说明的是，也就是在这个《指示》中，确定七月一日是党的纪念日，这是七一建党纪念日的由来。

加油站

1941 年 6 月，中共中央发出毛泽东起草的《关于中国共产党诞生二十周年、抗战四周年纪念的指示》，明确指出："今年'七一'是中共产生的二十周年，'七七'是中国抗日战争的四周年，各抗日根据地应分别召集会议，采取各种办法，举行纪念，并在各种刊物出特刊或特辑。"中共中央还提出，宣传的要点是在党外"要深入地宣传中共二十年来的历史，是为中华民族与中国人民解放事业英勇奋斗的历史。它最忠实地代表中华民族与中国人民的利益。今天无论在国际国内任何困难情况下，它都要坚持抗日民族统一战线政策，团结到底，抗战到底，反对分裂，反对投降"。在党内，"要使全党都明了中共在中国革命中的重大作用，在今天它已成为团结全国抗战、争取抗战胜利的决定因素，它的政策，关系全国抗战的成败与全中国人民的命运。因此每个党员都要正确懂得如何运用党的统一战线方针，要加强策略教育，与学习党在二十年革命斗争中的丰富经验"。

——中共中央党校中共党史教研部：《中共党史知识问答》，人民出版社2021年1月版，第18—19页。

在领导革命和建设的长期实践中，毛泽东反复强调"我们是历史主义者"，"我是靠总结经验吃饭的。"他深刻地指出，"如果不把党的历史搞清楚，不把党在历史上所走的路搞清楚，便不能把事情办得更好"。"我们要研究哪些是过去的成功和胜利，哪些是失败，前车之覆，后车之鉴。"

新中国成立后，毛泽东经常在不同场合强调学习研究党史的重要性。1973 年 5 月 25 日，他在中央政治局会议上的讲话中指出："政治局委员要懂得一点历史，不仅中国史、世界史，分门别类的政治史、经济史、小说史也要懂一点。从乌龟壳到共产党这一段历史应该总结。"

《毛泽东选集》是中国革命实践经验的结晶。毛泽东曾这样说："我的那些文章，不经过北伐战争、土地革命战争和抗日战争，是不可能写出来的，因为没有经验。"他还说："《毛选》，什么是我的？这是血的著作。""《毛选》里的这些东西，是群众教给我们的，是付出了流血牺牲的代价的。"

1951 年，邓小平在《永远记取党的斗争经验和教训》中说："中国共产党三十年来的历史是中国革命最精华的历史，是中国人民从苦难中站起来斗争并取得胜利的历史。"

进入改革开放新的历史时期后，1987 年 5 月，邓小平在会见外宾时，回顾了我们党的历史，他指出："我为什么讲这个历史？因为我们现在的路线、方针、政策是在总结了成功时期的经验、失败时期的经验和遭受挫折时期的经验后制定的。历史上成功的经验是宝贵财富，错误的经验、失败的经验也是宝贵财富。这样来制定方针政策，就能统

敲黑板 ◀┄┄┄

　　我们共产党人的斗争，从来都是奔着矛盾问题、风险挑战去的。

一全党思想，达到新的团结。这样的基础是最可靠的。"

善于总结经验是我们党走向成功的制胜法宝。这本《论述摘编》选编了大量关于中国共产党的历史和总结历史经验的论述，特别是围绕重大历史节点，如党的重大纪念日、党的代表大会、党的重大事件和重要会议的纪念讲话等，记录了党不断总结经验、一路走来的光辉历程。就在纪念中国共产党成立100周年的"七一讲话"中，习近平总书记强调要"以史为鉴、开创未来"，以"九个必须"的要求总结了党一百年的宝贵经验，并要求"在新的征程上"必须坚持和发展。这九条经验都凝练在中国共产党的百年奋斗中。

加油站

以史为鉴、开创未来，必须坚持中国共产党坚强领导；必须团结带领中国人民不断为美好生活而奋斗；必须继续推进马克思主义中国化；必须坚持和发展中国特色社会主义；必须加快国防和军队现代化；必须不断推动构建人类命运共同体；必须进行具有许多新的历史特点的伟大斗争；必须加强中华儿女大团结；必须不断推进党的建设新的伟大工程。

——摘编自习近平：《在庆祝中国共产党成立100周年大会上的讲话》，人民出版社2021年版，第10—19页，有删减。

（二）《论述摘编》反映了中国共产党坚持把马克思主义基本原理与中国具体实际相结合的历程。百年党史就是一部不断推进马克思主义中国化的理论探索史。

总结我们走过的路，总结成功的经验和失败的教训，为的就是将马克思主义理论和中国革命实践相结合，毛泽东曾将马克思列宁主义和中国革命的关系形象地比喻成"箭和靶"的关系。就是在这个相结合的过程中，解决怎么干的问题，进行了理论创新，走出了我们自己的道路。在这个过程中，产生了党的指导思想，即毛泽东思想、邓小平理论、"三个代表"重要思想、科学发展观和习近平新时代中国特色社会主义思想。我们党的历史，就是一部不断推进马克思主义中国化的历史，就是一部不断推进理论创新、进行理论创造的历史。这是我们党的根本经验。《论述摘编》也反映了理论创新的思想历程。

📋 学习在线 ◄…

马克思列宁主义理论和中国革命实际，怎样互相联系呢？拿一句通俗的话来讲，就是"有的放矢"。"矢"就是箭，"的"就是靶，放箭要对准靶。马克思列宁主义和中国革命的关系，就是箭和靶的关系。有些同志却在那里"无的放矢"，乱放一通，这样的人就容易把革命弄坏。有些同志则仅仅把箭拿在手里搓来搓去，连声赞曰："好箭！好箭！"却老是不愿意放出去。这样的人就是古董鉴赏家，几乎和革命不发生关系。马克思列宁主义之箭，必须用了去射中国革命之的。这个问题不讲明白，我们党的理论水平永远不会提高，中国革命也永远不会胜利。

——《毛泽东选集》第3卷，人民出版社1991年版，第819—820页。

1941年，毛泽东在《改造我们的学习》中指出："中国共产党的二十年，就是马克思列宁主义的普遍真理和中国革命的具体实践日益结合的二十年。""直到第一次世界大战和俄国十月革命之后，才找到马克思列宁主义这个最好的真理，作为解放我们民族的最好的武器，而中国共产党则是拿起这个武器的倡导者、宣传者和组织者。马克思列宁主义的普遍真理一经和中国革命的具体实践相结合，就使中国革命的面目为之一新。"

在谈到不能"作留声机，机械地生吞活剥地把外国的东西搬到中国来"的问题，毛泽东指出："我们要把马、恩、列、斯的方法用到中国来，在中国创造出一些新的东西。只有一般的理论，不用于中国的实际，打不得敌人。但如果把理论用到实际上去，用马克思主义的立场、方法来解决中国问题，创造些新的东西，这样就用得了。"

📖 学习在线 ◀┄

我们有些同志有一个毛病，就是一切以外国为中心，作留声机，机械地生吞活剥地把外国的东西搬到中国来，不研究中国的特点。不研究中国的特点，而去搬外国的东西，就不能解决中国的问题。如果不研究中国共产党的历史的发展，党的思想斗争和政治斗争，我们的研究就不会有结果。

——《毛泽东文集》第2卷，人民出版社1993年版，第407页。

一方面要致力于"相结合"，另一方面，还必须将新的理论创造为人民群众所掌握。毛泽东指出："任何思想，如果不和客观的实际的事物相联系，如果没有客观存在的需要，如果不为人民群众所掌握，即使是最好的东西，即使是马克思列宁主义，也是不起作用的。"

邓小平曾这样总结道："这就是说中国革命之所以胜利，中国共产党能够在革命中发挥先锋队作用，就是因为我党以毛泽东同志为首，将马列主义普遍真理与中国革命的具体实践结合起来了，变成中国人民自己新鲜活泼的东西。同样可以回答，为什么我党在领导中国革命过程中绝大部分时间是正确的，而有的时候是失败并使革命受到了挫折，其道理就在于，是把马列主义与中国革命的实践相结合变成新鲜活泼的东西呢，还是变成死的教条。"中国共产党三十年的经验证明，不将马列主义与中国实践相结合的时候，中国革命就遭受挫折，就受到重大损失。"他还指出："中国共产党不仅从建立那天起就用马列主义的理论指导中国革命，而且总结中国革命的经验，在革命斗争中，毛泽东同志发展了马列主义，把马列主义与中国革命的实际结合起来了，这就形成为无比的力量。"

江泽民同志总结改革开放十五年的经验，指出："我们党在理论上取得的最大收获，就是在马克思主义基本原理与中国实际相结合的第二次历史性飞跃中，创立了建设有中国特色社会主义的理论。这一理论，第一次比较系统地初步回答了中国这样的经济文化比较落后的国家如何建设社会主义、如何巩固和发展社会主义的一系列基本问题，用新的思想、观点，继承、丰富和发展了毛泽东思想，是马克思主义同中国实际相结合的最新成果，是当代中国的马克思主义。"

　　中国共产党是非常重视理论指导的党。中国人民找到了马克思列宁主义，中国革命的面貌为之一新。马克思列宁主义同中国实际相结合有两次历史性飞跃，产生了两大理论成果。第一次飞跃的理论成果是被实践证明了的关于中国革命和建设的正确的理论原则和经验总结，它的主要创立者是毛泽东，我们党把它称为毛泽东思想。第二次飞跃的理论成果是建设有中国特色社会主义理论，它的主要创立者是邓小平，我们党把它称为邓小平理论。这两大理论成果都是党和人民实践经验和集体智慧的结晶。

　　——《江泽民文选》第2卷，人民出版社2006年版，第8页。

　　胡锦涛在总结我们党的历史时，也指出："我们党80多年的奋斗历史，是我们党不断推进马克思主义中国化、坚定不移地走自己的路的历史，是我们党坚持和发展马克思主义一部生动而重要的教科书。"

　　习近平总书记在"七一讲话"中，也将推进马克思主义中国化作为九条经验之一。他进一步得出深刻的结论："中国共产党为什么能，中国特色社会主义为什么好，归根到底是因为马克思主义行！"并提出要"继续发展当代中国马克思主义、21世纪马克思主义！"

敲黑板 ◆┈┈┈

中国特色社会主义道路是实现我国社会主义现代化的必由之路，是创造人民美好生活的必由之路，是实现中华民族伟大复兴的必由之路。中国共产党和中国人民将在自己选择的道路上昂首阔步走下去，把中国发展进步的命运牢牢掌握在自己手中，中国人民必将不断创造出更加美好的生活，必将全面建成社会主义现代化强国！

——《中华人民共和国简史》，人民出版社、当代中国出版社2021年版，第463—464页。

（三）《论述摘编》反映了中国共产党一切为了人民、一切依靠人民，始终保持同人民群众的血肉联系，党的百年历史是一部不断践行党的宗旨的为民造福史。

中国共产党根基在人民、血脉在人民、力量在人民。《论述摘编》中关于这方面的论述很多。毛泽东指出："中国共产党是英勇坚决地领导了中国的革命战争，在十五年的长岁月中，在全国人民面前，表示了自己是人民的朋友，每一天都是为了保护人民的利益，为了人民的自由解放，站在革命战争的最前线。"

前面讲过，毛泽东在建党二十周年之际提出在党外"要深入地宣传中共二十年来的历史"，因为它"是为中华民族与中国人民解放事业英勇奋斗的历史。它最忠实地代表中华民族与中国人民的利益。"

1945年在党的七大上，毛泽东深情回顾党二十四年的奋斗历程时指出："从古以来没有这样的人民，从古以来没有这样的共产党。""我们党尝尽了艰难困苦，轰轰烈烈，英勇奋斗。从古以来，中国没有一个集团，像共产党一样，不惜牺牲一切，牺牲多少人，干这样的大事。"

延伸阅读

1945年4月至6月，中国共产党第七次全国代表大会在延安杨家岭中央大礼堂召开。出席大会的正式代表547人，候补代表208人，代表着全国121万名党员。

党的七大是党在新民主主义革命时期召开的一次极其重要的全国代表大会。它总结中国新民主主义革命20多年曲折发展的历史经验，制定正确的路线、纲领和策略，克服党内的错误思想，使全党特别是党的高级干部对于中国民主革命的发展规律有了比较明确的认识，从而使全党在马克思列宁主义、毛泽东思想的基础上达到空前的团结。七大以"团结的大会，胜利的大会"载入党的史册。

——《中国共产党简史》，人民出版社、中共党史出版社2021年版，第103、105页。

在新中国成立后，1951年邓小平总结中国共产党的三十年时说，"三十年如一日。共产党员奋不顾身、前赴后继的战斗精神，成为群众的榜样，他们成为群众最亲密的战友和同志。从此中国革命出现了空前的规模，它是那样地具有组织性和坚韧性，反动统治的屠杀不足以打散我们的队伍，无数次的挫折不足以损害共产党员和革命人民对于革命必然胜利的信心。即使在白色恐怖最严重的年代里，无数的共产党员和革命人民的血也流在一起，凝结成牢不可破的联系。正是这种血肉的联系，赋予中国革命以无限的生命力，从而在伟大的十月社会主义革命以后取得了中国革命的伟大胜利。"

敲黑板 ◀•┈

> 中国人民革命的胜利，彻底改变了近代以后100多年中国积贫积弱、受人欺凌的悲惨命运，中华民族走上了实现伟大复兴的壮阔道路。
>
> 中国人民革命的胜利，从根本上改变了中国社会的发展方向，为实现由新民主主义到社会主义的转变和建立社会主义制度、进行社会主义现代化建设，扫清了主要障碍，创造了政治前提；为实现国家富强和人民幸福，实现中华民族的伟大复兴，开辟了广阔的道路。几千年来受压迫、受奴役的中国人民从此成了新国家、新社会的主人。
>
> ——《中国共产党简史》，人民出版社、中共党史出版社2021年版，第144页。

在改革开放的新时期，邓小平指出："自从我们党成为执政党，成为全国团结的核心力量，四分五裂、各霸一方的局面就结束了。只要我们党的领导是正确的，那就不仅能够把全党的力量，而且能够把全国人民的力量集合起来，干出轰轰烈烈的事业。""只要我们不脱离群众，和群众始终保持着紧密的联系，我们就会无往而不胜"。他还强调尊重人民群众的首创精神，尤其把人民拥护不拥护、赞成不赞成、高兴不高兴、答应不答应，作为制定方针政策和作出决断的出发点和落脚点。

1991年7月，江泽民同志在庆祝中国共产党成立七十周年大会上指出：我们党"是密切联系群众，为中国各族人民的根本利益不断奋斗并做出最大牺牲的党"，我们必须始终紧紧依靠人民群众，始终把体现人民群众的意志和利益作为一切工作的出发点和归宿，诚心诚意为人民谋利益。胡锦涛同志也提出，要"不断实现好、维护好、发展好最广大人民的根本利益"。

敲黑板

一百年来，中国共产党团结带领中国人民，以"为有牺牲多壮志，敢教日月换新天"的大无畏气概，书写了中华民族几千年历史上最恢宏的史诗。

——《在庆祝中国共产党成立100周年大会上的讲话》，人民出版社2021年版，第7页。

可以说，党的百年历史，就是一部党与人民"心连心、同呼吸、共命运"的历史。正如习近平总书记说的那样，"江山就是人民、人民就是江山，打江山、守江山，守的就是人民的心。"赢得人民信任，得到人民支持，才能克服一切困难，才能无往而不胜。

（四）《论述摘编》反映了必须始终坚持党的领导，不断推进"伟大的工程"，永葆党的生机和活力。党的百年历史就是一部党的自身建设史。

作为全书的开卷篇，《论述摘编》选编了毛泽东1925年在《中国社会各阶级的分析》一文中关于"革命党是群众的向导"一段经典论述，讲的是党的领导关乎革命的成败问题。

毛泽东在《论联合政府》的报告中曾这样总结道："三次革命的经验，尤其是抗日战争的经验，给了我们和中国人民这样一种信心：没有中国共产党的努力，没有中国共产党人做中国人民的中流砥柱，中国的独立和解放是不可能的，中国的工业化和农业近代化也是不可能的。"

邓小平指出："一个国家的革命，核心问题是党。有了一个好党才能引导革命走向胜利。革命胜利后，搞社会主义也要靠一个好党，否则胜利就靠不住。"他还指出："可以回顾一下我们走过的道路。中国革命，没有中国共产党，能够成功吗？不可能的。不要小视我们的党。最近我看到一个材料，党的四大时只有九百多个党员，就那么九百多人的一个党，实现了国共合作，推进了北伐战争。以后革命失败了，只有我们的党才能够经得住十年的血腥恐怖，百万大军的'围剿'，二万五千里的长征。因为有党的领导，中国人民经过千难万苦的奋斗，终于建立了中华人民共和国。我们党也犯过严重错误，但是错误总还是由我们党自己纠正的，不是别的力量来纠正的。"这个话说得很透彻。

中国共产党能够成功地成为革命、建设和改革开放的领导核心，关键是能够不断加强自身建设。早在1939年10月，毛泽东就在《〈共产党人〉发刊词》中提出"建设一个全国范围的、广大群众性的、思想上政治上组织上完全巩固的布尔什维克化的中国共产党"这一"伟大的工程"的任务。将党的建设、统一战线、武装斗争概括为中国革命的三个基本问题，是战胜敌人的"三个主要的法宝"。之后经过延安整风，我们党不断加强自身建设。

延伸阅读 ◀┅┅

统一战线问题，武装斗争问题，党的建设问题，是我们党在中国革命中的三个基本问题。正确地理解了这三个问题及其相互关系，就等于正确地领导了全部中国革命。而在十八年党的历史中，凭借我们丰富的经验，失败和成功、后退和前进、缩小和发展的深刻的和丰富的经验，我们已经能够对这三个问题做出正确的结论来了。就是说，我们已经能够正确地处理统一战线问题，又正确地处理武装斗争问题，又正确地处理党的建设问题。也就是说，十八年的经验，已使我们懂得：统一战线，武装斗争，党的建设，是中国共产党在中国革命中战胜敌人的三个法宝，三个主要的法宝。这是中国共产党的伟大成绩，也是中国革命的伟大成绩。

——毛泽东：《〈共产党人〉发刊词》

在改革开放新时期，党的十四届四中全会通过《中共中央关于加强党的建设几个重大问题的决定》，把新时期党的建设提到"新的伟大工程"的高度。江泽民同志强调指出："必须继续围绕在新的历史条件下建设一个什么样的党和怎样建设党这个基本问题，进一步解决提高党的执政能力和领导水平、提高拒腐防变和抵御风险能力这两大历史性课题，全面推进党的建设新的伟大工程。"

胡锦涛同志也曾强调提出，要"以改革创新精神全面推进党的建设新的伟大工程"。

党的建设这一伟大工程，涉及党的政治建设、思想建设、组织建设、作风建设、制度建设和反腐倡廉建设等方面。习近平总书记在"七一讲话"中，将不断推进党的建设的伟大工程，"勇于自我革命"，作为中国共产党区别于其他政党的显著标志。提出要以政治建设为统领，推进新时代党的建设新的伟大工程的任务。通过学习党的历史，总结、传承好不同历史时期党的自身建设的宝贵经验，才能更好地做到全面从严治党，才能永葆党的生机和活力。

（五）《论述摘编》反映了党在长期实践中形成的伟大精神和优良传统与作风。

"人无精神则不立，国无精神则不强。"党在领导人民创造伟大历史中，形成了弥足珍贵的革命精神和优良作风。这本《论述摘编》中，领导同志的有关论述，折射出中国共产党历来高度重视发扬党的优良作风和革命精神。

在"七一讲话"中，习近平总书记提到了伟大建党精神。他指出"一百年来，中国共产党弘扬伟大建党精神，在长期奋斗中构建起中国共产党人的精神谱系，锤炼出鲜明的政治品格。"

在十九届中央政治局第31次集体学习时，他强调"当今中国正处于实现中华民族伟大复兴关键时期，国家强盛、民族复兴需要物质文明

敲黑板 ◀┄┄

人无精神则不立，国无精神则不强。唯有精神上站得住、站得稳，一个民族才能在历史洪流中屹立不倒、挺立潮头。

——《在全国抗击新冠肺炎疫情表彰大会上的讲话》，人民出版社2020年版，第16页。

的积累，更需要精神文明的升华，决不能丢掉革命加拼命的精神，决不能丢掉谦虚谨慎、戒骄戒躁、艰苦奋斗、勤俭节约的传统，决不能丢掉不畏强敌、不惧风险、敢于斗争、敢于胜利的勇气。全党同志要用党在百年奋斗中形成的伟大精神滋养自己、激励自己，以昂扬的精神状态做好党和国家各项工作。"

📑 学习在线 ◂••

> 习近平首次提出伟大建党精神。一百年前，中国共产党的先驱们创建了中国共产党，形成了坚持真理、坚守理想，践行初心、担当使命，不怕牺牲、英勇斗争，对党忠诚、不负人民的伟大建党精神，这是中国共产党的精神之源。一百年来，中国共产党弘扬伟大建党精神，在长期奋斗中构建起中国共产党人的精神谱系，锤炼出鲜明的政治品格。历史川流不息，精神代代相传。
>
> ——《中华人民共和国简史》，人民出版社、当代中国出版社 2021 年版，第 460—461 页。

伟大事业铸就了伟大精神。关于"革命加拼命"和"政治本色"的由来，《论述摘编》收录了毛泽东同志、邓小平同志等的一些经典论述。

1956 年 11 月，毛泽东在党的八届二中全会的总结讲话中提出，"我们要保持过去革命战争时期的那么一股劲，那么一股革命热情，那么一种拼命精神，把革命工作做到底。"这是"革命＋拼命"的出处。那么，什么叫拼命？他接着从四大名著开始讲起："《水浒传》上有那么一位，叫拼命三郎石秀，就是那个'拼命'。我们从前干革命，就是有一种拼命精神。每一个人有一条生命，或者六十岁，或者七十岁，或者八十岁、九十岁，看你有多长的命。只要你还能工作就多多少少应当工作。而工作的时候就要有一股革命热情，就要有一种拼命精神。有些同志缺乏这种热情，缺乏这种精神，停滞下来了。这种现象不好，应当对这些同志进行教育。"

毛泽东同志很注意用党史典型事例教育和说服人。《论述摘编》还选编了1956年毛泽东在八届二中全会上所讲的两个历史故事。一个是"吃酸菜"的故事。他说，1949年进城时资本家吃饭用五个碗，而解放军用一个碗"吃酸菜"。他深刻指出："这个酸菜里面就出政治，就出模范。解放军得人心就是这个酸菜"。"现在部队的伙食改善了，已经比专吃酸菜有所不同了。但根本的是我们要提倡艰苦奋斗，艰苦奋斗是我们的政治本色。"另一个就是锦州苹果的故事，毛泽东同志说："锦州那个地方出苹果，辽西战役的时候，正是秋天，老百姓家里很多苹果，我们战士一个都不去拿。我看了那个消息很感动。在这个问题上，战士们自觉地认为：不吃是很高尚的，而吃了是很卑鄙的，因为这是人民的苹果。我们的纪律就建筑在这个自觉性上边。这是我们党的领导和教育的结果。人是要有一点精神的，无产阶级的革命精神就是由这里头出来的。"像这样的故事，毛泽东同志还讲过很多，把党史的育人作用发挥得淋漓尽致。

1957 年 3 月，毛泽东结合具体实例，继续讲发挥拼命精神的问题。他说："因为革命胜利了，有一部分同志，革命意志有些衰退，革命热情有些不足，全心全意为人民服务的精神少了，过去跟敌人打仗时的那种拼命精神少了，而闹地位，闹名誉，讲究吃，讲究穿，比薪水高低，争名夺利，这些东西多起来了。听说去年评级的时候，就有些人闹得不像样子，痛哭流涕。""在打蒋介石的时候，抗美援朝的时候，土地改革的时候，镇压反革命的时候，他一滴眼泪也不出，搞社会主义他一滴眼泪也不出，一触动到他个人的利益，就双泪长流。"接着，他感慨地说，"人没有饿死，就要做革命工作，就要奋斗。一万年以后，也要奋斗。共产党就是要奋斗，就是要全心全意为人民服务，不要半心半意或者三分之二的心三分之二的意为人民服务。"

延伸阅读

我们共产党人区别于其他任何政党的又一个显著的标志，就是和最广大的人民群众取得最密切的联系。全心全意地为人民服务，一刻也不脱离群众；一切从人民的利益出发，而不是从个人或小集团的利益出发；向人民负责和向党的领导机关负责的一致性；这些就是我们的出发点。

——《毛泽东选集》第3卷，人民出版社1991年版，第1094—1095页。

邓小平同志在改革开放新时期也强调发扬革命精神的重要性，他指出："在长期革命战争中，我们在正确的政治方向指导下，从分析实际情况出发，发扬革命和拚命精神，严守纪律和自我牺牲精神，大公无私和先人后己精神，压倒一切敌人、压倒一切困难的精神，坚持革命乐观主义、排除万难去争取胜利的精神，取得了伟大的胜利。搞社会主义建设，实现四个现代化，同样要在党中央的正确领导下，大大发扬这些精神。"

学习在线

"四个现代化"目标的形成，有一个历史过程。1954年9月，周恩来在一届全国人大一次会议的政府工作报告中代表党中央第一次提出关于"四个现代化"的构想："建设起强大的现代化的工业、现代化的农业、现代化的交通运输业和现代化的国防。"1957年3月，毛泽东提出，要将我国建设成为"一个具有现代工业、现代农业和现代科学文化的社会主义国家"。1958年5月召开的中共八大二次会议沿用了这个说法。1959年底，毛泽东又提出"要加上国防现代化"。这样，就形成了"四个现代化"战略目标的完整提法。

"四个现代化"目标，是中国共产党领导全国人民对社会主义建设道路进行长期探索所取得的重大成果，它是一个经过努力奋斗可以实现的目标，是凝聚全党、全国人民力量的旗帜。在此后的历史发展进程中，即使党和国家遇到种种艰难险阻，全国人民为实现"四个现代化"目标而奋斗的信心和决心始终没有动摇过。

——《中华人民共和国简史》，人民出版社、当代中国出版社2021年版，第94页。

江泽民同志在回顾党的历史时也指出，"我们党成立之初，只有几十名党员，经过几十年奋斗，不断发展壮大，领导人民取得中国革命和建设的胜利，这到底靠什么？"其中之一，靠的就是"用革命的理想和精神教育和武装广大工人、农民、知识分子，团结和鼓舞他们为实现自己的根本利益而奋斗"。他强调："实现党的崇高理想需要经过长时间的奋斗，广大党员、干部无论在什么情况下都要发扬艰苦奋斗精神，永不停步地前进。"

敲黑板 ◀······

> 历史和实践已经并将进一步证明，这条道路不仅走得对、走得通，而且也一定能够走得稳、走得好。

胡锦涛同志也指出："一个没有艰苦奋斗精神作支撑的民族，是难以自立自强的；一个没有艰苦奋斗精神作支撑的国家，是难以发展进步的；一个没有艰苦奋斗精神作支撑的政党，是难以兴旺发达的。"

在"七一讲话"中，习近平总书记总结一百年来中国共产党人在长期奋斗中构建起中国共产党人的精神谱系，锤炼出鲜明的政治品格，提出要弘扬光荣传统、赓续红色血脉。他还在"九个必须"中，将坚持和发展中国特色社会主义道路和推动物质文明、政治文明、精神文明、社会文明、生态文明协调发展联系起来，提出"中国式现代化新道路""人类文明新形态"的新论断。通过以上的梳理，对于深入理解"七一讲话"的新论断，会很有启发。

（六）本书其他一些精彩内容

1.关于树立正确党史观的问题，学好党史的方法论问题。

《论述摘编》收录了毛泽东、邓小平等领导同志关于如何学习党史的一些重要论述，具有很好的指导意义。

一是，洞悉历史发展规律和大势，掌握历史主动；二是，全面认识党的历史；三是，坚持实事求是，客观认识党的历史。

2.关于怎样研究党史问题。毛泽东同志在《如何研究中共党史》《学习和时局》等文章中作了深刻论述。一是，要准确把握对象和重点；二是，要坚持党性和科学性相统一；三是，要充分掌握材料；四是，要养成分析的习惯；五是，要重视党史分期及其依据问题。关于对党的历史阶段的划分问题，对于深入理解习近平总书记在"七一讲话"中对于四个历史阶段的划分，也会富有启示意义。

3.《论述摘编》还反映了党史和文献工作是如何起步的，对党史重大问题、重大事件、重大节点进行定位的问题。比如毛泽东同志亲自主持编辑了《六大以来——党内秘密文件》《六大以前——党的历史材料》《两条路线》三部文献集，这三部文献集对延安整风运动的顺利开展，对总结党的历史经验发挥了重要作用。《论述摘编》选编了1943年8月20日毛泽东给胡乔木的信，其中谈到正在编写"党书"，本书特加了编者注：即指《两条路线》。

4.《论述摘编》收录了很多关于对党史重大问题、重大事件、重大节点进行定位等问题的文献。比如关于五四运动的历史作用（比如，"五四运动准备了大革命，没有五四运动就没有大革命"），关于建党的伟大意义（比如"中国产生了共产党，这是开天辟地的大事变"），关于长征的伟大意义（比如"长征是宣言书，长征是宣传队，长征是播种机"），关于新中国成立的伟大意义（比如，"占人类总数四分之一的中国人从此站立起来了"），等等。

三、结语和建议

读《论述摘编》，一定要同习近平《论中国共产党历史》结合起来学习和研读，同《中国共产党简史》《习近平新时代中国特色社会主义思想学习问答》结合起来学习和研读，尤其要同习近平总书记的"七一讲话"结合起来学习。只有这样，才能做到"用历史映照现实、远观未来，从中国共产党的百年奋斗中看清楚过去我们为什么能够成功、弄明白未来我们怎样才能继续成功，从而在新的征程上更加坚定、更加自觉地牢记初心使命、开创美好未来"。

在党史学习教育动员大会上，习近平总书记勉励全党同志要做到学史明理、学史增信、学史崇德、学史力行，学党史、悟思想、办实事、开新局。今天我们学习《论述摘编》，目的就是要学习党的历史、

更多精彩，扫码
观看本讲视频

認识历史规律、掌握历史主动，更好地传承红色基因、增强"四个意识"、坚定"四个自信"、做到"两个维护"，牢记"国之大者"，努力在全面建设社会主义现代化国家新征程上创造新的历史伟业。

延伸阅读 ◄··

　　党的历史是最生动、最有说服力的教科书。我们党历来重视党史学习教育，注重用党的奋斗历程和伟大成就鼓舞斗志、明确方向，用党的光荣传统和优良作风坚定信念、凝聚力量，用党的实践创造和历史经验启迪智慧、砥砺品格。毛泽东同志说："如果不把党的历史搞清楚，不把党在历史上所走的路搞清楚，便不能把事情办得更好。"邓小平同志说："每个党、每个国家都有自己的历史，只有采取客观的实事求是的态度来分析和总结，才有好处。"江泽民同志强调："要努力学习中国历史特别是中国近现代历史和党的历史，并通过这种学习努力掌握和发扬中华民族的优良传统和党的优良传统。"胡锦涛同志指出："要通过开展各种纪念教育活动，促进广大中青年干部进一步学习党的知识和党的历史，深入了解党的优良传统和作风，不断增强党的意识，更加坚定自觉地为党的

204

事业而奋斗。"

——《在党史学习教育动员大会上的讲话》，人民出版社 2021 年版，第 2 页。

快问快答

1.毛泽东在《如何研究中共党史》中提出研究党史的一个方法，叫做"古今中外法"，如何运用这个方法进行党史研究？"古今中外法"对我们今天学习党史有什么借鉴和指导意义？

答：《如何研究中共党史》是 1942 年 3 月 30 日毛泽东主席在中央学习组发表的讲话文稿，后收入 1993 年出版的《毛泽东文集》第二卷，是毛泽东同志关于党史研究的一篇很重要的专题文献。由于这篇讲话的重要性，我们分五段全篇收录，可以说开了《论述摘编》的先例。

如何研究中共党史呢？毛泽东指出："根本的方法马、恩、列、斯已经讲过了，就是全面的历史的方法"。"通俗地讲，我想把它叫作'古今中外法'"。"所谓'古今'就是历史的发展，所谓'中外'就是中国和外国，就是己方和彼方"。就是弄清楚所研究的问题发生的一定的时间和一定的空间，把问题当作一定历史条件下的历史过程去研究。

他具体解释说："我想，为了有系统地研究中共党史，将来需要编两种材料，一种是党内的，包括国际共产主义运动；一种是党外的，包括帝国主义、地主、资产阶级等。两种材料都按照年月先后编排。两种材料对照起来研究，这就叫做'古今中外法'，也就是历史主义的方法。"这就深入浅出地指明了研究中共党史的根本方法。这一科学方法为不仅为延安整风时期正确总结党的历史经验奠定了基础，也为长期开展党史研究指明了方向。

2. 邓小平在科学评价毛泽东同志历史地位和毛泽东思想科学体系这个课题上做出了重要贡献，具体有哪些方面？

答：这个问题非常重要和重大，涉及党的两个"关于若干历史问题的决议"（即1945年《关于若干历史问题的决议》和1981年《关于建国以来党的若干历史问题的决议》）。如果说，《关于若干历史问题的决议》确定了毛泽东思想的指导地位，那么《关于建国以来党的若干历史问题的决议》是实事求是地科学评价毛泽东同志的历史地位和毛泽东思想体系。

在这个基础上，才实现了拨乱反正，开启了改革开放的新时期。在《论述摘编》中，收录了邓小平同志1980年3月至1981年6月《对起草〈关于建国以来党的若干历史问题的决议〉的意见》的谈话，共六大段，分量很重，掷地有声。"确立毛泽东同志的历史地位，坚持和发展毛泽东思想。这是最核心的一条。不仅今天，而且今后，我们都要高举毛泽东思想的旗帜。""毛泽东思想这个旗帜丢不得。丢掉了这个旗帜，实际上就否定了我们党的光辉历史。""对毛泽东同志的评价，对毛泽东思想的阐述，不是仅仅涉及毛泽东同志个人的问题，这同我们党、我们国家的整个历史是分不开的。要看到这个全局。"

此外，1980 年 8 月，邓小平答意大利记者奥琳埃娜·法拉奇问时，讲过很深刻的一段话。他说："毛主席一生中大部分时间是做了非常好的事情的，他多次从危机中把党和国家挽救过来。没有毛主席，至少我们中国人民还要在黑暗中摸索更长的时间。"

关于邓小平同志在这个问题的贡献，《论述摘编》中收编了江泽民同志 1991 年 4 月 27 日《加强党的理论建设》中的一段话，对邓小平这段历史贡献讲得准确到位："在纠正毛泽东同志晚年所犯错误的同时，邓小平同志充分肯定了毛泽东同志的伟大功绩和毛泽东思想的历史地位。十一届六中全会前，在关于起草建国以来党的若干历史问题决议的谈话中，邓小平同志反复强调要实事求是地评价毛泽东同志和毛泽东思想。如果当时动摇一下，不知道现在会是什么情况。邓小平同志把毛泽东思想充分肯定下来，对于我们的改革开放和经济建设，对于我们国家的稳定和发展，具有重大而深远的意义。"

2014 年 8 月 20 日，习近平总书记在纪念邓小平同志诞辰 110 周年座谈会上的讲话中指出，党的十一届三中全会以后，"邓小平同志指导我们党系统总结建国以来的历史经验，解决了科学评价毛泽东同志的历史地位和毛泽东思想的科学体系、根据新的实际和发展要求确立中国社会主义现代化建设的正确道路这样两个相互联系的重大历史课题，彻底否定了'文化大革命'的错误实践和理论，坚决顶住否定毛泽东同志和毛泽东思想的错误思潮，为党和国家发展确定了正确方向。"可以说，科学评价毛泽东思想和毛泽东同志的历史地位，是同邓小平同志成功开辟中国特色社会主义道路联系在一起的。

青年说

　　通读《毛泽东邓小平江泽民胡锦涛关于中国共产党历史论述摘编》，犹如站在巨人的肩膀上看世界，这些重要论述深刻阐释了我们党在各个历史时期的光辉历程、理论成果、宝贵经验和伟大精神。学习《论述摘编》，能够帮助我们更好地学习和了解党的历史，从中汲取智慧和力量，深刻感悟初心与使命，使我们更加有志气、骨气、底气，汇聚奋进新征程的源源动力。

——董琦（水利部青年学习先锋队）

　　习近平总书记指出，历史发展有其规律，但人在其中不是完全消极被动的。只要把握住历史发展规律和大势，抓住历史变革时机，顺势而为，奋发有为，我们就能够更好前进。总书记的这一重要论断，为我们深刻认识党的百年历史提供了重要方法。顺"势"而为，方能大有可为。过去我们之所以能够成功，关键在于"中国共产党能"！新的征程上，我们要继续成功，也必须坚持党的全面领导。

——唐纯（中国银行学史明理队）

学以致用

1.我们说，长征是历史纪录上的第一次，长征是 _____ ，长征是 _____ ，长征是 _____ 。

A.宣传书 突击队 播种器

B.宣言书 突击队 播种器

C.宣言书 宣传队 播种机

D.宣传队 宣言书 播种机

2.2014 年 8 月 20 日，习近平在纪念邓小平同志诞辰 110 周年座谈会上指出，_____ ，是邓小平同志一生最鲜明的政治品格，也永远是中国共产党人应该挺起的 _____ 。

A.坚守初心 精神脊梁

B.信念坚定 精神脊梁

C.坚守初心 精神支柱

D.信念坚定 精神支柱

3.1990 年 4 月，党中央、国务院批准开发开放 _____ ，由此掀开了我国改革开放向纵深推进的新篇章。

A.浦东

B.浦西

C.珠海

D.深圳

4.开始确立以毛泽东同志为主要代表的马克思主义正确

路线在中共中央领导地位的会议是 _____ 。

A.古田会议

B.八七会议

C.遵义会议

D.瓦窑堡会议

5.遵义会议纠正了 _____ 中所犯的"左"倾机会主义性质的严重的原则错误，团结了党和红军，使得党中央和红军主力胜利地完成了长征，转到了抗日的前进阵地，执行了抗日民族统一战线的新政策。

A.第三次反"围剿"斗争

B.第二次反"围剿"斗争

C.第五次反"围剿"斗争

D.反"围剿"斗争

6.通古今就要学习，不但我们要学习，后人也要学习，所以学习运动也有它的 _____ 和 _____ 。

A.永恒性 普遍性

B.普遍 永久性

C.普适性 永恒性

D.普通性 永久性

7._____ ，_____ ，_____ ，是中国共产党在中国革命中战胜敌人的三个法宝，三个主要的法宝。

A.统一战线 武装斗争 党的建设

B.工人运动　农民运动　武装斗争

C.统一战线　土地革命　武装斗争

D.土地革命　党的建设　武装斗争

8.1949 年 10 月 1 日中华人民共和国成立，标志了中国在工人阶级领导之下的以工农联盟为基础的反对 ＿＿＿＿＿、＿＿＿＿＿ 和 ＿＿＿＿＿ 的资产阶级民主革命的彻底胜利。

A.教条主义　帝国主义　资本主义

B.封建主义　帝国主义　资本主义

C.帝国主义　封建主义　官僚资本主义

D.教条主义　帝国主义　官僚资本主义

9.＿＿＿＿＿ 标志着中国共产党独立领导革命战争、创建人民军队和武装夺取政权的开端。

A.长沙起义

B.南昌起义

C.广州起义

D.秋收起义

10.我们党的最大政治优势是密切联系群众，党执政后的最大危险是 ＿＿＿＿＿。

A.权力腐败

B.脱离群众

C.脱离阶级基础

D.以权谋私

11. 抗美援朝战争历时 _____ 。

A. 一年五个月

B. 一年九个月

C. 两年五个月

D. 两年九个月

12. 抗日战争时期，我党创建的第一块农村根据地是 _____ 。

A. 晋察冀抗日根据地

B. 晋西南抗日根据地

C. 晋绥抗日根据地

D. 晋西北抗日根据地

13. 中国共产党是中国工人阶级的先锋队，同时是中国人民和 _____ 的先锋队，是中国特色社会主义事业的领导核心。

A. 中华民族

B. 知识分子

C. 农民阶级

D. 新社会阶层

14. 1939 年底 1940 年初，毛泽东在《〈共产党人〉发刊词》、《中国革命和中国共产党》、《新民主主义论》等著作中完整地阐述了 _____ 。

A. 新民主主义理论

B. 持久战理论

C. 抗日民族统一战线策略

D. 游击战争理论

15.1945 年 4 月召开的中国共产党第七次全国代表大会，确立了 _____ 在全党的指导地位。

A. 马列主义

B. 毛泽东思想

C. 实事求是原则

D. 解放思想

16.1950 年 10 月 19 日，以 _____ 为司令员兼政治委员的中国人民志愿军奉命开赴朝鲜，承担起保卫和平的历史重任。

A. 洪学智

B. 罗瑞卿

C. 彭德怀

D. 朱德

17. 在为中共八大作准备的过程中，毛泽东作了 _____ 。

A.《十年总结》

B.《关于正确处理人民内部矛盾的问题》的讲话

C.《论十大关系》的讲话

D.《论联合政府》

18. _____ 高考制度得到恢复，全国高校重新通过统一考试招收新生。

A.1976 年

B.1977 年

C.1978 年

D.1979 年

19.1985 年，以 _____ 为重心的经济体制改革在中国全面展开。

A.企业

B.城市

C.农村

D.城乡

20.1984 年 5 月，党中央和国务院决定再开放大连、秦皇岛、天津、烟台、青岛、连云港、上海等 _____ 个沿海港口城市，加快利用外资、引进先进技术的步伐。

A.十二

B.十三

C.十四

D.十五

21.十一届三中全会开辟的建设有中国特色社会主义道路，是党在马克思主义与中国实践相结合过程中，实现的_____ 次历史性飞跃。

A.第一

B.第二

C. 第三

D. 第四

22. 到 _____ 年，我国经济提前实现了原定到 2000 年比 1980 年翻两番的目标。

A.1995

B.1996

C.1997

D.1998

23. 开展"三个代表"重要思想学习教育活动，是全面推进党的建设新的伟大 _____ 的有力措施。

A. 事业

B. 工程

C. 历程

D. 梦想

24. 以公有制为主体的 _____ 是社会主义市场经济体制的基础。

A. 承包经营责任制

B. 现代企业制度

C. 承包责任制

D. 厂长经理负责制

25. _____ 第一次提出"建设有中国特色社会主义理论"概念。

A. 中共十二大

B. 中共十三大

C. 中共十四大

D. 中共十五大

26.2001 年以来，党中央要求，把依法治国和以德治国结合起来，努力建立适应社会主义市场经济发展的 _____ 。

A. 思想道德基础

B. 思想道德风尚

C. 思想道德体系

D. 思想道德修养

27.2009 年 9 月 15 日至 18 日，中共十七届四中全会通过了《中共中央关于加强和改进新形势下 _____ 若干重大问题的决定》。

A. 党的建设

B. 作风建设

C. 思想建设

D. 科学发展观主题教育

28.20 世纪 60 年代被人民誉为"党的好干部"的是 _____ 。

A. 焦裕禄

B. 孔繁森

C. 雷锋

D. 赵登禹

29.2006 年 10 月 8 日至 11 日，中共十六届六中全会举行。全会审议通过了《中共中央关于 _____ 若干重大问题的决定》。

A. 加快经济建设

B. 深化改革开放

C. 解决"三农"

D. 构建社会主义和谐社会

30. 科学发展观是在中共 _____ 全会上确立的，内容是以人为本，全面、协调、可持续的发展观。

A. 十六届一中

B. 十六届三中

C. 十六届五中

D. 十七大

随堂思考

1. 结合学习习近平总书记在庆祝中国共产党成立 100 周年大会上的重要讲话，谈谈你对如何走自己的路，推进马克思主义中国化的理解？

2. 结合工作实际谈谈如何理解思想建党原则？

学习体会

第4讲参考答案

| 1—5 | CBACC | 6—10 | BACBB | 11—15 | DAAAB |
| 16—20 | CCCBC | 21—25 | BABBB | 26—30 | CAADB |

奋斗与辉煌：从站起来、富起来到强起来：

《中华人民共和国简史》导读

2021 年 9 月 27 日

武力

中国社会科学院当代中国研究所副所长、研究员，中国社会科学院创新工程项目"中华人民共和国史编年"首席专家、国家社科基金重大委托项目"改革开放历史经验研究"首席专家。《中华人民共和国简史》编写组负责人之一。

♦♦ 重要论述 ♦♦

　　以史为鉴、开创未来，必须坚持中国共产党坚强领导。办好中国的事情，关键在党。中华民族近代以来 180 多年的历史、中国共产党成立以来 100 年的历史、中华人民共和国成立以来 70 多年的历史都充分证明，没有中国共产党，就没有新中国，就没有中华民族伟大复兴。

　　——习近平在庆祝中国共产党成立 100 周年大会上的讲话（2021 年 7 月 1 日）

　　70 年前的今天，毛泽东同志在这里向世界庄严宣告了中华人民共和国的成立，中国人民从此站起来了。这一伟大事件，彻底改变了近代以后 100 多年中国积贫积弱、受人欺凌的悲惨命运，中华民族走上了实现伟大复兴的壮阔道路。

　　70 年来，全国各族人民同心同德、艰苦奋斗，取得了令世界刮目相看的伟大成就。今天，社会主义中国巍然屹立在世界东方，没有任何力量能够撼动我们伟大祖国的地位，没有任何力量能够阻挡中国人民和中华民族的前进步伐。

　　——习近平在庆祝中华人民共和国成立 70 周年大会上的讲话（2019 年 10 月 1 日）

1949 年 10 月 1 日，毛泽东向世界庄严宣告了中华人民共和国的成立，中国人民从此站起来了。这一伟大事件，彻底改变了近代以后 100 多年中国积贫积弱、受人欺凌的悲惨命运，中华民族走上了实现伟大复兴的壮阔道路。

新中国在成立后不到 30 年的时间，就基本建立起相对完整独立的工业体系和国民经济体系，取得了"两弹一星"等国防尖端成就，恢复了在联合国的合法席位，大大提高了国际地位，实现了一穷二白、人口众多的东方大国大步迈进社会主义社会的伟大飞跃，为实现中华民族伟大复兴奠定了根本政治前提和制度基础。

中国共产党成立以来 100 年的历史、中华人民共和国成立以来 70 多年的历史都充分证明，没有中国共产党，就没有新中国，就没有中华民族伟大复兴。历史和人民选择了中国共产党。中国共产党领导是中国特色社会主义最本质的特征，是中国特色社会主义制度的最大优势，是党和国家的根本所在、命脉所在，是全国各族人民的利益所系、命运所系。

本讲要点

本书大致把新中国 70 多年的历史分为三个历史时期：第一个历史时期是 1949 年新中国建立到 1978 年党的十一届三中全会前，这个历史时期是完成新民主主义革命任务，开展社会主义革命和建设时期；第二个历史时期是 1978 年党的十一届三中全会到 2012 年党的十八大之前，这个历史时期是改革开放和社会主义现代化建设新时期；第三个历史时期是 2012 年党的十八大至今，是中国特色社会主义新时代。

三个历史时期又可以分为一些具体的发展阶段：第一个阶段是 1949 年到 1956 年，是完成新民主主义革命和社会主义基本制度的确立阶段；第二个阶段是 1956 年到 1978 年党的十一届三中全会召开之前，这个阶段社会主义的建设经历了艰辛的探索和曲折的发展；第三个阶段是 1978 年党的十一届三中全会召开到 1992 年党的十四大之前，是改革开放与中国特色社会主义开创阶段；第四个阶段是 1992 年党的十四大到 2002 年党的十六大召开之前，为建立社会主义市场经济体制和把中国特色社会主义全面推向 21 世纪阶段；第五个阶段是 2002 年到 2012 年，也就是从党的十六大到党的十八大召开阶段，这个阶段是全面建设社会主义小康社会与新的形势下坚持和发展中国特色社会主义阶段；第六个阶段是 2012 年党的十八大至今。

一、《中华人民共和国简史》的编写初衷与出版过程

《中华人民共和国简史》一书的编写和出版是为了配合全党全社会学习新中国史而做的一个社科基金的重大工程。2019年底，在中宣部的组织和指导下，编写组在广泛征求有关单位和专家学者的意见基础之上，数易其稿，终于形成了这部三十多万字的《中华人民共和国简史》。

更多精彩，扫码
观看本讲视频

2021年8月，经中共中央批准，《中华人民共和国简史》正式出版并在全国发行。本书是坚持以习近平新时代中国特色社会主义思想为指导，以《关于建国以来党的若干历史问题的决议》和中共中央关于新中国史的论述为依据，紧密结合新中国成立70多年来的伟大实践，充分吸收了学界最新的研究成果，努力做到以准确的史料、深刻的剖析、缜密简明的语言来阐述新中国70多年砥砺奋斗的历史。可以说此书是目前最权威的新中国史基本著作。它是党史学习教育的重要参考材料，是面向全社会开展"四史"宣传教育的重要用书，这是此书的编写初衷。

《中华人民共和国简史》描述了从1949年10月中华人民共和国成立到2021年7月中国共产党成立100周年，这70多年间的历史，是中国共产党团结带领人民探索、开创、坚持和

发展中国特色社会主义的伟大实践及其重大理论制度创新的成果，介绍了新中国在经济、政治、文化、社会、生态文明建设以及国防和军队建设、"一国两制"和祖国统一、外交、党的建设等各个方面取得的伟大成就和宝贵经验。特别是突出展示了党的十八大以来，在以习近平同志为核心的党中央坚强领导下，中国实现了第一个百年奋斗目标，在中华大地上全面建成小康社会，历史性地解决了绝对贫困问题，各项事业都取得了历史性成就，发生了历史性变革，并且正在向着全面建成社会主义现代化强国的第二个百年奋斗目标，实现中华民族伟大复兴的中国梦迈进。

本书是一部气壮山河的国家发展和民族复兴史，呈现了一个有着五千多年文明传统的中华民族，在建立中华人民共和国以后，仅用了 70 多年的时间，就实现了从站起来到富起来再到强起来的辉煌历程。《中华人民共和国简史》又是一部真挚动人的中华民族奋斗史，以平实顺畅的语言、鲜活生动的细节，讲好了普通人、普通家庭与共和国同成长、共命运的故事。此书全景展现了中国共产党团结带领人民在社会主义革命和建设时期、改革开放和社会主义现代化建设新时期、中国特色社会主义新时代的奋斗历程，以严谨清晰的条理、准确翔实的史料诠释了中国共产党为什么能、中国特色社会主义为什么好、马克思主义为什么行。这是这本书编写的目的、过程和要说明的重大理论和历史的事实。

二、《中华人民共和国简史》的结构及框架

《中华人民共和国简史》全书共计 31.9 万字，分为七章 40 节，其中第一个历史时期（1949—1978 年）两章 12 节；第二个历史时期（1978—2012）三章 18 节；第三个历史时期（2012—2021）两章 10 节。

更多精彩，扫码观看本讲视频

第一，按照历史时期划分。新中国仅用了 70 多年的时间，就取得了发达国家走过几百年工业化历程才完成的任务，走出了一条中国特色社会主义道路，为人类追求更加合理的社会制度进行了前无古人的伟大探索，这意味着中华人民共和国的历史必然是丰富、深刻并充满启示。

按照上述这些想法，本书大致把新中国 70 多年的历史分为三个历史时期：第一个历史时期是从 1949 年新中国建立到 1978 年党的十一届三中全会之前，这个时期是完成新民主主义革命任务，开展社会主义革命和建设时期；第二个历史时期是从 1978 年党的十一届三中全会到 2012 年党的十八大之前，这个历史时期是改革开放和社会主义现代化建设新时期；第三个时期是从 2012 年党的十八大至今，是中国特色社会主义新时代。

第二，按照阶段划分。根据多年来的国内国际的环境、

条件以及我们国家具体的发展的任务、要求，可以将新中国70多年的历史大致分为以下几个阶段：第一个阶段是1949—1956年，这个阶段是完成新民主主义革命和确立社会主义基本制度的阶段；第二个阶段是1956年党的第八次全国代表大会以后到1978年党的十一届三中全会召开之前，也就是我们过去常说的社会主义建设20年，这个阶段主要是社会主义建设经历艰辛探索和曲折发展的阶段；第三个阶段是1978年党的十一届三中全会召开到1992年党的十四大之前，这个阶段主要是改革开放与中国特色社会主义开创阶段，也就是说，是以邓小平同志为主要代表的中国共产党人开启了改革开放和中国特色社会主义新的发展时期的阶段；第四个阶段是1992年党的十四大到2002年党的十六大召开之前，这个阶段主要是建立社会主义市场经济体制和将中国特色社会主义全面推向21世纪阶段；第五个阶段就是2002年到2012年，也就是从党的十六大到党的十八大召开阶段，这个阶段主要是全面建设社会主义小康社会与新的形势下坚持和发展中国特色社会主义阶段；最后一个阶段就是2012年党的十八大到今天，包括中国特色社会主义新时代和实现中华民族伟大复兴的中国梦、决胜全面建成小康社会和开启全面建成社会主义现代化强国新征程两部分。

三、《中华人民共和国简史》全书内容简介

（一）新中国成立和社会主义基本制度的确立（1949—1956年）

更多精彩，扫码
观看本讲视频

第一章共分六节，记述了从1949年10月1日新中国成立到1956年社会主义改造基本完成的历史。展现了中国从半殖民地半封建的旧社会到民族独立、人民当家作主的新社会的伟大历史转变。如果从社会形态角度来说，从革命任务完成的角度来说，也可以说是从新民主主义革命到社会主义革命和建设两个历史性转变。中华人民共和国的成立标志着新民主主义革命任务的完成，社会主义改造的顺利完成，也标志着我们向社会主义社会转变的完成，这两个伟大的历史转变都是在这一章里面去展示的。

延伸阅读

10月1日，在首都北京举行有30万军民参加的开国大典。天安门广场红旗如海，歌声如潮，千年古都焕发出无限生机。下午3时整，中央人民政府委员会秘书长林伯渠宣布典礼开始。毛泽东主席庄严宣

告："中华人民共和国中央人民政府今天成立了！"他亲手启动电钮，升起中华人民共和国国旗，军乐团奏《义勇军进行曲》，54门礼炮齐鸣28响。随后，毛泽东宣读《中华人民共和国中央人民政府公告》，宣布"本政府为代表中华人民共和国全国人民的唯一合法政府。凡愿遵守平等、互利及互相尊重领土主权等项原则的任何外国政府，本政府均愿与之建立外交关系"。接着，举行盛大阅兵式。中国人民解放军总司令朱德宣读《中国人民解放军总部命令》。阅兵式结束后，群众满怀豪情举行庆祝游行。首都沉浸在狂欢之中，直至深夜。同一天，已经解放的各大城市也举行了热烈隆重的庆祝活动。此后，10月1日成为中华人民共和国国庆日。

——《中华人民共和国简史》，人民出版社、当代中国出版社2021年版，第7—8页。

1949年到1952年是国民经济的恢复时期，在以毛泽东同志为主要代表的中国共产党人的领导下，优秀的中华儿女以"天翻地覆慨而慷"的奋斗精神，一举完成了解放全中国（主要是大陆）的历史任务，肃清了土匪，完成了土地改革、没收官僚资本等新民主主义革命遗留的任务，清除了一切反动势力，荡涤了旧中国的污泥浊水，奇迹般地完成了国民经济恢复和重点建设任务，取得了令世界称奇的经济恢复的重大奇迹。

延伸阅读

清除匪患与镇压反革命运动

在地方人民政权建立的过程中，新解放区面临的一个突出问题，是旧政权遗留的反革命势力还很大，许多地方的匪患相当严重。国民党在溃逃时把大批特务及正规军遣散为匪，他们打着"救国军""自卫军""保民军"等旗号进行破坏活动，威胁着人民政权的巩固和人民生命财产安全，在一些发生土匪暴乱的地方，新生政权几乎都被破坏。广大人民群众强烈要求人民政府和人民解放军坚决消灭土匪，根绝匪患。

中共中央、毛泽东及时作出了坚决剿灭土匪的决策。人民解放军先后抽调150万兵力，按照中央的统一部署，开展由军队、地方和人民群众紧密配合的剿匪作战。大规模剿匪作战到1953年基本完成，共毙、伤、俘土匪和争取土匪投降自新270万余人，结束了中国匪患久远、危害甚深的历史，有力地保护了人民安居乐业，稳定了社会秩序。

——《中华人民共和国简史》，人民出版社、当代中国出版社2021年版，第12—13页，有删减。

国民经济恢复任务完成以后，中国开展了大规模经济建设。1953 年开始了"一五计划"，从 1953 年到 1956 年是社会主义革命建设阶段，作为一个落后的农业国，新中国要集中非常有限的资源进行工业化建设，就不得不采取单一公有制和计划经济体制，这个经济体制可以做到两个重要的保证，第一，可以确保高积累下的社会稳定，即可以确保人民基本生活条件和社会稳定；第二，可以尽最大可能集中力量办大事，把非常有限的资源、资金、人力集中到国家最重要的行业，当时国防、国家安全最突出，所以要优先快速发展重工业。

从 1953 年到 1956 年，新中国用了将近四年的时间就顺利完成了对农业、手工业和资本主义工商业的社会主义改造，不仅没有引发社会的动荡，而且促进了经济高速发展，这也是一个奇迹。虽然在改造中间存在着一些失误、一些不足的地方，但是总的来说，在向社会主义过渡期间，中国共产党的伟大创造，在社会主义发展史上都是浓墨重彩、值得大书的一笔。

（二）社会主义建设的艰辛探索和曲折发展（1956—1978 年）

第二章共六节，记述了从 1956 年到 1978 年新中国在探索社会主义建设时所经历的各种艰难险阻。因为在一个当时有 6 亿人口的落后的农业大国，生产社会化的条件还非常低，我们要完成的重要任务是工业化。按照马克思主义的基本原理，工业化的任务本来应该由资本主义来完成的，社会主义是建立在资本主义高度发达的基础之上。所以我们当时面临一个很重大的问题，就是贫穷落后、人口众多、底子薄的国家，在完成社会主义改造以后，怎么样能够加快经济发展，迅速实现工业化。所以，这中间遇到了很多问题是过去从来没有遇到过的。

在这中间，应该说，发生曲折恐怕是难以避免的，如果从学习历史角度看，人类历史在发展过程中几乎是没有一帆风顺的，都是经过曲折探索才走到今天，新中国那一段历史也是如此。要加快发展，要解决国家安全问题、国家统一问题，要解决人民生活水平提高的问题，就要把工业化任务赶快完成。当然，在这过程中间我们也出现了一些曲折。

1961 年 1 月，党的八届九中全会正式决定对国民经济实行"调整、巩固、充实、提高"八字方针，任务是克服困难，恢复农业，恢复工业，争取财政经济状况的根本好转。随后，我们建立了相对独立完整的工业体系，这也是一个了不起的发展。20 多年勒紧裤腰带，集中力量办大事，这是非常重要的，这为后来的发展提供了非常好的基础。作为大国没有完整的工业体系，发展就会受到制约。

另外，通过建立完整的体系和维护国家安全，围绕国家安全的高科技发展，国家培养了一大批科技人才，包括产业工人，这是经济发展最重要的一个因素之一。还有我们国际地位的提高，我们 1971 年在联合国恢复了合法席位，1972 年打开了大门，中美恢复了正常关系，中日建交，这都是这个时期我们国家取得的重大成就。

从1956年到1978年的二十多年间，我们走过弯路，但是也获得了不小的成功。我们既不能只讲成绩，不讲失误，也不能因为失误就以偏概全，就把那个时代否定了。这是第二章要讲的内容。

（三）改革开放与中国特色社会主义的开创(1978—1992年)

第三章共为六节，记述了党的十一届三中全会之后，在中国共产党领导下实现了历史性的伟大转折，而且这种转折给国家发展带来新气象。本书以热情洋溢的笔调全景展现了各个领域在改革春风下焕发出崭新的生机和活力，可以说，改革开放是一场前无古人的伟大事业。

以前也有过改革，比如20世纪50年代为了引进技术，我们也对苏联社会主义实行开放。但是在1978年以后开启的伟大历史转折相较于以前的改革，是一个非常重大的突破。突破了传统我们认为社会主义的单一公有制和计划经济体制，突破了过去一直认为的，斯大林当时提出"两个世界市场的"原理，向资本主义世界开放。

我们通过"摸着石头过河"来解决我们遇到的问题。"解放思想，实事求是"，这是党的十一届三中全会确定的思想路线。在这个过程中间，我们不仅要学习西方发达国家的经验、要引入市场经济，同时在这个过程中要始终坚持社会主义，这就是邓小平提出的四项基本原则。

加油站

> 　　1979年3月30日，邓小平在党的理论工作务虚会上作了《坚持四项基本原则》的重要讲话，指出："要在中国实现四个现代化，必须在思想政治上坚持四项基本原则。这是实现四个现代化的根本前提。这四项是：第一，必须坚持社会主义道路；第二，必须坚持无产阶级专政；第三，必须坚持共产党的领导；第四，必须坚持马列主义、毛泽东思想。"
>
> 　　——《中华人民共和国简史》，人民出版社、当代中国出版社2021年版，第146—147页。

　　正是因为坚持了四项基本原则，使我们的改革开放没有走向歪路、邪路。这一章主要讲改革探索初期，一方面迸发了活力，欣欣向荣；另一方面我们也遇到了一些严峻的挑战。什么是社会主义？怎样建设社会主义？这是遇到的挑战，而且我们很好应对了挑战。

邓小平南方谈话

苏东剧变以后，冷战结束，世界格局呈现政治多极化、经济全球化趋势，既向中国提出了严峻挑战，也为中国提供了新的发展机遇。在这个重大关头，一些人在思想上产生困惑：有的对社会主义的前途缺乏信心，对中国的改革开放产生疑虑；有的则提出改革开放究竟是姓"社"还是姓"资"的问题。

邓小平于 1992 年 1 月 18 日至 2 月 21 日到武昌、深圳、珠海、上海等地视察，发表重要谈话，科学总结中共十一届三中全会以来实行改革开放的基本实践和基本经验，从理论上深刻回答了长期困扰和束缚人们思想的许多重大问题，推动改革开放和社会主义现代化建设进入新阶段。

针对人们对中国改革开放姓"资"还是姓"社"的问题，邓小平提出，判断的标准，应该主要看是否有利于发展社会主义社会的生产力，是否有利于增强社会主义国家的综合国力，是否有利于提高人民的生活水平。计划多一点还是市场多一点，不是社会主义与资本主义的本质区别。计划和市场都是经济手段。

正是在邓小平的倡导和支持下，改革大潮汇聚成时代洪流，使中国人民的面貌、社会主义中国的面貌、中国共产党的面貌发生了历史性变化。

——《中华人民共和国简史》，人民出版社、当代中国出版社 2021 年版，第 199—200 页，有删减。

（四）建立社会主义市场经济体制和把中国特色社会主义全面推向 21 世纪（1992—2002 年）

我们把邓小平的南方谈话作为第三章的结束，南方谈话总结了新中国成立以来，特别是改革开放十多年的经验。第四章的主要内容是党的十四大后，我们怎样贯彻落实邓小平的南方谈话，把改革开放推向了一个新的发展阶段。

这章一共有六节，记述了党的十四大以来，以江泽民同志为主要代表的中国共产党人攻坚克难，团结带领全国各族人民坚持党的基本理论、基本路线，确定邓小平理论在全党的指导地位，提出"三个代表"重要思想，确立了社会主义市场经济体制改革的目标和基本框架，确立了社会主义初级阶段的基本经济制度和分配制度，开创了全面改革开放的新局面，推进党的建设新的伟大工程，把中国特色社会主义全面推向 21 世纪。

这章内容非常丰富，1992年党的十四大确立了社会主义市场经济改革目标，这对全球来说都是一个新的课题。把社会主义的基本制度同市场经济的运行机制结合起来，是中国共产党的一个伟大创举。当然，创举在这过程中间也遇到了很多挑战，内部与外部的都有。

为了让读者有更加全面清晰的认识，第四章从四个方面进行阐述：第一，如何进行理论创新、实践创新。我们的社会主义市场经济建设取得了巨大成就，用了10年左右的时间，基本建立了社会主义市场经济体制。第二，如何处理国有企业改革问题。国有企业改革这次实现了重大突破，三年脱困达到了预期的目标，这也是困扰社会主义国家多少年的

2001年11月11日，中国加入世界贸易组织签字仪式现场。

改革问题。第三，怎么样处理好区域之间的发展问题。我们提出了西部开发，提出了东北振兴，使中国的区域发展更均衡，也就是说实现了邓小平在 20 世纪 80 年代提出的"两个大局"，中西部地区先支持沿海条件好的地区发展，然后沿海地区发展起来再反过来支持中西部地区的发展，这也是社会主义的一个优势所在。第四，我们很好解决和处理了国际国内的关系。我们成功应对了亚洲金融危机，我们经过艰苦谈判，加入了世界贸易组织，为中国充分利用国际市场、利用国际资源开辟了一个广阔的空间，为后来的发展提供了很好条件，这都是这个时期做的。

每一个历史阶段，每一个历史时期都有它要面临解决的问题和要完成的任务，能不能做到，能不能做好，不仅是对我们党提出的要求和挑战，也是对全国人民的要求和挑战。以上四项都是在第四章提出和解决的问题。可以说，通过这 10 年的发展，我们把中国特色社会主义事业全面推向了 21 世纪，我们在这个阶段实现了基本小康的目标。

（五）全面建设小康社会与新的形势下坚持和发展中国特色社会主义（2002—2012 年）

第五章是党的十六大到十八大召开之前。这一章也是分为六节，记述了中国共产党自党的十六大以后，带领中国人民全面建设小康社会，加快推进社会主义现代化的新的发展阶段。从 2002 年至 2012 年，中国经济发展高歌猛进，尽管受到世界金融危机的冲击，经济总量仍然创造了 15% 的年均增速，这是了不起的增速。从新中国发展 70 多年来看，这 10 年都是经济增长最快的时期。所以，这一时期中国经济发展上了一个大的台阶。中国经济总量在全球的排名从 2002 年第六位跃升到第二位，创造了令世界称奇的发展奇迹。

这一章以恢宏绚烂的笔墨描绘了中国快速发展的生动画卷，用丰富翔实的史料揭示了发展奇迹背后的制度原因和党的领导的必要性。同时，这一章还从中国基本的国情着眼，指出了全面建设小康社会的征程上存在着发展的不平衡、不充分的问题。为此，中国开始实施了一系列重大战略，来解决我们经过改革开放 30 多年的高速发展积累下来的一些问题。一是在这个时候提出了科学发展观，提出了要建立"两型"社会，就是资源节约型、环境友好型的社会。二是解决

敲黑板

2002 年 11 月 8 日至 14 日，中国共产党第十六次全国代表大会在北京召开。大会提出全面建设小康社会的奋斗目标，并从经济、政治、文化等方面勾画了宏伟蓝图，强调在优化结构和提高效益的基础上，国内生产总值到 2020 年力争比 2000 年翻两番。

——《中华人民共和国简史》，人民出版社、当代中国出版社 2021 年版，第 269 页。

城乡发展的不平衡问题。应该说，在 20 世纪 90 年代以江泽民同志为主要代表的中国共产党人在发展不平衡方面着重解决区域之间的发展不平衡，提出了西部大开发、东北振兴等战略。进入到这个阶段以后，更加突出的问题就是城乡之间的关系，城乡之间的收入差距扩大，成为一个突出的矛盾。最关键的是我们党作出了一个重大的判断，就是中国发展已经由过去的乡村支持城市、农业支持工业转变为城市支持乡村、工业支持农业的"反哺"阶段。所以，从 2004 年开始，解决三农问题成为党的工作中心、重中之重。2004 年，开始暂停征收农业税，2005 年正式取消了历史上农民持续上缴两千多年的农业税。2005 年以后我们不仅取消了农业税，而且国家实行大量的转移支付来支持乡村的发展。这是这一阶段发展取得的重大成绩。

延伸阅读 ◀∙∙

加大解决"三农"问题力度

2005 年 12 月，十届全国人大常委会第十九次会议决定，自 2006 年 1 月 1 日起，废止 1958 年 6 月 3 日通过的《中华人民共和国农业税条例》，取消农业税，终结了中国历史上农民持续上缴两千多年的"皇粮国税"。与此同时，中央密集出台了一系列强农惠农富农政策。国家增加农业和农村基础设施建设投入，对种粮农民和购买良种、农机具者实行直接补贴。农民种田，不仅不交公粮，还能得到多项补贴，这在中国历史上是从未有过的大事。

2007 年，中共十七大报告提出建立以工促农、以城带乡长效机制，形成城乡经济社会发展一体化新格局。2008 年 1 月 1 日起施行的《中华人民共和国城乡规划法》统筹城乡规划建设，通过优化城乡结构和布局，引导城镇化健康有序发展。10 月召开的中共十七届三中全会通过《中共中央关于推进农村改革发展若干重大问题的决定》，要求大力推进改革创新，充分保障农民土地承包经营权，加强农村制度建设，积极发展现代农业，提高农业综合生产能力，加快发展农村公共事业，促进农村社会全面进步。

2011 年 11 月，中央扶贫开发工作会议召开。中共中央、国务院印发《中国农村扶贫开发纲要（2011—2020 年）》指出，到 2020 年稳定实现扶贫对象不愁吃、不愁穿，保障其义务教育、基本医疗和住房。根据当时的国家扶贫标准，1.22 亿农村低收入人口被纳入扶贫开发范围。

——《中华人民共和国简史》，人民出版社、当代中国出版社 2021 年版，第 294—295 页，有删减。

另外，这一阶段我国在科技上也有很大的突破，还举办了重大的国际活动，例如大家都熟知的 2008 年北京奥运会、2010 年上海世博会，都在世界产生广泛的影响。作为一个发展中的大国，能够举行这么盛大、这么史无前例的国际盛会，不仅大大提高了中国的国际地位，同时也增强了中国人民、中华民族的信心与自豪感，这也是这个阶段要表述的一个主要内容。

延伸阅读

"嫦娥一号""嫦娥二号"探月卫星成功发射，神舟系列飞船实现了发射、空间出舱活动以及空间科学试验等重大突破。2008 年 8 月 1 日，中国第一条高速铁路京津城际铁路开通运营。此后短短 4 年间，21 条高铁相继开通运营，总里程达 6894 公里，位居世界第一，成为展示科技创新和改革发展新成果的"国家名片"。到 2011 年，我国已成为世界第一电子信息产品制造大国，计算机、移动电话、电视机等电子产品产量居世界第一位，建成了全球最大的宽带通信网络，互联网网民数量居世界第一位。

——《中华人民共和国简史》，人民出版社、当代中国出版社 2021 年版，第 278—279 页。

2003 年 10 月 15 日，"神舟五号"载人飞船发射成功，"神舟五号"在飞行 21 小时后安全返回。

（六）中国特色社会主义进入新时代和实现中华民族伟大复兴的中国梦（2012—2017 年）

第六章共有五节，主要讲述了从 2012 年党的十八大到 2017 年党的十九大召开之前这五年间中国的发展历程。这五年的发展应该说是非常快的，在原来的基础之上解决了很多历史上没有解决的问题，取得了历史上从来没有取得过的重大成就。在这一章记录了以习近平同志为核心的党中央团结带领全国各族人民，推动党和国家事业取得的全方位、开创性的成就，与深层次、根本性的变革。中国经历了 30 多年的改革开放之后，实现了从站起来到富起来的伟大飞跃，积累了较为强大的综合国力，有能力实现更大、更好的发展。进入新时代，我国社会主要矛盾发生了变化，中国现在需要实现从富起来再到强起来的伟大飞跃。同时，中国经过多年的改革发展，各个领域积累了许多矛盾，我们从顶层上进行设计，统筹党和国家的各项事业发展，系统性解决各类深层次的难题，这也是对新时代党和国家提出了新的任务和要求。以习近平同志为核心的党中央在这个背景下提出了实现中华民族伟大复兴的中国梦，就是中国强起来，代表了海内外中华儿女最大的心愿。

延伸阅读

实现中华民族伟大复兴的中国梦

2012年11月，习近平在国家博物馆参观《复兴之路》展览时指出："实现中华民族伟大复兴，就是中华民族近代以来最伟大的梦想。这个梦想，凝聚了几代中国人的夙愿，体现了中华民族和中国人民的整体利益，是每一个中华儿女的共同期盼。""我们这一代共产党人一定要承前启后、继往开来，把我们的党建设好，团结全体中华儿女把我们国家建设好，把我们民族发展好，继续朝着中华民族伟大复兴的目标奋勇前进。"

　　2013 年 3 月，习近平在十二届全国人大一次会议进一步阐明中国梦的本质内涵。他指出，实现中华民族伟大复兴的中国梦，就是要实现国家富强、民族振兴、人民幸福。中国梦归根到底是人民的梦。国家富强，就是要全面建成小康社会，并在此基础上建设富强民主文明和谐美丽的社会主义现代化强国；民族振兴，就是要使中华民族更加坚强有力地自立于世界民族之林，为人类作出新的更大贡献；人民幸福，就是要坚持以人民为中心，增进人民福祉，促进人的全面发展，朝着共同富裕方向稳步前进。中国梦把国家的追求、民族的向往、人民的期盼融为一体，体现了中华民族和中国人民的整体利益，表达了每个中华儿女的共同愿景，成为激荡在中国人民心中的高昂旋律，成为中华民族团结奋斗的最大公约数和最大同心圆。人民是实现中国梦的主体，是中国梦的创造者和享有者。习近平强调，实现中国梦必须走中国道路，实现中国梦必须弘扬中国精神，实现中国梦必须凝聚中国力量。

　　——《中华人民共和国简史》，人民出版社、当代中国出版社 2021 年版，第 338—339 页。

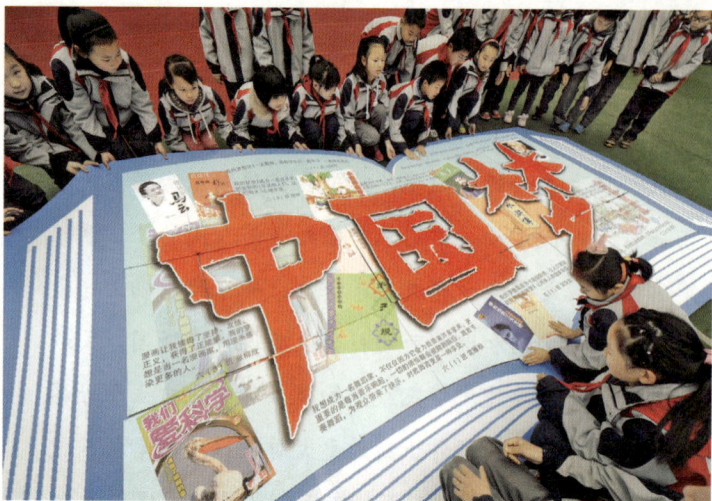

2013 年 4 月 23 日，南京市雨花台小学的学生在"读书节"启动仪式上拼贴"读书放飞中国梦"书形图板。

在这个基础上统筹提出了推进"五位一体"整体布局，协调推进"四个全面"战略布局，解决了许多长期想解决而没有解决的难题，办成了很多过去想办但没有办成的大事，推动了党和国家事业发生了历史性的变革。

（七）决胜全面建成小康社会和开启全面建成社会主义现代化强国新征程（2017—2021 年）

第七章是从 2017 年党的十九大到 2021 年中国共产党成立 100 周年的重大节点。这章也是有五节，记述了党的十九大和至今各个领域发生的深刻变化，国家展现出更加强大的力量，呈现在读者面前的是一幅令人神往的社会主义现代化强国蓝图。

这个时期是"两个一百年"奋斗目标的交汇点，我们实现了第一个百年奋斗目标，已经踏上了实现第二个百年奋斗目标新的赶考之路。

党的十九大以来，以习近平同志为核心的党中央形成和确立了习近平新时代中国特色社会主义思想，为实现中国梦提供了理论指导；为坚持和加强中国共产党的全面领导，巩固中国特色社会主义最本质特征、最大优势，作出了重大的制度安排、理论创新和措施的制定；深化了党和国家机构改革，为国家治理体系和治理能力现代化完善了硬件条件；坚持和完善了中国特色社会主义制度，为把制度优势转化为治理效能提供了有力保障。但有三个挑战，我们仍需要从容应对，我们党、我们国家已经在理论和实践上取得了一些重大突破。

第一，市场经济下出现了收入差距扩大的问题。这是全球都没有解决的问题，针对这一问题我们明确提出以人民为中心，提出了共同富裕的目标。

第二，产业结构的优化升级问题。我国正在从世界产业链的中低端向中高端攀升，在这个过程中会遇到来自国际国内双方面的挑战。

第三，党治理国家、驾驭资本能力提升的问题。在市场经济下，我国必须学会驾驭资本，不仅要管理好国有资本，还要掌握如何驾驭、间接利用私人资本和外国资本，不能反过来被资本所左右我们的国家和发展，这是一个非常大的挑战。

第一个百年奋斗目标实现与向第二个
百年奋斗目标迈进

2021 年是中国共产党成立 100 周年。7 月 1 日上午，庆祝中国共产党成立 100 周年大会在北京天安门广场隆重举行，各界代表 7 万余人以盛大仪式欢庆中国共产党百年华诞。习近平发表重要讲话，全面回顾了中国共产党一百年走过的峥嵘岁月和光辉历程，高度评价了百年来党团结带领人民为实现中华民族伟大复兴建立的伟大历史功绩，系统总结了党在百年奋斗中积累的宝贵经验和实践启示，深刻阐明了在新征程上推进党和国家事业的一系列重大问题。

习近平代表党和人民庄严宣告，经过全党全国各族人民持续奋斗，我们实现了第一个百年奋斗目标，在中华大地上全面建成了小康社会，历史性地解决了绝对贫困问题，正在意气风发向着全面建成社会主义现代化强国的第二个百年奋斗目标迈进。这是中华民族的伟大光荣！这是中国人民的伟大光荣！这是中国共产党的伟大光荣！

——《中华人民共和国简史》，人民出版社、当代中国出版社 2021 年版，第 458—460 页，有删减。

四、《中华人民共和国简史》的特点与启示

古人云，欲知大道，必先为史。习近平总书记在 2021 年 2 月党史学习教育动员大会上强调，要做到学史明理、学史增信、学史崇德、学史力行。所以，本书希望通过对 70 多年历史的叙述，通过展现新中

更多精彩，扫码
观看本讲视频

国史的发展历程，让广大读者发现历史发展是有规律的，给大家提供历史发展过程中的一些经验和教训。

（一）《中华人民共和国简史》的三大特点

相对于《中国共产党简史》《改革开放简史》和《社会主义发展简史》，本书有以下几个特点：

第一，《中华人民共和国简史》是一部改天换地的中国共产党治国理政史。党史是栋梁，围绕党的自身建设，我是讲党如何治理新中国、怎么推动新中国发展；新中国的历史归根结底是中国共产党团结带领人民建设国家的历史，是中国共产党为民族谋复兴、为人民谋幸福的历史，是中国共产党的根本宗旨与初心使命的生动诠释。我们从中华人民共和国发展的角度来诠释中国共产党的初心和使命，以及它怎么取得带领中华民族从站起来到富起来再到强起来的历史性成就。所以，这本书主要阐述的是新中国史，着眼于整个国家，致力于说清楚国家

政权和广大人民群众如何贯彻党的路线、方针和政策，在经济、政治、文化、社会、生态、军队、国防、外交等各项事业中是如何发展进步的。此书的定位，是力求展现中国共产党治国理政的实践与成效，是中国共产党治国理政历史成就的展示，这是此书的第一个定位，也是第一个特点。

第二，《中华人民共和国简史》是一部真挚动人的中国人民奋斗史。习近平总书记指出，江山就是人民、人民就是江山。《中华人民共和国简史》一书的主体是中华民族、中国人民，所以它又是一部中国人民奋斗史。人民是历史的创造者，是真正的英雄，这是马克思主义唯物史观的基本原理。人民性是中国共产党和中华人民共和国最鲜明的底色，新中国70多年的历史，每一篇都是由亿万人民的奋斗写成的；新中国70多年的历程，每一步都浸透了亿万人民的辛勤汗水。所以，《中华人民共和国简史》记录了人民建设自己国家的历史，用质朴、简练的篇章展现了人民群众在建设社会主义现代化强国中所表现出来的主体地位、伟大成就和精神风貌。从意气风发的社会主义革命到激情燃烧的社会主义建设，从万马奔腾的改革开放探索到气吞山河的中国特色社会主义新时代，读者可以在书中看到国家的历史、人民的历史，也是自己的历史，它将激起每位中国人深藏心里的爱国情怀，知史爱国将成为每个读者读这本书的最真切的阅读体验，这是此书的第二个定位，也是第二个特点。

第三，《中华人民共和国简史》是一部中国人民对世界和平发展的贡献史。中国的发展离不开世界，世界的发展也离不开中国。实际上从 1840 年以后，中国就融入了整个世界的发展进程，当然那时候是资本主义全球化的时代，所以中国国内的发展，每一次重大的制度变革，包括革命、重大的政策，都是和国际环境密切相关的。新中国成立以后，中国共产党的一个伟大使命、一个抱负，就是中国为全人类社会作出贡献，所以，我们一直在朝这个目标努力。中国的发展和稳定，对于世界和平的贡献是不可低估的，而且这个作用随着中国的发展速度、中国的体量、中国的贡献越来越大。《中华人民共和国简史》一书是从新中国史的角度，记录了中华人民共和国成立以来 70 多年，从站起来、富起来到强起来的伟大飞跃。习近平总书记指出："中国由新民主主义走向社会主义，开创和拓展中国特色社会主义道路，使社会主义这一人类社会的美好理想在古老的中国大地上变成了具有强大生命力的成功道路和制度体系。这不仅为中华民族实现伟大复兴提供了重要制度保障，而且为人类社会走向美好未来提供了具有充分说服力的道路和制度选择。"简单来说，中国通过改变自己来影响和改变世界。这一点自党的十八大以来，越来越突出地表现出来，我们提出了共建"一带一路"倡议，得到了许多国家和地区的响应。从哥伦布 1492 年发现新大陆以来，应该说是资本主义商业文明、工业文明是从西向东传播的，是以侵略的形式、殖民的形式传播的。但是，中国提出的共建"一带一路"倡议是合作共赢的，需要大家共同来建设。这种新形态的文明，从东向西传播。当然，这个速度可能不会很快，因为历史发展总是有个过程的，但这个开端是伟大的。这是此书的第三个定位，也是第三个特点。

（二）《中华人民共和国简史》的历史启示

纵览全书，相信每位读者都会涌起难以平抑的豪情。新中国 70 多年的历史确实是伟大的，从全球，从各个国家、各个民族发展的历史、发展的条件来看，是了不起的。越是从大的视野，从世界角度看，越能够看出它的不凡。历史见证了中国从一个农业大国，从一穷二白走向了工业强国的奇迹。这本书展现了一个伟大的民族，从一百多年的受人欺凌的战争、满目疮痍的破坏过程中爬起来、站起来，又艰难奋进、矢志不渝、奔向复兴的一曲英雄赞歌。通过 70 多年的砥砺前行，中华人民共和国站在全面建设社会主义现代化国家的新征程上，我们又仿佛能够听到 1949 年毛泽东在中国人民政治协商会议第一届全体会议的开幕词中那句铿锵有力的话，"中国人民的不屈不挠的努力必将稳步地达到自己的目的"。70 多年历史充分证明了这一点。

我们正处在中国特色社会主义新时代，比以往任何时候都更加接近中华民族伟大复兴的梦想。新时代是伟大斗争的时代，是奋斗者、勇敢者的时代。习近平总书记强调："中华民族伟大复兴，绝不是轻轻松松、敲锣打鼓就能实现的。全党必须准备付出更为艰巨、更为艰苦的努力。"面对风云激荡的百年未有之大变局，中国人民的使命更光荣、任务更艰巨、挑战更严峻、工作更伟大，只有敢于斗争、善于斗争，才能战胜一切艰难险阻，朝着中华民族伟大复兴的中国梦奋勇前进！

前文论述的中国面临三个方面的挑战，实际上也对应着未来发展中我们还要面对的风险，会遇到很多想象不到的困难，以及将付出更艰苦的努力。但是 70 多年的历史证明，中华民族在中国共产党领导下有能力、有智慧，能够解决这些问题，能够为世界人类文明的新形态作出自己的贡献。这一点现在越来越明朗，越来越清晰。

快问快答

1. 如何理解"要建立符合市场经济要求的集体经济运行机制"？集体经济是怎样演变而来的？

答：建立符合市场经济要求的集体经济运行机制，发挥乡村集体经济的作用，这是一个要解决的问题，现在正在探索。

第一，我们需要对中国乡村的集体经济及它的发展演变过程有一个准确的认识。中国乡村的集体经济在 70 多年的发展中经历了两个重大阶段。第一个阶段，是在土地改革任务完成以后，从 1953 年到 1978 年，这一阶段是农村集体经济建立和初步发展的阶段。从更广阔的角度来看，这个阶段有双重使命。第一个使命是试图通过公有制的集体经济解决一家一户小农经济发展的风险和经济落后、生产水平低的问题；第二个使命就是要为中国的工业化有效提供农业积累。

在发展过程中，由于第一个使命方面没有达到预期目标，所以不停地搞各种运动想解决这个问题，也就是想解决农村集体经济下效率不高的问题。但是，第二个使命完成得很好，为国家的工业化提供了农业支撑，因为在当时的生产水平条件下，温饱问题没有全面解决，只有这种体制能够保证国家把有限的剩余集中到工业化来。而到了 1978 年改革开放的时候，国家的工业化解决了两个核心问题：一个是安全问题解决了；

另一个是独立工业体系建立起来了。此时最突出的问题是要解决经济效益问题，或者换句话说，要快速改善人民生活，解决农村贫困问题。

在这种条件下，第二个阶段，党中央在全国范围内推行包产到户。所有的制度都是和历史阶段有关系的，没有一种永远好的制度，这是马克思主义唯物史观，奴隶制度虽然现在看很不合理，但是在当时是合理的。所以，包产到户当时解决了温饱问题，使农民快速地解决温饱问题。但是，随着发展，工业化完成，城市化、农业现代化快速推进，使得这一家一户的小农经济的局限性就越来越多地暴露出来了。例如，小农经济应对风险的能力不行，难以应对市场经济。虽然小农经济使得经济得到发展，但是在中国的现实条件下，它对于提高农业农村现代化有一定的阻碍。一家一户几亩地，农民并不认真种地，他们的收入主要不是靠农业本身的产出，而是非农收入。所以，在这种条件下，就需要有新的思路。

在这个背景下，提出集体经济要和社会主义市场经济相适应，这是大的制度环境，不管是实行哪种形式的公有制，包括国有企业，都需要和社会主义市场经济这个大的制度相适应。这也是经济学常提的，资本主义的卡夫丁峡谷可以迈过。从"集体问农民要钱"转变为"国家给钱"，国家给的这一部分转移支付就可以转变为集体经济的重要资产。

第二，建立符合市场经济要求的集体经济运行机制也是对农民要求的回应。农村现在面临一个情况：很多人都不在农村种地，年轻人都进城打工了，留在农村的都是老人。这个时候从生产的社会化、劳动力的需求、生产的组织来看，都需要进入规模经济阶段，而且农业必须通过产业链的延长，增加农业的附加值，这一点靠一家一户是做不到的，而集体经济是可以有效地组织起来。

另外，现在的集体经济组织和之前的不同了，过去的集体经济带有一定的强制性，不能说走就走、想外出务工就外出务工；现在农村的集体经济实行的是股份制的形式，产权非常明晰，劳动收入和资产分红也非常明确。从经营管理上来看，现在农村人口的文化水平大大提高了，许多大学生来到、回到农村，管理队伍知识化、年轻化了。所以，从管理能力、农民需求、社会需要、经济发展的要求等方面，都为农村集体经济提供了一个发展的客观环境。规模较大的国有企业改革取得重大进展，规模较小的农村集体经济合作发展形式一定会成功。

2. 习近平总书记在党史学习教育动员大会上指出，要坚持用实事求是来认识历史，坚持实事求是的思想路线，分清主流和支流。对此应该怎样理解？在学习党史和新中国史的过程中，广大青年党员应如何培养正确的历史观？

答：历史观的问题是一个根本性的问题。现在我们在理论上都已经明确了马克思主义唯物史观、历史唯物主义、辩证唯物主义等概念，但是在具体落实到研究、学习、认识历史时，还是存在一些模糊的认识。这个问题可以从两个方面来讲：

第一，我们认识历史的立场。对历史的认识是不断深化的，对历史的认识在不断深化中，其实是有立场的。从唯物史观的立场、以人民为中心的立场，客观地认识历史发展，这一点不是每个人都能做到的，尤其是在认识当代史的过程中。由于历史虚无主义现象的出现，难免会出现认识上的主流和支流，这就需要我们有坚定的立场和历史观。尤其是树立对党史、新中国史的正确认识，新中国的发展，我们完全可以有自信，《中华人民共和国简史》一书在史料上、事实上完全站得住。70多年我们发展的成就绝对是主要的。有没有曲折？肯定会有，但要从人民立场、国家立场、发展的立场来看，这样就能比较好地把握主流和支流的关系。

第二，学习历史的认识论。学习历史同样有个认识论的问题。认识论中有一条很重要的理论，也就是将唯物史观和辩证法相结合。历史是变动的，是发展的，不是凝固的、一成不变的，对任何一个问题的认识，我们都要用发展的眼光去认识它，要看到各种变化之间的联系，这是辩证法。所以，对历史的研究一定要用发展的眼光、变化的眼光、联系的眼光，这样才能把握好。这样才不至于偏颇，才不至于以偏概全，才不至于走向僵化，因为历史就是这样的，我们要学会辨别历史的真伪问题。

3. 如何认识全面建成小康社会所取得的一系列的成就？

如何实现全面建成小康社会和乡村振兴工作的有效衔接？

答：脱贫攻坚战取得了伟大胜利，是全面建成小康社会的重要内容，无论从哪个角度来讲，讨论全面建成小康社会的伟大成就肯定都不为过。我们从实践发展的角度和实现减贫脱贫的角度来看，它的贡献更是非常大。

如果从大的角度讲，这确实是中国共产党、中华民族长期追求的目标。人民的解放、人民的幸福，始终是为人民服务的宗旨和目标。脱贫攻坚战的全面胜利和新中国 70 多年的奋斗取得的成就有直接的关系。

脱贫攻坚任务完成，为我们的农业现代化、乡村振兴打下了很坚实的基础，为我们农村的均衡发展提供了便利的条件。贫困地区大多是农业基础极为薄弱、农业发展不好的地方，通过脱贫攻坚，可以从三个方面给乡村振兴提供非常有益的支撑、支持。

第一，从物质方面、生产力发展的方面。乡村振兴首先是产业振兴，我们国家很多产业扶贫，国家帮助一些贫困地区发展农业和非农产业，比如江西上犹县通过搞光伏、搞绿色农业（茶叶等）加工及产业链延长等实现脱贫。乡村振兴首先是产业振兴，没有产业，没有生产力发展的支撑，最后都是虚的。脱贫攻坚战打得非常好，奠定了比较好的物质基础。

第二，从完善的制度和政策的建立方面。在制度建设上，我们通过脱贫攻坚找到了一条解决农村贫困和发展问题的道路。现在提出的"过渡期"和"四个不摘"等政策、制度的建立是党的基层组织通过脱贫攻坚总结出的一套行之有效的制度，一套经验。所以，这样一套办法在贫困的地区都能够得到广泛应用，在发达的农村更能够有效地实施和推广。

第三，从广大干部群众的精神状态方面。脱贫攻坚使农村基层组织干部和农民的精神状态发生了很大的变化。这些人对党和国家的认识不断深化，自信心、凝聚力不断增强，他们心里知道国家是他们的有力后盾。"两不愁三保障"的提出、"反哺"政策的落地使农村的广大干部群众精神状态发生了转变。党员、基层干部，包括村里的党支部、"两委会"，这些人才的精神状态也不一样了。比如很多地方的青年人回乡创业，就是受这个影响，知道国家非常重视脱贫这项工作，不只停留在口号上，是实打实地支持。所以，能调动这些人的积极性，使他们更有自信心。而且文化扶贫、精神扶贫在其中也起了很重要的作用。文化扶贫、精神扶贫一个侧重于智慧方面，一个侧重于志气方面。

所以，脱贫攻坚为乡村振兴提供了物质上（生产力）、制度上（生产关系）和精神上三个方面的支撑，这都有利于将来的乡村振兴工作的推进，全面建成小康社会和乡村振兴工作是完全可以接续的。

青年说

"一灯能除千年暗",中国共产党就是那盏明灯,具有先进的理论指导、严密的组织体系、广泛的群众基础。中国共产党成立以来,带领中国人民冲破层层黑暗、克服种种困难,走向光明、独立和富强。在中国这样一个地域广大、人口繁多、国情复杂的国家,没有一个坚强的领导核心,国家就不能统一安定,事业就不能兴旺发达,中华民族更不可能实现伟大复兴。实践证明,只有中国共产党能够承担起这个重任,实现这个伟大目标。

——李二帅(中国银保监会同心聚力队)

厉害了,我的国!作为成长于新时代的年轻党员,年轻的生命里深深镌刻下祖国发展腾飞的印记,心中萌生出投身于祖国建设事业的光荣理想。站在"两个一百年"奋斗目标的历史交汇点上,我将和千千万万祖国的建设者并肩前行,矢志践行初心和使命,坚持党的理想,为中国特色社会主义伟大事业奋斗终身!

——林莉(中国人民银行奋斗队)

初心如磐,行稳致远。我们要继承和发扬老一辈无产阶级革命家留下的光荣传统和优良作风，要牢记历史、重视历史，不忘前人、激励今人，做党的事业的坚定追随者和政治上的永远合格者，坚定信念，深信笃行，为党的事业和社会的发展做出自己的贡献。

——翟春艳（国家药监局韦编三绝党史研习队）

学以致用

1.新中国一经成立，便迎来了第一次建交高潮。_____是第一个承认新中国的国家。

A.俄罗斯

B.苏联

C.美国

D.朝鲜

2.1950 年 _____ 月 _____ 日，中国人民志愿军雄赳赳、气昂昂跨过鸭绿江，和朝鲜人民共同抗击侵略者，以正义之师行正义之举，开始了中国人民伟大的抗美援朝战争。

A.10 月 19 日

B.10 月 25 日

C.10 月 30 日

D.11 月 5 日

3.1964 年 10 月 16 日 15 时，中国第一颗 _____ 在新疆

263

罗布泊戈壁滩上爆炸成功。

　A. 导弹

　B. 核弹

　C. 原子弹

　D. 氢弹

4. 四届全国人大一次会议后，邓小平根据毛泽东提出的"要安定团结""把国民经济搞上去"的指示，大刀阔斧地展开了全面整顿工作。整顿的中心在经济领域，首先解决的是_____问题。

　A. 铁路

　B. 工业

　C. 运输

　D. 市场经济

5. 1978 年 12 月召开的中共_____，开启了改革开放和社会主义现代化建设的新时期。

　A. 十一届三中全会

　B. 十一届四中全会

　C. 十三届三中全会

　D. 十三届一中全会

6. 1978 年，_____ 18 户农民，在包干契约上摁下手印，使小岗村成为农村改革的主要发源地。

　A. 安徽省凤阳县

B.江西省上犹县

C.湖南省龙山县

D.湖北来凤县

7.对外经济往来中，对外贸易是最主要的形式。1979 年 7 月，中共中央、国务院批准 _____ 、_____ 两省拥有更多外贸经营自主权。

A.安徽省、福建省

B.广东省、湖北省

C.广东省、福建省

D.湖南省、安徽省

8._____ ，五届全国人大五次会议以无记名投票方式通过了新修改的《中华人民共和国宪法》。

A.1983 年 12 月 4 日

B.1982 年 12 月 4 日

C.1982 年 12 月 14 日

D.1982 年 12 月 24 日

9.中共十三大正式确定了我国"三步走"发展战略，指出："第一步，实现国民生产总值比一九八〇年翻一番，解决人民的温饱问题。这个任务已经基本实现。第二步，到本世纪末，使国民生产总值再增长一倍，人民生活达到小康水平。第三步，到下个世纪中叶，人均国民生产总值 _____ ，人民生活比较富裕，基本实现现代化。然后，在这个基础上继续前进。"

A.达到中等发达国家水平

B.超过中等发达国家水平

C.达到中等发展中国家水平

D 超过中等发展中国家水平

10.社会主义的本质，是解放生产力，发展生产力，_____，_____，最终达到共同富裕。

A.去除剥削，消灭两极分化

B.消灭剥削，消除两极分化

C.消除剥削，消除两极分化

D.取消剥削，消除两极分化

11.从 1995 年开始，中共中央不断强调从战略上调整国有经济布局和"_____"的方针，发挥国有经济的主导作用。

A.抓大放小

B.三步走

C.四个现代化

D.深化改革

12.西部开发投资对 _____、_____ 作了重点安排。

A.西藏 新疆

B.甘肃 西藏

C.甘肃 银川

D.新疆 甘肃

13._____ 年 _____ 月 _____ 日，中葡澳门政权交接仪式在澳门文化中心举行。

A.1999 年 12 月 2 日

B.1999 年 12 月 12 日

C.1999 年 12 月 20 日

D.1999 年 12 月 22 日

14.2002 年 11 月 8 日至 14 日,中国共产党第十六次全国代表大会在北京召开。大会提出全面建设小康社会的奋斗目标,并从经济、政治、文化等方面勾画了宏伟蓝图,强调在优化结构和提高效益的基础上,国内生产总值到 2020 年力争比 2000 年翻 _____ 番。

A.两

B.一

C.三

D.几

15.坚持和完善公有制为主体、_____ 的基本经济制度,是完善社会主义市场经济体制的基本前提和首要任务。

A.多种所有制并存

B.各种所有制为辅

C.多种所有制为辅

D.多种所有制经济共同发展

16.2007 年,中共 _____ 首次将基层群众自治制度纳入中国特色社会主义民主政治制度的基本范畴,作为发展社会主义民主政治的基础性工程重点推进。

A. 十五大

B. 十六大

C. 十七大

D. 十八大

17.2008 年，中国政府贯彻"＿＿＿＿、＿＿＿＿、＿＿＿＿"理念，依靠广大人民群众，把北京奥运会办成一届有特色、高水平的奥运会，赢得了奥林匹克大家庭和国际社会广泛赞誉。

A. 文化奥运 绿色奥运 科技奥运

B. 共享奥运 和谐奥运 文化奥运

C. 和谐奥运 文化奥运 绿色奥运

D. 绿色奥运 科技奥运 人文奥运

18.西部大开发战略在世纪之交实施后，按照重点先行、适当超前的方针，通过优先安排基础设施建设、增加财政转移支付等措施，支持民族地区加快发展。一些对西部民族地区发展产生深远影响的重大项目相继开工，建设了 ＿＿＿＿、西电东送、西气东输等标志性工程。

A. 青藏铁路

B. 川藏铁路

C. 京沪铁路

D. 成渝铁路

19.2010 年，在"＿＿＿＿"第四届部长级会议上双方宣布建立"全面合作、共同发展"的战略合作关系。

A.中阿合作论坛

B.中法合作论坛

C.中美合作论坛

D.中英合作论坛

20.建设中国特色社会主义，总依据是社会主义初级阶段，总布局是 _____、_____、_____、_____、_____"五位一体"，总任务是实现社会主义现代化和中华民族伟大复兴。

A.社会主义经济建设 生态建设 文明建设 政治建设 绿色建设

B.生态建设 文明建设 政治建设 和谐建设 法治建设

C.法治建设 文化建设 政治建设 社会主义经济建设 和谐建设

D.社会主义经济建设 政治建设 文化建设 社会建设 生态文明建设

21.中共十八届五中全会明确提出以人民为中心的发展思想，提出 _____、_____、_____、_____、_____ 的新发展理念。

A.绿色 和谐 科学 文化 创新

B.和谐 科学 文化 共享 开放

C.文化 共享 开放 科学 绿色

D.创新 协调 绿色 开放 共享

22. ＿＿＿＿＿ 是全面建成小康社会的底线任务和标志性指标。

A. 消除贫困

B. 共同富裕

C. 脱贫攻坚

D. 消除两极分化

23. 从 2013 年 6 月到 2014 年 10 月，全党开展以"＿＿＿、＿＿＿、＿＿＿"为主要内容的党的群众路线教育实践活动，按照"照镜子、正衣冠、洗洗澡、治治病"的总要求，保持和发展党的先进性和纯洁性。

A. 清正 廉洁 守法

B. 为民 务实 清廉

C. 奉公 守法 廉洁

D. 务实 清廉 守法

24. 在党的群众路线教育实践活动中，全党聚焦作风建设，集中解决群众深恶痛绝的 ＿＿＿＿＿、＿＿＿＿＿、＿＿＿＿＿、这"四风"问题，对作风之弊、行为之垢进行了一次大排查、大检修、大扫除，党心民心为之一振。

A. 形式主义 官僚主义 资本主义 封建主义

B. 官僚主义 资本主义 封建主义 奢靡主义

C. 形式主义 官僚主义 享乐主义 奢靡之风

D. 官僚主义 资本主义 封建主义 享乐主义

25.2013 年 9 月，习近平在哈萨克斯坦纳扎尔巴耶夫大学发表演讲，提出共同建设"_____"的合作倡议。

A. 一带一路

B. 丝绸之路

C. 丝绸之路经济带

D. 共建人类命运共同体

26. 共建"一带一路"倡议同联合国、_____、非盟、欧盟、欧亚经济联盟等国际和地区组织的发展和合作规划对接，同各国发展战略对接。

A. 东盟

B. 东欧

C. 西欧

D. 西盟

27.2014 年 11 月，习近平在北京主持亚太经合组织第_____ 领导人非正式会议并发表讲话，倡导深入推动区域经济一体化，共建互信、包容、合作、共赢的亚太伙伴关系。

A. 二十一次

B. 二十二次

C. 二十三次

D. 二十四次

28. 从 2020 年到本世纪中叶可以分两个阶段来安排。第一个阶段，从 2020 年到_____年，在全面建成小康社会的基础上，再奋斗 15 年，基本实现社会主义现代化。第二个阶段，从 _____ 年到本世纪中叶，在基本实现现代化的基础上，再奋斗 15 年，把我国建成富强民主文明和谐美丽的社会主义现代化强国。

A.2035 2035

B.2045 2045

C.2055 2055

D.2065 2065

29.习近平新时代中国特色社会主义思想涵盖新时代坚持和发展中国特色社会主义的总目标、总任务、总体布局、战略布局和发展方向、发展方式、发展动力、战略步骤、外部条件、政治保证等基本问题，并根据新的实践对经济、政治、法治、 _____ 、文化、教育、民生、民族、宗教、社会、生态文明、国家安全、国防和军队、"一国两制"和祖国统一、统一战线、外交、党的建设等各方面作出新的理论概括和战略指引。

A.农业

B.科技

C.环境

D.教育

30.党的十九大提出，习近平新时代中国特色社会主义思想的核心内容是" _____ "和"十四个坚持。

A. 八个明确

B. 六个明确

C. 四个方针

D. 六个方针

 随堂思考

1. 中华民族伟大复兴的根本政治前提和制度基础是什么？

2. 结合学习习近平总书记"七一"重要讲话精神，谈一谈对中国式现代化的认识和理解？

 学习体会

....

....

....

....

....

....

....

....

第5讲参考答案

| 1—5 | BACAA | 6—10 | ACBAB | 11—15 | AACAA |
| 16—20 | CDAAD | 21—25 | DCBCC | 26—30 | ABABA |

世界发展进程中的耀眼篇章：

《改革开放简史》导读

2021 年 10 月 18 日

王灵桂

　　中国社会科学院副院长、党组成员，法学博士，研究员，中国社会科学院大学教授，中国社会科学院国家高端智库理事会副理事长。主要从事改革开放史、"一带一路"、全球战略研究。

新的征程上，我们必须统筹中华民族伟大复兴战略全局和世界百年未有之大变局，抓住历史机遇，增强忧患意识、始终居安思危，保持革命精神和革命斗志，勇于进行具有许多新的历史特点的伟大斗争，以敢于斗争、善于斗争的意志品质，坚决战胜任何有可能阻碍中华民族复兴进程的重大风险挑战，坚决维护国家主权、安全、发展利益。

——习近平在纪念辛亥革命 110 周年大会上的讲话（2021 年 10 月 9 日）

我们党作出实行改革开放的历史性决策，是基于对党和国家前途命运的深刻把握，是基于对社会主义革命和建设实践的深刻总结，是基于对时代潮流的深刻洞察，是基于对人民群众期盼和需要的深刻体悟。邓小平同志指出："贫穷不是社会主义"，"我们要赶上时代，这是改革要达到的目的"。

——习近平在庆祝改革开放四十周年大会上的讲话（2018 年 12 月 18 日）

经典摘编

1978年12月18日，在中华民族历史上，在中国共产党历史上，在中华人民共和国历史上，都是载入史册的重要日子。

中国大踏步赶上了时代。

风起云天，潮涌东方。改革开放是中国人民和中华民族发展史上一次伟大革命，正是这个伟大革命推动了中国特色社会主义事业的伟大飞跃。

当代中国正经历着中国历史上最为广泛而深刻的社会变革，也正在进行着人类历史上最为宏大而独特的实践创新。改革开放成为当代中国最显著的特征、最壮丽的气象，中华民族伟大复兴向前迈出了新的一大步，社会主义中国以更加雄伟的身姿屹立于世界东方。

时代潮流浩浩荡荡，改革开放永无止境，中国发展势不可挡。在中国共产党成立100周年的伟大时刻，在改革开放再出发的动员令下，全体中华儿女奋进新时代、迈向新阶段、筑梦新征程，正以饱满热情和昂扬斗志，踏上了实现第二个百年奋斗目标新的赶考之路。

本讲要点 ➤•••

　　改革开放是党在新的历史条件下领导人民进行新的伟大革命，是决定当代中国命运的关键选择。中国特色社会主义之所以具有蓬勃生命力，就在于实行改革开放的社会主义。习近平总书记在庆祝中国共产党成立 100 周年大会上的重要讲话中指出，中国共产党和中国人民以英勇顽强的奋斗向世界庄严宣告，改革开放是决定当代中国前途命运的关键一招，中国大踏步赶上了时代！深刻理解关键一招的深刻内涵、丰富实践、宝贵经验、历史意义，是认真学习贯彻习近平总书记"七一"重要讲话的题中应有之意。

　　学习改革开放的历史，就是要学习改革开放的伟大觉醒史、伟大创造史、伟大革命史、伟大飞跃史。一是要深入学习中国共产党领导中国人民走向新的征程的自我觉醒的历史。二是要深入学习中国共产党勇于革命、善于革命，不断把马克思主义原理与中国革命具体实践相结合的理论创新与实践创新的历史。三是深入学习中国共产党领导中国人民所从事的改革开放实践，在中华民族发展史上、在世界文明史上留下来的不可磨灭的伟大功绩的历史。四是深入学习贯彻改革开放为推进中国特色社会主义事业，实现中华民族伟大复兴所具有的精神追求的历史。

一、《改革开放简史》的编写过程

按照党中央的部署，经党中央批准，由中共中央宣传部组织中国社会科学院撰写的《改革开放简史》（以下简称《简史》），于 2021 年 8 月作为全党党史学习教育的重要参考资料，作为全社会开展"四史"教育的重要用书，正式出版发行。这本《简史》以习近平新时代中国特色社会主义思想为指导，全面贯彻习近平总书记关于"四史"的重要论述，充分体现习近平总书记在庆祝改革开放 40 周年大会、在党史学习教育动员大会、在庆祝中国共产党成立 100 周年大会的重要讲话精神，以及我们党关于历史问题的两个《决议》、党中央有关文件精神为依据，牢牢把握改革开放 40 多年的主题、主线、主流本质，站在中华民族伟大复兴两个一百年交汇的高度，站在历史和时代、党和国家未来的高度，以准确、系统、完整、生动、可读为写作原则，突出主题、主线，注重夹叙夹议，史论结合，以严谨、流畅、受读者欢迎的精品读本为写作目标。

全书一共是七章 44 节，约 26 万字，阐明了我国改革开放 40 多年的壮阔实践史，立体辩证概括了 40 多年改革开放蕴含的丰富的治国理政智慧和历史经验，是一部全面阐述中国改革开放 40 多年伟大觉醒、伟大创造、伟大革命、伟大飞跃的力作；是一部体现改革开放理论最新成果和填补改革开放历史研究空白的历史。

在撰写《简史》的过程中，编写组按照中央领导的要求，努力总结阐述改革开放40多年波澜壮阔的历程和宝贵经验，整个的写作过程实际上是不断深化理解和准确把握习近平总书记重要要求的过程，也是一个十分难得的学习过程。改革开放是实现中华民族伟大复兴的必然选择，走出了中华民族伟大复兴的正确道路，为中华民族伟大复兴提供了充满活力的体制、机制和制度保障，为中华民族伟大复兴提供了更为坚实的物质基础，更为主动的精神力量、根本遵循和信心之源。

二、高度概括了什么是"改革开放精神"

在中国共产党成立100周年之际，以习近平同志为核心的党中央立足党的百年历史新起点，统筹中华民族伟大复兴战略全局和世界百年未有之大变局，为动员全党全国满怀信心，投身全面建设社会主义现代化国家，作出了在全党开展党史学习教育，在全民开展"四史"教育的重大决策。

2021年2月20日，习近平总书记在党史学习教育动员大会上指出，历史是最好的老师，我们党的历史是中国近现代以来历史最为可歌可泣的篇章，历史在人民探索和奋斗中造就了中国共产党，我们党团结带领人民又造就了历史悠久的中华文

明新的历史辉煌。一切向前走，都不能忘记走过的路，走得再远、走到再光辉的未来，也不能忘记走过的过去，不能忘记为什么出发。

学习党的历史是坚持和发展中国特色社会主义、把党和国家各项事业继续推向前进的必修课，这门功课不仅必修，而且必须修好。中国革命历史是最好的营养剂，重温这部伟大历史能够受到党的初心使命、性质宗旨、理想信念的生动教育，必须铭记光辉历史、传承红色基因。

习近平总书记还专门强调，要学习党史、新中国史、改革开放史、社会主义发展史，广大党员要以学习党的历史为重点，做到知史爱党、知史爱国，在学习领悟中坚定理想信念，在奋发有为中践行初心使命。

📖 **学习在线** ◄┄

为中国人民谋幸福，为中华民族谋复兴，是中国共产党人的初心和使命，是激励一代代中国共产党人前赴后继、英勇奋斗的根本动力。

——《在"不忘初心、牢记使命"主题教育工作会议上的讲话》，人民出版社 2019 年版，第 1—2 页。

学习改革开放史，就是要深刻理解和把握习近平总书记提出"十个坚持"。

一是在指导思想上，始终坚持解放思想、实事求是、与时俱进、求真务实，坚持马克思主义指导地位不动摇，坚持科学社会主义基本原则不动摇，并在这个基础上勇敢地推进理论创新、实践创新、制度创新、文化创新以及各方面创新，不断赋予中国特色社会主义以鲜明的实践特色、理论特色、民族特色、时代特色，形成了中国特色社会主义道路、理论、制度、文化。

二是在经济建设上，始终坚持以经济建设为中心，不断解放和发展社会生产力，增强经济实力和综合国力，保障中国人民在富起来、强起来的新征程上迈出决定性的步伐。

三是在政治建设上，始终坚持中国特色社会主义政治发展道路，不断深化政治体制改革，发展社会主义民主政治，完善全过程人民民主，完善党和国家民主体制，深入推进全面依法治国，保障人民当家作主的权利。

四是在文化建设上，始终坚持发展社会主义先进文化，加强社会主义精神文明建设，培育和践行社会主义核心价值观，传承和弘扬中华民族传统文化，建设中国特色社会主义的文化软实力。

五是在民生建设上，要始终坚持以人民为中心，在发展中保障和改善民生。

六是在生态文明建设上，按照绿水青山就是金山银山的发展理念，加快美丽中国建设。

七是在军队建设上，始终坚持党对军队的绝对领导，不断推进国防和军队现代化，推进人民军队实现革命性重塑。

八是在祖国的统一大业上，始终推进祖国和平统一大业，坚持一个中国原则，反对和遏制"台独"分裂势力，筑牢海内外全体中华儿女的民族认同感和文化认同感。

九是在对外政策上，始终坚持独立自主的和平外交政策，始终不渝走和平发展道路，奉行互利共赢的开放战略，坚定维护国际关系基本准则，维护国际公平正义，推动建设开放型世界经济，合作共建"一带一路"高质量发展，构建人类命运共同体，促进全球治理体系变革，旗帜鲜明地反对霸权主义、霸凌主义和强权政治，为世界和平与发展不断贡献中国智慧。

十是在组织领导上，始终坚持加强和改善党的领导，积极应对在长期执政和改革开放条件下，党面临的各种风险考验，继续推进党的建设新的伟大工程，保证党的先进性和纯洁性，保持党同人民群众的血肉联系。

这"十个坚持"是改革开放40多年来党领导人民通过理论创新和实践探索总结出来的，同时也是被实践反复证明是正确的。改革开放精神是中华民族弥足珍贵的精神财富，对新时代坚持和发展中国特色社会主义有着极为重要的指导意义。

延伸阅读 ◆‥‥

　　如何建设社会主义、建设什么样的社会主义？这项前无古人的伟大事业，不可能在书本里找到现成的答案，而是要随时随地以当时的历史条件为转移，不断在探索中锚定目标、把握方向。以邓小平同志为主要代表的中国共产党人，遵循理论逻辑和实践逻辑的统一，持续对改革开放和社会主义现代化建设进行深入思考和不懈探索。

　　——《改革开放简史》，人民出版社、中国社会科学出版社2021年版，第41页。

三、深刻阐述什么是"改革开放"

（一）改革开放是实现中华民族伟大复兴必然的历史选择

　　实践证明，改革开放是当代中国发展进步的活力之源，是党和人民大踏步赶上时代步伐的重要法宝，是坚持中国特色社会主义的必由之路，是实现中华民族伟大复兴的关键一招。习近平总书记指出，"党

更多精彩，扫码
观看本讲视频

领导人民经过长期艰苦卓绝的斗争建立了新中国","开始了改革开放,这两件大事大大加快了实现中华民族伟大复兴的历史进程"。艰难困苦,玉汝于成,在探索中华民族伟大复兴之路的崎岖道路上,只有中国共产党才是有主动作为、锐意进取的。

一百年来,我们党把握历史发展大势,抓住历史变革时机,奋发有为,锐意进取,不断前进。在创造了根本社会条件、奠定了根本政治前提和制度基础之后,党作出的改革开放的历史性决策,是基于对党和国家前途命运的深刻把握,是基于对社会主义革命和建设实践的深刻总结,是基于对时代潮流的深刻洞察,是基于对人民群众期盼和需要的深刻体悟。

邓小平同志深刻指出,"贫穷不是社会主义","我们要赶上时代,这是改革要达到的目的"。习近平总书记也强调指出,改革开放是我们党的一次伟大觉醒,正是这个伟大觉醒孕育了我们党从理论到实践的伟大创造。改革开放是中国人民和中华民族发展史上的一次伟大革命,正是这个伟大革命推动了中国特色社会主义事业的伟大飞跃。

自 1840 年后诞生的中华民族伟大复兴的思想萌芽到拯救民族危亡的系列救亡运动,历经 81 年的艰难探索,在中国人民和中华民族的伟大觉醒中,在马克思列宁主义同中国工人运动紧密结合中,中国共产党应运而生。

我们党一经诞生,就把为中国人民谋幸福、为中华民族谋复兴确定为自己的初心使命。在28年的浴血奋战中，党团结带领中国人民百折不挠，创造了新民主主义革命的伟大成就，为实现中华民族伟大复兴创造了根本社会条件。新中国成立后，党团结带领中国人民自力更生、发奋图强，创造了社会主义革命和建设伟大成就，为实现中华民族伟大复兴奠定了根本政治前提和制度基础。

加油站

　　有些人干工作平平静静，说什么"上游太辛苦，下游打屁股，中游最舒服"。他们不愿动脑筋，不愿动手，不愿学习，重要会议也不记录，对下情只是一知半解，或者是只知不解，不知不解，人云亦云，信假为真，没有肯定的结论，回答问题总是估计、大概、差不多、没有把握……这是干革命吗？不！这是混革命。

　　　　　　　　　　　　　　　　　　——焦裕禄

　　时光进入20世纪70年代后，世界经济快速发展，科技进步日新月异，人民热切期盼党和国家的崛起。1978年12月13日，邓小平同志在中央工作会议上语重心长地指出，如果现在再不实行改革，我们的现代化事业和社会主义事业就会被葬送。国内外发展大势呼唤我们党尽快就关系党和国家前途命运的大政方针作出政治决断和战略抉择。在中国何去何从的重大关头，党的十一届三中全会拉开了改革开放的大幕，实现了新中国成立以来，党的历史上具有深远意义的伟大转折，开启了改革开放和社会主义现代化建设新时期，开创、坚持、捍卫、发展中国特色社会主义。

改革开放永远没有坦途，也永远没有止境，改革开放永远在路上。进入新时代，面对形形色色的困难和挑战，党领导人民通过改革开放，用发展的办法不断解决拦路虎、绊脚石，不断开创中国特色社会主义事业崭新局面，推动党和国家的各项事业一步步更加接近中华民族伟大复兴的宏伟目标。以习近平同志为核心的党中央总结实践，展望未来，明确提出全面深化改革的总目标，是完善和发展中国特色社会主义道路，推进国家治理体系和治理能力现代化。深刻回答了新时代坚持和发展什么样的中国特色社会主义、怎样坚持和发展中国特色社会主义这个重大时代课题，推动党和国家事业发生历史性变革，取得历史性成就，为实现中华民族伟大复兴提供了更为完善的制度保证、

敲黑板 ◀┄┄┄

在波澜壮阔的伟大斗争中，中国于危机中育新机、于变局中开新局，成功开展了新时代中国特色大国外交的伟大实践，坚定维护了我国主权、安全、发展利益，全面提升了我国国际地位和国际影响。

更为坚实的物质基础、更为主动的精神力量，实现中华民族伟大复兴进入了不可逆转的历史进程。

习近平总书记深刻指出，中国人民的面貌、社会主义中国的面貌、中国共产党的面貌能发生如此深刻的变化，我国能在国际社会赢得举足轻重的地位，靠的就是坚持不懈推进改革开放。没有改革开放，就没有中国的今天。离开改革开放，也没有中国的明天。在整个社会主义现代化进程中，我们都要高举改革开放的旗帜，决不能有丝毫动摇。

（二）改革开放走出了实现中华民族伟大复兴的正确道路

在改革开放40多年的伟大实践中，党始终坚持解放思想、实事求是、与时俱进、求真务实，坚持马克思主义指导地位不动摇，坚持科学社会主义基本原则不动摇，勇敢地推进理论创新、实践创新、制度创新、文化创新等，不断赋予中国特色社会主义以鲜明的实践特色、理论特色、时代特色，形成了中国特色社会主义的道路、理论、制度和文化，以无可辩驳的事实彰显了科学社会主义的鲜活生命力，社会主义的伟大旗帜始终在中国大地上高高飘扬。

习近平总书记指出，无论搞革命、搞建设、搞改革，道路问题都是最根本的问题。改革开放以来，我们党在探索和实践中找到了、坚持了、拓展了中国特色社会主义道路，我们能够创造出人类历史上前无古人的发展成就，走出正确道路是根本原因。

习近平总书记在"七一"重要讲话中强调指出，以史为鉴、开创未来，必须坚持和发展中国特色社会主义。走自己的路，是党的全部理论和实践的立足点，更是党百年奋斗得出的历史结论。

中国特色社会主义是党和人民历经千辛万苦、付出巨大代价取得的根本成就，是实现中华民族伟大复兴的正确道路。我们坚持和发展中国特色社会主义，推动物质文明、政治文明、精神文明、社会文明、生态文明协调发展，创造了中国式现代化新道路、创造了人类文明新形态。新的征程上，只有坚定走中国特色社会主义发展道路，在自己选择的道路上昂首阔步走下去，把中国发展进步的命运牢牢地掌握在自己手里，才能够协同推进人民富裕、国家强盛、中国美丽。

中国共产党为什么能，中国特色社会主义为什么好，归根到底是因为马克思主义行！习近平总书记在"七一"重要讲话中指出，马克思主义是我们立党立国的根本指导思想，是我们党的灵魂和旗帜。中国共产党坚持马克思主义基本原理，坚持实事求是，从中国实际出发，洞察时代大势，把握历史主动，进行艰辛探索，不断推进马克思主义中国化时代化，指导中国人民不断推进伟大社会革命。

在新的征程上，必须全面贯彻习近平新时代中国特色社会主义思想，坚持把马克思主义基本原理同中国实际相结合，同中华优秀传统文化相结合，用马克思主义观察时代、把握时代、引领时代。

坚持中国共产党的领导。办好中国的事情，关键在于党。中华民族近代以来 180 多年的历史，中国共产党成立 100 年的历史，中华人民共和国成立 70 多年的历史，改革开放 40 多年的历史，都充分证明没有中国共产党就没有新中国，就没有中华民族的伟大复兴。历史和人民选择了中国共产党。中国共产党领导是中国特色社会主义最本质的特征，是中国特色社会主义制度的最大优势，是党和国家的根本所在、命脉所在，是全国各族人民的利益所在、命运所系。党政军民学、东西南北中，党是领导一切的。正是因为始终坚持党的集中统一领导，我们才能实现伟大的历史飞跃，才能实现开启伟大历史转折，开启改革开放新时期和中华民族伟大复兴新的征程，才能够成功应对一系列的重大风险挑战，克服无数的艰难险阻，才有能力应变局、平风波、战洪水、抗非典、抗地震、化危机、战新冠。

在坚持党的领导这个决定党和国家前途命运重大原则问题上，全党、全国必须保持高度的思想自觉、政治自觉、行动自觉，不能有丝毫动摇。习近平总书记强调指出，新的征程上，我们必须坚持党的全面领导，不断完善党的领导，增强"四个意识"、坚

敲黑板

敢于斗争、敢于胜利，是中国共产党不可战胜的强大精神力量。实现伟大梦想就要顽强拼搏、不懈奋斗。

定"四个自信"、做到"两个维护"，牢记"国之大者"，不断提高党科学执政、民主执政、依法执政的水平，充分发挥党总揽全局、协调各方的领导核心作用。

在迈向中华民族伟大复兴第二个奋斗目标伟大征程上，中国特色社会主义制度将是我们最大的制度优势和制度保障，必须继续把党的领导贯穿和体现到改革发展稳定、内政外交国防、治党治国治军各个领域，不断提高党把方向、谋大局、定政策、促改革的能力和定力，确保改革开放这艘航船始终沿着正确的航向劈波斩浪。

（三）改革开放为中华民族伟大复兴提供了充满活力的体制机制和制度保证

习近平总书记在"七一"重要讲话中指出，党团结带领中国人民，"实现了从生产力相对落后的状况到经济总量跃居世界第二的历史性突破，实现了人民生活从温饱不足到总体小康、奔向全面小康的历史性跨越，为实现中华民族伟大复兴提供了充满新的活力的体制保证和快速发展的物质条件。"

开启于党的十一届三中全会的改革开放，在40多年的探索中，坚持解放思想，大胆地试，勇敢地改，干出一片新天地。从实行家庭联产承包责任制，支持乡镇企业迅速发展，取消农业税、牧业税、特产税，到农村承包地三权分置，实施乡村振兴战略，打赢脱贫攻坚战，开启迈向全面富裕之路；从兴办深圳等经济特区，沿海、沿边、沿江、沿线和内陆中心城市对外开放，到加入 WTO，共建"一带一路"，设立自由贸易试验区，谋划中国特色自由贸易港，成功举办多届中国国际进口博览会；从引进来到走出去，从搞好国有大中小型企业，发展个体私营企业，到深化国资、国企改革，发展混合所有制经济，从单一公有制到公有制为主体、多种所有制经济共同发展和坚持"两个毫不动摇"；从传统的计划经济体制到前无古人的社会主义市场经济体制，再到使市场在资源配置中起决定性作用和更好发挥政府作用；从以经济体制改革为主，到全面深化经济、政治、文化、社会、生态文明体制改革和党的建设制度改革，党和国家机构改革，行政管理体制改革，依法治国体制改革，司法体制改革，外事体制改革，社会治理体制改革，生态环境督察体制改革，国家安全体制改革，国防和军队改革，党的领导和党的建设制度改革等等，一系列的重大举措扎实推进，各项便民、惠民、利民的举措持续实施、落地、生效。这一系列的重大举措，使改革开放成为当代中国最显著的特征、最壮丽的气象。

🛢️ 加油站 ◀········

中国于 2001 年 12 月 11 日，正式加入世界贸易组织，成为其第 143 个成员。2001 年 9 月 12 日至 17 日，世贸组织中国工作组第 18 次会议在日内瓦举行，此次会议通过了中国加入世贸组织多边文件提交总理事会审议。会议宣布结束中国工作组的工作。2001年11月10日，世界贸易组织多哈会议批准我国为正式成员。

以习近平同志为核心的党中央坚持和完善中国特色社会主义制度，推进国家治理体系和治理能力现代化，为实现中华民族伟大复兴提供了更为完善的制度保证。党的十八届三中全会通过的《中共中央关于全面深化改革若干重大问题的决定》明确了全面深化改革的总目标，要求到2020年在重要领域和关键环节改革上取得决定性成果，形成系统完备、科学规范、运行有效的制度体系。2013年12月，习近平总书记亲自担任全面深化改革领导小组组长，负责改革整体设计、统筹推进、整体协调、督促落实，发挥党总揽全局、协调各方的领导核心作用，保证了全面深化改革各项任务和各个环节落到实处。

党的十九大在过去五年工作基础上，进一步明确了制度建设和治理能力建设的目标。党的十九届三中全会指出，必须加快推进国家治理体系和治理能力现代化，努力形成更加成熟、更加定型的中国特色社会主义制度。党的十九届四中全会审议通过的《中共中央关于坚持和完善中国特色社会主义制度、推进国家治理体系和治理能力现代化若干重大问题的决定》，系统总结了我国国家制度和国家治理体系建设的巨大成就和13个显著优势，深入回答了在我国国家制度和国家治理上应该坚持和巩固什么、完善和发展什么等重大政治问题，对新时代坚持和完善中国特色社会主义制度，推进国家治理体系和治理能力现代化作出了顶层设计和全面部署。截至2020年底，习近平总书记亲自主持召开40次中央全面深化改革领导小组会议和17次中央全面深化改革委员会会议，审议通过500多个重要改革文件，推出2000多项改革方案。

新时代，党遵循中国人民长期奋斗的历史逻辑、理论逻辑、实践逻辑，不断发展社会主义民主政治，积极稳妥地推进政治体制改革，推进社会主义民主政治制度化、规范化、程序化，巩固和发展民主团结、生动活泼、安定团结的政治局面，不断开辟中国之治的最新境界，为实现中华民族伟大复兴提供了根本保障。

2019年11月，习近平总书记在上海考察时首次提出，人民民主是一种全过程的民主，从理论上解决了人们如何有效行使当家作主的民主权利的问题。在"七一"重要讲话中，习近平总书记以"全过程人民民主"这一新观点作出了高度的概括，并再次强调，贯彻党的群众路线，尊重人民首创精神，践行以人民为中心的发展思想，发展全过程人民民主。

作为我国根本政治制度的人民代表大会制度在新时代得

到了不断完善，人大组织制度和工作制度不断健全，人大常委会和专门委员会的组成不断优化，人大依法行使立法权、监督权、决定权、任命权的作用不断加强。中国共产党领导的多党合作和政治协商制度不断完善，首次明确了各民主党派作为中国特色社会主义参政党的功能定位，进一步明确完善了多党合作和政治协商的内容、形式、程序、保障机制等，人民政协作为社会主义协商民主的重要渠道和专门协商机构的作用，得以不断制度化、规范化、成熟化。

民族区域自治制度作为中国特色解决民族问题正确道路的重要内容和制度保证，正在促进各民族像石榴籽一样紧紧抱在一起，共同团结奋斗，共同繁荣发展。

坚持把党的领导贯穿于基层自治全过程和各个方面，实现了法治、德治、自治相结合，确保了基层民主建设始终沿着正确的方向发展。

2014年1月，习近平总书记指出，全面推进依法治国，要把维护社会大局稳定作为基本任务，把促进社会公平正义作为核心价值追求，把保证人民安居乐业作为根本目标。党的十八届四中全会通过的《中共中央关于全面推进依法治国若干重大问题的决定》，明确全面推进依法治国的总目标是建设中国特色社会主义法治体系，建设社会主义法治国家。

围绕这个总目标，全会提出了180多项重大改革举措，涵盖了依法治国的方方面面。2015年4月，中央全面深化改革领导小组第 11 次会议审议通过《党的十八届四中全会重要举措实施规划（2015—2020 年)》，为此后一个时期推进全面依法治国提供了总施工图和总台账。截至 2021 年 6 月，我国现行有效法律 282 件，行政法规 600 余件，以宪法为核心的中国特色社会主义法律体系日臻完善。同时，法治政府建设也进入了崭新阶段，《法治政府建设实施纲要（2015—2020 年)》确定了 2020 年基本建成法治政府的奋斗目标和行动纲领。《法治政府建设实施纲要（2021—2025 年)》在过去的基础上，进一步擘画了新阶段法治政府建设的新的蓝图。截至 2020 年底，国务院先后取消下放行政审批事项超过 1000 项，所有非行政许可审批彻底终结。深入推进了司法体制改革，实行法官、检察官员额制，进一步全面落实司法责任制，不断健全"让审理者裁判，由裁判者负责"的"谁决定谁负责"的新型司法权力运行机制。同时加快构建系统完备、规范高效的执法司法制约监督机制，司法责任制综合配套改革也得以不断深化。

党的十八大以来，党中央重点围绕转变职能和理顺职责，稳步推进大部门制改革，不断深化党和国家机构改革，为党和国家事业取得历史性成就，发生历史性变革，提供了有力保证。

党的十九届三中全会通过《中共中央关于深化党和国家机构改革的决定》和《深化党和国家机构改革方案》，从完善坚持党的全面领导、优化政府机构设置和职能配备、统筹党政军群机构改革、合理设置地方机构、推进机构编制法定化五个方面，对党和国家机构改革进行了整体部署。到 2019 年 3 月底，按照党中央确定的时间表、路线图，党和国家机构改革任务总体完成。

这次改革，新组建党中央决策议事协调机构 3 个、更名 4 个，不再保留党中央议事协调机构 4 个，取消国务院议事协调机构 2 个，组建和重新组建部级机构 25 个，调整优化领导管理体制和职责部级机构 31 个，核减部级机构 21 个。

2019 年 7 月，习近平总书记在深化党和国家机构改革总结会上指出，短短一年多时间，十九届三中全会部署的改革任务总体完成，党和国家机构履职更加顺畅高效，各类机构设置和职能配置更加适应统筹推进"五位一体"总体布局和协调推进"四个全面"战略布局需要，改革的整体效应进一步增强。

加油站

跨入 21 世纪，国际国内形势发生深刻变化。世界多极化和经济全球化在曲折中发展，科技进步日新月异，综合国力竞争日趋激烈。在全面深刻分析国内外形势的基础上，中国共产党制定了全面建设小康社会的奋斗目标，转变经济发展方式，推动经济又好又快发展。

（四）改革开放为中华民族伟大复兴提供了更为坚实的物质基础

习近平总书记在"七一"重要讲话中指出，我们实现了第一个百年奋斗目标，在中华大地上全面建成了小康社会，历史性地解决了绝对贫困问题，正在意气风发向着全面建成社会主义现代化强国的第二个百年奋斗目标迈进。

中国共产党和中国人民以英勇顽强的奋斗向世界庄严宣告，中华民族迎来了从站起来、富起来到强起来的伟大飞跃，实现中华民族伟大复兴进入了不可逆转的历史进程，书写了中华民族几千年历史上最恢宏的史诗。这是中华民族的伟大光荣，是中国人民的伟大光荣，是中国共产党的伟大光荣。

消除贫困，是千百年来中华民族梦寐以求的夙愿，改革开放开启了圆梦征程，新时代让梦想成真。以习近平同志为核心的党中央，团结带领全国人民在 960 多万平方公里的土地上尽锐出战，迎难而上，向绝对贫困宣战，吹响了拔除穷根的冲锋号，打响了一场"当惊世界殊"的人民战争。2021 年 2 月，习近平总书记在全国脱贫攻坚总结表彰大会上庄严宣告，经过全党全国各族人民共同努力，在迎来中国共产党成立一百周年的重要时刻，我国脱贫攻坚战取得了全面胜利，现行标准下9899 万农村贫困人口全部脱贫，832 个贫困县全部摘帽，12.8 万个贫困村全部出列，区域性整体贫困得到解决，完成了消除绝对贫困的艰巨任务。

打赢脱贫攻坚战为实现第一个百年奋斗目标打下了坚实基础，强化了党的执政根基，巩固了中国特色社会主义制度，极大增强了人民群众的获得感、幸福感和安全感，向世界展示了中国共产党的领导和中国特色社会主义制度的优越性，为人类的减贫事业作出了历史性贡献，提供了中国智慧和中国方案。

实现小康是中国历代先贤圣哲孜孜追求的理想社会梦想，是实现中华民族伟大复兴中国梦的阶段性目标。没有全面小康的实现，民族复兴就无从谈起。1979年12月，邓小平同志在会见时任日本首相大平正芳时，首次使用"小康"来描绘20世纪末中国的现代化图景。从那个时候起，"小康"这个体现中国传统国家治理思想文化的民本思想，成为反映我国经济社会和现代化发展的总体概念，既包括了个人和家庭摆脱贫困生活后的情景，又包含了物质文化全面发展的目标体系。

在党的十八大以来历史性成就的基础上，党的十九大发出了决胜全面建成小康社会的动员令，在"七一"重要讲话中，习近平总书记庄严宣告，中国如期全面建成小康社会，我国的经济实力、科技实力、综合国力和人民生活水平跃上了新的大台阶。2020年我国国内生产总值（GDP）达到了101.6万亿元，占世界经济总量的比重达到了17%，稳居世界第二位；人均国内生产总值为 72447 元，连续两年超过 1 万美元。制造业增加值多年稳居世界首位，220 种工业产品产量居世界第一，近年来对世界经济的增长的贡献率年均在 30% 以上，成为世界经济增长的火车头。社会消费品零售总额达到 40 万亿元规模，即将成为全球最大的消费品零售市场。

⛽加油站 ◀·······

> 经过 38 年改革开放，中国已经成为世界第二大经济体。道路决定命运。中国的发展，关键在于中国人民在中国共产党领导下，走出了一条适合中国国情的发展道路。
>
> ——《习近平主席在出席世界经济论坛 2017 年年会和访问联合国日内瓦总部时的演讲》，人民出版社 2017 年版，第 11 页。

我国基础设施建设成就举世瞩目，高铁、高速公路、发电机、发电装机容量、互联网基础设施规模居世界第一，同时我国还是世界第一大货物贸易国、第一大外汇储备国，科技领域取得重大成就，知识产权产出居世界前列。2019 年通过专利合作条约途径提交的国际专利申请居世界第一，我国创新指数排名在世界上保持了较快的上升势头。根据商务部公布的资料，我国的服务贸易已经成为全球贸易和经济增长的新动力。过去，我们国家以货物贸易为主，现在转向了以服务贸易为重点的开放型经济新体制，数字技术创新驱动服务贸易新的变革。2019、2020 年两年我国知识密集型服务贸易额占比分别达到 34.7%、44.5%，可数字化服务出口占比超过 50%，位居全球服务外包第二大承接国地位。2021 年 1—7 月，我国服务进出口总额超过 2809.36 亿元，同比增长 7.3%，其中出口 1337.1 亿元，增长 23.2%，进口 1472.06 亿元，下降 4%。我国知识密集型服务进出口额达到了 12868 亿元，增长 11.8%，占服务进出口总额的比重达到了 45.8%，比上一年提升了 1.8 个百分点，预计到 2025 年，我国服务业增加值占比 GDP 比重将达到 60%。

2021 年举行的中国（北京）国际服务贸易交易会，再次展示了我国服务业进出口方面的巨大成就。特别值得自豪的是，面对肆虐全球的新冠肺炎疫情，我国抗疫取得了重要的阶段性战略成果，经济保持了健康稳定发展。2021 年上半年，按照上半年的平均汇率来计算，我国国内生产总值（GDP）达到了 82229 亿美元，这是我们国家统计局公布的数字。根据美国最新公布的上半年数据测算，我国的 GDP 总量首次接近了美国 GDP 总量的 75%，比 2020 年提高了将近 4 个百分点。

历史来看，我们 1978 年和 2020 年这个时间段，1978 年我国 GDP 的份额占全球总量为 1.7%，2020 年跃升至 17%，增加了 10 倍。在这个过程里面，1978 年到 2020 年，美国大约一直保持在全球份额的 25% 的水平上，没有升也没有降，保持了 25%。欧洲的份额从 35% 降到了 21%，俄罗斯从 3% 降到 2%，日本从 10% 降至 6%。通过这一组数据可以看出来，东升西降是一种大的趋势。但是西强东弱依然是现实，这也是总书记始终要求我们要有忧患意识，要继续奋斗，继续改革开放的重要背景和原因。

改革开放以来，人民群众生活水平显著提高，生活质量显著提升，2020 年全国居民恩格尔系数为 30.2%，比 2020 年下降 12 个百分点，我国建成全球规模最大的社会保障体系，截至 2020 年底，全国基本养老、失业、工伤保险参保人数分

山东寿光市农民领到新农保养老金存折

别达到 9.99 亿人、2.17 亿人、2.68 亿人，基本医疗保险覆盖超过 13 亿人，社会保障卡持卡人数达到了 13.35 亿人。2020 年，我国城镇居民和农村居民人均住房建筑面积分别达到 39.9 平方米、49.6 平方米。我国生态环境明显改善，人与自然和谐发展的现代化建设新格局已经形成，2020 年全国地级及以上城市空气质量平均优良天数比例

敲黑板 ◄·······

> 全面建成小康社会，是中国共产党向人民、向历史作出的庄严承诺。以习近平同志为核心的党中央团结带领全党全国各族人民砥砺前行，开拓创新，奋发有为，如期全面建成小康社会，为开启全面建设社会主义现代化国家新征程奠定了坚实基础。

超过 87%，单位国内生产总值能耗比 2015 年下降 13.2%，成为世界上利用新能源和可再生能源的第一大国。2020 年底，新一轮退耕还草、还林总规模达到了 7400 多万亩，应该讲全面建成小康社会的理论与实践深化了对社会主义本质的认识和理解，开拓了社会主义发展的新境界，使科学社会主义在 21 世纪焕发出强大的生机活力，也给那些既希望加快发展，又希望保证自身独立性的发展中国家提供了全新选择，为解决人类发展问题贡献了中国智慧、中国经验和中国方案。

（五）改革开放为中华民族伟大复兴提供了更为主动的精神力量

习近平总书记在庆祝改革开放40周年大会上的讲话中指出，改革开放铸就的伟大改革开放精神，极大丰富了民族精神内涵，成为当代中国人民最鲜明的精神标识。在"七一"重要讲话中，总书记对伟大的改革开放精神又进行了高度概括，他指出："党和国家事业取得历史性成就、发生历史性变革，为实现中华民族伟大复兴提供了更为完善的制度保证、更为坚实的物质基础、更为主动的精神力量。"

以包产到户、生死契约等为代表的开天辟地、敢为人先的首创精神；以精准扶贫为代表的勤奋笃实、绝不空谈的实干精神；以蛟龙和奔月为代表的百折不挠、永不放弃的奋斗精神；以合作共建"一带一路"高质量发展、构建人类命运共同体为代表的开放包容、互利共赢、兼容并蓄的合作精神。改革开放精神是历史积淀和时代实践的集大成者，它根植于中华民族始终保持变革和开放心态来迎接挑战的优秀传统文化基因，发端于人民群众对美好生活的向往和渴求，铸就于人民群众的聪明智慧和伟大实践，汇聚于引领经济全球化时代洪流的伟大跨越，锤炼深化于40多年劈波斩浪、浩荡前行的伟大探索和实践。

改革开放精神具有鲜明的马克思主义理论品质，是解放思想、实事求是的力量，是敢闯敢试、勇于创新的力量，是互利合作、命运与共的力量。改革开放精神是当今中国道路自信、理论自信、制度自信和文化自信的载体与体现，是伟大的中国共产党人精神谱系的重要组成部分，极大丰富了中华民族的精神内涵。

石可破，不可夺其坚；丹可磨，不可夺其赤。在砥砺前行中铸就的伟大改革开放精神，蕴含着中国共产党和中国人民对马克思主义的信仰，对中国特色社会主义的信念，对实现中华民族伟大复兴中国梦的信心，这种信仰、信念、信心是中国人民在过去岁月里风雨无阻、高歌猛进的根本力量，更是在新阶段、新时代、新征程上千帆竞发、百舸争流的不竭动力和更为主动的精神力量。

伟大的改革开放精神，之所以能够成为实现中华民族伟大复兴，更为主动的精神力量，其根本要旨就在于江山就是人民，人民就是江山，打江山、守江山，守的是人民的心。为中国人民谋幸福，为中华民族谋复兴，是中国共产党人的初心和使命，也是改革开放的初心和使命。以最广大人民的根本利益为一切工作的根本出发点和根本落脚点，始终把人民对美好生活的向往作为奋斗目标，充分激发蕴藏在人民群众中的创造力，不断促进人的全面发展、全体人民的共同富裕。

学习在线

　　改革开放的历史伟剧是亿万人民群众主演的。历史充分证明，江山就是人民，人民就是江山，人心向背关系党的生死存亡。赢得人民信任，得到人民支持，党就能够克服任何困难，就能够无往而不胜。反之，我们将一事无成，甚至走向衰败。

　　——《在党史学习教育动员大会上的讲话》，人民出版社 2021 年版，第 15 页。

　　创新是改革开放的生命。

　　实践发展永无止境，解放思想永无止境，创新是改革开放的生命，坚持理论联系实际，及时回答时代之问、人民之问，廓清困扰和束缚实践发展的思想迷雾，不断推进马克思主义中国化、时代化、大众化，发展 21 世纪马克思主义、当代中国马克思主义，不断开辟马克思主义发展新境界，让当代中国马克思主义在实现中华民族伟大复兴的征程上放射出更加灿烂的真谛光芒，是当代中国共产党人责无旁贷的历史责任，更是始终保持中华民族伟大复兴澎湃动力的源泉。

　　要把命运掌握在自己手中，就是要做到志不改、道不变。改革开放 40 多年来，党的全部理论和实践的主题是坚持和发展中国特色社会主义，中国特色社会主义道路是当代中国大踏步赶上时代、引领时代发展的康庄大道，必须长期坚持，毫不动摇走下去。

制度是关系党和国家事业发展的根本性、全局性、稳定性、长期性问题，完善和发展中国特色社会主义制度，为解放和发展社会生产力，解放和增强社会活力，永葆党和国家生机活力，提供了有力保证。为保障社会大局稳定，保障人民安居乐业，保障国家安全，提供了有力保证。为放手让一切知识、劳动、技术、管理、资本等要素的活力竞相迸发，让一切创造社会财富的源泉充分涌流，不断建立充满活力的体制机制。要坚决破除一切妨碍发展的体制机制障碍和利益固化藩篱，加快形成系统完备、科学规范、运行有效的制度体制，推动中国特色社会主义制度更加成熟、更加定型。

解放和发展社会生产力，增强社会主义国家的综合国力，是社会主义的本质要求和根本任务，只有牢牢抓住经济建设这个中心，毫不动摇地坚持发展是硬道理，发展应该是科学发展和高质量发展的战略思想，推动经济社会持续健康发展，才能增强我国的经济、科技、国防综合国力，才能为坚持和发展中国特色社会主义，实现中华民族伟大复兴奠定雄厚物质基础。必须围绕解决好人民日益增长的美好生活需要和不平衡、不充分的发展之间的矛盾这个社会主要矛盾，坚决贯彻创新、协调、绿色、开放、共享的新发展理念，统筹推进"五位一体"

总体布局，协调推进"四个全面"战略布局，推动高质量发展，推动新型工业化、信息化、城镇化、农业农村现代化同步发展，加快建设现代化经济体系，努力实现更高质量、更高效率、更加公平、更可持续的发展。

坚持以供给侧结构性改革为主线，积极转变发展方式，优化经济结构，转换增长动力。积极扩大内需，实施区域协调发展战略，实施乡村振兴战略，实施创新驱动发展战略，完善国家创新体系，加快关键核心技术自主创新，为经济社会发展打造新的引擎。

始终要向世界敞开中国大门。

这就是习近平总书记经常强调的国之重器，国之大者。开放带来进步，封闭必然落后，中国的发展离不开世界，世界的繁荣也需要中国。统筹国际国内两个大局，坚持对外开放的基本国策，实行积极主动的开放政策，形成全方位、多层次、宽领域的全面开放新格局，为我国创造了良好的国际环境，开拓了广阔的发展空间。

要继续高举和平、发展、合作、共赢的旗帜，恪守维护世界和平、促进共同发展的外交政策宗旨，推动建设相互尊重、公平正义、合作共赢的新型国际关系。要发挥负责任大国作用，支持广大发展中国家发展，积极参与全球治理体系改革建设，共同为建设持久和平、普遍安全、共同繁荣、开放包容、清洁美丽的世界而奋斗。支持开放、透明、包容、非歧视性的多边贸易体制，促进贸易投资自由化、便利化，推动经济全球化朝着更加开放、包容、普惠、平衡、共赢的方向发展。以共建"一带一路"为重点，同各方一道打造国际合作新平台，为世界共同发展增添新动力。

🔥加油站

　　"一带一路"是促进共同发展、实现共同繁荣的合作共赢之路，是增进理解信任、加强全方位交流的和平友谊之路。中国将秉丝路精神，与"一带一路"沿线各国共同打造政治互信、经济融合、文化包容的利益共同体、责任共同体和命运共同体。

　　——《推动共建丝绸之路经济带和21世纪海上丝绸之路的愿景与行动》，人民出版社2015年版，第46页。

　　始终坚持党的领导。

　　坚持加强党的领导和尊重人民首创精神相结合，坚持摸着石头过河和顶层设计相结合，坚持问题导向和目标导向相统一，坚持试点先行和全面推进相促进，既鼓励大胆地试、大胆地闯，又坚持实事求是、善做善成，确保了改革开放行稳致远。

"试点"这两个字，在很多重要的决策、重要的部署里面经常会见到，比如 2021 年 5 月 20 日，党中央、国务院印发了《关于支持浙江高质量发展建设共同富裕示范区的意见》，我们在海南自贸港的建设，也是"试点"。改革开放 40 多年来，"试点"这两个字是非常常见的一个词，我们在改革的过程中，怎么样先"试点"，由点到面，不断推广，积累经验，这是一个非常宝贵的经验。改革开放的一个很重要的经验，就是先行先试，通过试点进行推广，以增量改革带动我们的存量的变化和改革，这是一个了不起的创举。既保证了大局的稳定，又确保了我们的整体工作，不因为存量而拖后腿，也不因为增量发展得过快，而破坏或者干扰我们的存量的稳定状态。

心怀国之大者，统筹中华民族伟大复兴战略全局和百年未有之大变局，增强战略思维、辩证思维、创新思维、法治思维、底线思维，加强宏观思考和顶层设计，坚持问题导向，聚焦发展面临的突出矛盾和问题，既敢为天下先，敢闯敢试，又积极稳妥，蹄疾步稳，把改革、发展、稳定统一起来，坚持方向不变、道路不偏、力度不减，推动新阶段、新征程改革开放走得更稳、走得更远，为中华民族伟大复兴提供更加澎湃的更为主动的精神力量。

（六）为中华民族伟大复兴提供根本遵循和信心之源。

伟大梦想不是等来的、喊来的，而是拼出来的、干出来的。新征程上，我们所处的是一个"船到中流浪更急、人到半山路更陡"的时候，是一个愈进愈难、愈进愈险，而又不进则退、非进不可的时候。改革开放已经走过千山万水，但仍需要跋山涉水，使命更光荣，任务更艰巨，挑战更艰巨，工作更伟大，新时代新征程上，习近平总书记指出，我们绝不能有半点骄傲自满、固步自封，也绝不能有丝毫犹豫不决、徘徊彷徨，必须统揽伟大斗争、伟大工程、伟大事业、伟大梦想，勇立潮头、奋勇搏击。

中国人民历来具有伟大梦想精神，中华民族充满变革和开放的精神，中华民族的先民们就秉持"周虽旧邦，其命维新"的精神，开启了缔造中华民族的伟大实践。自古以来，中国大地上发生了无数变法、变革、图强运动，留下了"治世不一道，便国不法古"的豪迈宣言。自古以来中华民族就有天下大同、协和万邦的宽广精神，自信而大度地开展同域外民族交往和文化交流。曾经谱写了"万里驼铃万里波"的浩浩丝路长歌，也曾经创造了"万国衣冠会长安"的盛唐气象。正是这种"天行健，君子以自强不息，地势坤，君子以厚德载物"的变革和开放精神，使中华文明成为人类历史上唯一一个绵延五千多年至今未曾中断的灿烂文明。

以数千年大历史观观之，变革和开放总体上是中国的历史常态，中华民族以改革开放的姿态继续走向未来，是有着深刻的历史渊源和深厚的文化根基的。改革开放之初，我们国家大，人口多，底子薄，面对重重困难和挑战，但是，以邓小平同志为主要代表的中国共产党人，对未来充满着信心，设计了用70多年分三步走，基本实现社会主义现代化的宏伟蓝图。没有非凡的胆略、坚定的自信不可能做出这样的宏伟构想和决策。

我们党的优势，我们国家的优势，是善于利用长周期，我们"长规划短计划，长计划短安排"，这样一环扣一环，一步接着一步往前走，这也是我们的制度和体制的优势。

📖 **学习在线** ◀

> 我们要拿出抓铁有痕、踏石留印的韧劲，以钉钉子精神抓好落实，确保各项重大改革举措落到实处。我们既要敢为天下先、敢闯敢试，又要积极稳妥、蹄疾步稳，把改革发展稳定统一起来，坚持方向不变、道路不偏、力度不减，推动新时代改革开放走得更稳、走得更远。
> ——《在庆祝改革开放40周年大会上的讲话》，人民出版社2018年版，第37页。

四、结　语

改革开放40多年来，我们咬定青山不放松，风雨无阻地朝着这个伟大目标前进。党的十九大对我国发展提出了更高的

奋斗目标，形成了从全面建成小康社会到基本实现现代化，再到全面建成社会主义现代化强国的战略安排，发出了实现中华民族伟大复兴中国梦的最强音。

改革开放只有进行时，没有完成时。以习近平同志为核心的党中央，以巨大的政治勇气，历史担当和政治智慧，坚持顶层设计和尊重人民群众的首创精神的辩证统一，更加注重改革的系统性、整体性和协调性，坚定不移地扩大对外开放，推动构建人类命运共同体，提出了一系列富有中国特色，体现时代精神，引领人类发展进步潮流的新理念、新主张、新倡议、新举措，开创了新时代高水平对外开放的新局面，为全面建成小康社会，夺取新时代中国特色社会主义伟大胜利，提供了有力的支撑，为人类的共同事业作出了新的更大的贡献。

2021年2月，习近平总书记在党史学习教育动员大会上的重要讲话中指出，要把苦难辉煌的过去、日新月异的现在、光明宏大的未来贯通起来，在乱云飞渡中把牢正确方向，在风险挑战面前砥砺胆识，不断提高政治判断力、政治领悟力、政治执行力，激发为实现中华民族伟大复兴而奋斗的信心和动力，风雨无阻，坚毅前行，开创属于我们这一代人的历史伟业。

习近平总书记先后在中央政治局会议、中央党校中青班开班式、全国两会团组讨论，以及到地方考察调研时等多个重要场合，就这个问题反复进行强调，又作出一系列重要的论述。

在庆祝中国共产党成立 100 周年大会上，习近平总书记系统回顾我们党成立 100 年，新中国成立 70 多年，改革开放 40 多年开辟的伟大道路、创造的伟大事业、取得的伟大成就，郑重宣示了坚持和发展新时代中国特色社会主义、向全面建成社会主义现代化强国的第二个百年奋斗目标迈进的坚定决心，深刻阐述了以史为鉴、开创未来的根本要求，向全体党员发出了为党和人民争取更大光荣的伟大号召。新的征程上，必须充分发挥党总揽全局、协调各方的领导核心作用；必须紧紧依靠人民创造历史，推动人的全面发展、全体人民共同富裕取得更为明显的实质性进展；必须坚持把马克思主义基本原理同中国具体实际相结合、同中华民族传统文化相结合，用马克思主义观察时代、把握时代、引领时代，继续发展当代中国马克思主义、21 世纪马克思主义；必须坚持全面深化改革开放，立足新发展阶段，完整、准确、全面贯彻新发展理念，构建新发展格局，推动高质量发展；必须全面贯彻新时代党的强军思想，把人民军队建设成为世界一流军队；必须高举和平、发展、合作、共赢旗帜，奉行独立自主和平外交政策，坚持走和平发展道路，推动建设新型国际关系，推动构建人类命运共同体，推动构建"一带一路"高质量发展；必须增强忧患意识，始终居安思危，贯彻总体国家安全观，统筹发展和安全，统筹中华民族伟大复兴战略全局和世界百年未有之大变局；必须坚持大团结大联合，汇聚起实现中华民族复兴的磅礴力量；必须不断推进党的建设新的伟大工程。

延伸阅读

在新时代，中国人民将继续自强不息、自我革新，坚定不移全面深化改革，逢山开路，遇水架桥，敢于向顽瘴痼疾开刀，勇于突破利益固化藩篱，将改革进行到底。中国人民将继续大胆创新、推动发展，坚定不移贯彻以人民为中心的发展思想，落实新发展理念，建设现代化经济体系，深化供给侧结构性改革，加快实施创新驱动发展战略、乡村振兴战略、区域协调发展战略，推进精准扶贫、精准脱贫，促进社会公平正义，不断增强人民获得感、幸福感、安全感。

——《开放共创繁荣　创新引领未来：在博鳌亚洲论坛2018年年会开幕式上的主旨演讲》，人民出版社2018年版，第9—10页。

习近平总书记的"七一"重要讲话及其一系列重要论述，站在历史和全局的高度，全面系统地总结了党的百年奋斗、改革开放 40 多年积累的宝贵经验和实践启示，深刻阐明了在新征程上推进党和国家事业，实现中华民族伟大复兴的一系列重大问题，代表党中央向全体党员和中国人民发出了伟大号召。总书记"七一"重要讲话通篇闪耀着马克思主义真理的光芒，是一篇光辉的马克思主义纲领性文件，是新时代新征程中国共产党人初心使命的政治宣言，是团结带领中国人民以史为鉴、开创未来、走新的赶考之路的行动纲领，是实现中华民族伟大复兴的根本遵循和信心之源、信念之基、信仰之本，也是我们开展党史学习教育和"四史"学习教育的最好的教材、最权威的教材。

信仰、信心、信念，任何时候都至关重要，小到一个人、一个集体，大到一个政党、一个民族、一个国家。只要有信仰、有信心、有信念，就会越挫越奋、越战越勇，百年奋斗历程如此，未来征程更是如此。习近平总书记在"七一"重要讲话中的重要论述，以及一系列的重要讲话，亮明了当代中国共产党人对马克思主义的不变信仰，对中国特色社会主义的坚定信念，对实现中华民族伟大复兴中国梦的无比信心，对改革开放的坚定不移的宣示。信心、信仰、信念汇聚起来就是一句话，中国人民和中华民族在百年奋斗和改革开放历史进程中积累的强大能量已经充分爆发出来了，已经为实现中华民族伟大复兴提供了势不可当的磅礴力量。

在党史学习教育和"四史"学习中，我们要按照习近平总书记"七一"重要讲话要求，高举中国特色社会主义伟大旗帜，不忘初心、牢记使命，将改革开放进行到底，在实现第二个百年奋斗目标，实现中华民族伟大复兴的新征程上不断创造中华民族新的更大奇迹，不断创造让世界刮目相看的新的更大奇迹。

习近平总书记指出，"历史是最好的老师"，"历史是最好的教科书"。重视总结实践经验是马克思主义认识论的一个基本要求，重视学习和总结历史，善于借鉴和运用历史经验，也是我们党的优良传统。我们党就是通过正确总结实践经验而不断提高，不断成熟，不断走向胜利的。《改革开放简史》是党史学习教育的重要参考材料，是面向全社会开展"四史"宣传教育的重要用书。

《改革开放简史》坚持以习近平新时代中国特色社会主义思想为指导，全面体现习近平总书记关于党史、新中国史、改革开放史、社会主义发展史的重要论述，深入贯彻习近平总书记在庆祝中国共产党成立100周年大会上的重要讲话精神，以我们党关于历史问题的两个《决议》和党中央有关精神为依据，准确、深刻、简明地阐述了

敲黑板

习近平总书记深刻把握国内国际局势特点趋势，科学地作出了统筹中华民族伟大复兴战略全局和世界百年未有之大变局的重要论断。

我国改革开放 40 多年壮阔实践史，对于帮助广大党员干部和群众更好学习理解历史、树立正确历史观，更加自觉地坚持以史为鉴、开创未来具有重要意义。

快问快答

1. 习近平总书记强调，中国开放的大门不会关闭，只会越开越大。当今，国际政治经济形势发生了很大的变化，开放的环境也在面临很大的挑战，如何看待对于未来中国构建更高水平开放的前景？

答：这个问题的核心问题就是开门和关门的问题。我们走到了今天，任何人都不可能把自己关在小黑屋里搞发展，因为世界是"平"的。任何人也不可能让澎湃的江河再龟缩到一个小泥潭里面去。习近平总书记多次强调，中国开放的大门永远不会关闭，只会越开越大。从现在来看，可以用三句话来概括我们现在面临的时代背景：一是百年未有之大变局，二是疫情大流行，三是中美大博弈。

我们现在经常听到两个词：一个叫脱钩，一个叫断链。面对三重叠加的压力和挑战，疫情的发展和衍生的影响日趋复杂，国际政治经济领域的风险不断地在累积、发酵，这些问题增加了我们外部条件的不确定性，这是客观事实。但是，不能因为外界条件的变化，就把开放的大门关上。

习近平总书记在 2021 年中国国际服务贸易交易会全球服务贸易峰会上的致辞中指出，"服务贸易是国际贸易的重要组成部分和国际经贸合作的重要领域，在构建新发展格局中具有重要作用。我们愿同各方一道，坚持开放合作、互利共赢，共享服务贸易发展机遇，共促世界经济复苏和增长。"经过一段时间的检验，时间会证明把自己关在小黑屋里好，还是打开窗子，走出门口，去晒到明媚的阳光好。所以，从这个角度，怎么看困难的问题，怎么看机遇的问题。我们中国人有一种非常好的智慧，就是善于把困难变为机会，把挑战变为机会，把压力变为动力，推动我们的事业更好地发展。

2. 如何从《改革开放简史》这本书的角度更好地理解"四个伟大"的内在逻辑和重要意义？

答：第一，坚持和发展中国特色社会主义，是改革开放以来我们党全部理论和实践的鲜明主题。中国特色社会主义形成和诞生于改革开放，也发展、拓展、丰富于改革开放40多年的砥砺前行之中。从这个角度来讲，它解决了我们的绝对贫困问题，解决了我们的小康问题，解决了我们的中国式现代化道路问题，解决了我们的中国特色社会主义道路问题。从这个角度来讲，这是革命性的飞跃，这应该是一个源头和结果的关系。

第二，改革开放40多年来，在改革开放精神的引领之下，党团结带领人民开创建设中国特色社会主义新的伟大实践所进行的伟大斗争，建设的伟大工程，推进的伟大事业，实现的伟大梦想，就是实现中华民族伟大复兴的中国梦。中国梦是什么？就是实现中华民族伟大复兴。实现中华民族伟大复兴就是我们的中国梦，这个梦不是来自于今天。实现中华民族伟大复兴的中国梦诞生于 1840 年，诞生于半殖民地半封建社会，从那个时候起，一代一代的中国人不断奋起，一次又一次地失败，无数仁人志士为此而抱终天之恨。后来孙中山先生提出了很多理念，但是没有成功，为什么没有成功呢？因为他的道路，他的一些想法，不符合当时中国的实际。历史证明，只有中国共产党符合，中国共产党确实是在真心为实现中华民族伟大复兴而谋划、而奋斗。正如习近平总书记在"七一"重要讲话里讲的，中国共产党一经诞生，就把为中国人民谋幸福、为中华民族谋复兴确立为自己的初心使命。

第三，习近平总书记在庆祝改革开放 40 周年大会上的讲话中，就把改革开放精神概括为"十个始终坚持"。这"十个始终坚持"形成的经验和启示，在改革开放 40 多年的实践中被证明是正确的。在第二个百年奋斗目标的征程上，这"十个始终坚持"是我们的根本遵循，同时也需要我们在新的阶段结合新的特点，不断地丰富和发展这"十个始终坚持"，让它永葆常青。

过去，我们走过 40 多年的改革开放之路，未来的改革开放之路，也需要我们用改革开放精神蹚出来，用改革开放精神去把它拓展、拓平、拓宽，最终实现我们中华民族伟大复兴的中国梦，这是从 1840 年以来我们中国人的梦想。

3. 中国特色社会主义的扶贫开发道路的基本经验有哪些？

对我国今后逐步实现共同富裕和其他发展中国家探索现代化之路有哪些可供借鉴的方案和经验？

答：习近平总书记在脱贫攻坚总结大会上对我们的脱贫攻坚精神作了非常系统、非常全面、高屋建瓴、令人震撼的总结。脱贫攻坚精神是我们党伟大建党精神的重要组成部分。通过学习总书记关于脱贫攻坚精神的论述，可以概括为以下几个核心要素。

第一，蕴含着领袖情怀、人民至上的担当精神。任何一个国家、任何一个执政党都想解决贫困问题，关键看能不能解决贫困问题。在一个14亿多人口的国家里解决绝对贫困问题，是一个难上加难、相当不容易的事情。但是，成就非凡事业，必须有非凡担当，作为大国领袖，作为人民领袖，党的十八大以来，习近平总书记走遍了每一个连片贫困地区，十几次亲自到贫困农户的炕头上、板凳上、田井里，跟老百姓坐在一起谈论脱贫攻坚的问题，听一个个贫困群众讲情况。他举旗定向，身体力行，率先垂范，作出的一系列重要讲话，作出的一系列指示批示，部署的一系列督察督办的事项，生动诠释了大国领袖的为民情怀和担当精神。

第二，蕴含着精准施策、尽锐出战的科学精神。脱贫攻坚是个技术活，既要有坚定信念，科学方法也很重要。2013年11月，习近平总书记在湖南湘西十八洞村考察的时候明确提出了要精准扶贫。后来习近平总书记多次强调脱贫攻坚，

"贵在精准，重在精准，成败之举在于精准"。这是我们党领导全国人民打赢脱贫攻坚战的战略安排和科学方法。扶贫的关键是怎么体现精准。致贫原因有很多，贫困人口基数也很大，资源也有限，决胜脱贫工作，周期又非常迫切。面对这些问题，我们怎么办呢？要做到扶持对象精准，项目安排精准，资金使用精准，措施到户精准，因村派人精准，脱贫成效精准，不搞"无差别对待"，不搞"大水漫灌"。脱贫攻坚"不能用手榴弹去炸跳蚤"，必须因村、因户、因人去施策，把扶贫扶到底上，扶到根上。比如说我们建档立卡、数据共享、数据分析，易地搬迁、就业扶贫、危房改造，教育扶贫、健康扶贫、生态扶贫，这一系列的实践创新，形成的理论创新，对世界上任何一个希望走出绝对贫困的国家和地区来讲都有借鉴意义。这就是我们的中国方案，其中蕴含的就是我们的中国智慧。

第三，蕴含着咬定目标、苦干实干的奋斗精神。习近平总书记早在2015年就将奋斗精神讲得很清楚，"脱贫攻坚战的冲锋号已经吹响。我们要立下愚公移山志，咬定目标、苦干实干，坚决打赢脱贫攻坚战，确保到2020年所有贫困地区和贫困人口一道迈入全面小康社会。"党的十八大以来，面对我们脱贫攻坚目标，党中央加强顶层设计，把脱贫攻坚纳入了"五位一体"总体布局、"四个全面"战略布局，作为第一个百年奋斗目标的重点任务，全面部署、全面推进、重点督察，全面打响了脱贫攻坚战。如今，我们打赢脱贫攻坚战、全面建成小康社会，在这中间付出的艰辛，付出的努力，付出的汗水，都是了不得的。贫困这块"冰"非一日之寒，破"冰"之功非一春之暖。做好扶贫开发工作，没有踏石留印、抓铁有痕的劲头，没有钉钉子精神，持而不懈地抓下去是不可能的。到最后，都是最硬的骨头，不好啃的；都是最险的滩，不好过的；都是最陡的坡，不好上的。所以不尽锐出战，不一个节点一个节点地守，一个问题一个问题地破，一项一项地推，步步为营，是不可能打赢脱贫攻坚战的。

第四，蕴含着自力更生、通力协作的团结精神。我们打赢脱贫攻坚战靠的是自己的力量，我们靠自力更生、通力协作，我们以群众为主体，扶贫、扶志、扶智，以输血促造血，以工代赈、生产奖补、劳务补助，这是自力更生。我们搞脱贫，在一些项目上，我们体现中国特色，符合贫困地区的贫困项目，我们搞产业扶贫，比如我们的光伏，我们易地搬迁扶贫，我们的旅游扶贫，我们的就业扶贫、教育扶贫、生态扶贫；在机制上，我们建立了一整套的脱贫攻坚的责任体系，有政策、有投入、有帮扶、有社会动员、有考评；在力量上，党中央统一领导，政府投入为主体和主导，通过东西协作、党政机关定点帮扶、军队和武警部队帮扶、社会力量参与帮扶，形成了具有中国特色的大扶贫格局，这是通力协作。体现的是全社会共同来抓的自力更生、通力协作的团结精神。

第五，蕴含着我将无我、敢于牺牲的奉献精神。自脱贫攻坚战以来，我们有这一批人，黄大发、黄文秀、王传喜……，他们的名字已经留在我们中华民族的历史上，因为他们为打赢脱贫攻坚战付出了一切。习近平总书记讲过一句通俗易懂的话，致富不致富，关键看干部。我们干部在这里面发挥了很大的作用。我们派了几十万干部担任第一书记，派出了几百万的干部驻村帮扶，我们的扶贫工作人员，我们的第一书记，我们的驻村干部、基层干部，勠力同心，并肩战斗，充分发扬了"我将无我、不负人民"的豪迈气概。带领贫困人民一起和贫困作斗争，他们的汗水和贫困人口的汗水流在了一起，浇铸出了脱贫攻坚战这朵鲜花。如果是没有这个，很难。习近平总书记在 2021 年秋季学期中央党校（国家行政学院）中青年干部培训班开班仪式上对青年干部提出了几点要求，其中之一就是组织上安排年轻干部去艰苦边远地区工作，是信任更是培养，年轻干部应该以此为荣、争先恐后。刀要在石上磨、人要在事上练，不经风雨、不见世面是难以成大器的。所以，我将无我、敢于牺牲的奉献精神在脱贫攻坚战的胜利中起到了非常重要的作用。

青年说

改革开放是决定当代中国前途命运的关键一招。改革与开放相辅相成、相互促进。改革是开放的基础，开放是改革的应有之意。改革和开放同为实现社会主义事业发展的重要手段，是实现中华民族伟大复兴的必由之路。新时代，唯有坚持更深刻改革，更高质量开放，才能实现中华民族伟大复兴的中国梦。

——鹿艳梅（最高人民检察院检心向党队）

波澜壮阔的改革开放史，是党领导人民推进社会主义制度自我完善和发展的实践史，是集中展现决定当代中国命运的关键抉择和实践探索的壮丽画卷。无数精彩瞬间都见证了我们党不忘初心、维护核心、服务中心的奋斗历程，更激励着我们以史为鉴，开创未来。

——朱少婷（中国银行学史崇德队）

"周虽旧邦，其命维新。""改革，以更功具，以新政要。"古之革新，成者或开一国之盛，或革一朝之患，或建一世之功，而由中国共产党带领全国人民开启的改革开放，改变了祖国和人民的命运，实现了新中国成立以来党的历史上具有深远意义的伟大转折。

——梁冰（中国银保监会同心聚力队）

学以致用

1.1978年5月11日，_____发表本报特约评论员文章《实践是检验真理的唯一标准》，引发真理标准问题的大讨论，成为解放思想的先声。

A.《光明日报》

B.《人民日报》

C.《中国日报》

D.《中国青年报》

2.党的_____确立了解放思想、实事求是的思想路线，作出把党和国家工作重心转移到经济建设上来、实行改革开放的历史性决策。

A.十一届三中全会

B.十二大

C.十三大

D.十四大

3._____年9月5日，邓小平在会见捷克斯洛伐克总统胡萨克时，提出了"科学技术是第一生产力"的著名论断。

A.1987

B.1988

C.1989

D.1990

4.1984 年 4 月，开放的 14 个港口城市中，其中有 _____ 个是山东省城市。

A.0

B.1

C.2

D.3

5.党的 _____ 立足于中国已经解决温饱、人民生活总体达到小康水平的基础，进一步提出了全面建设小康社会的构想。

A.十四大

B.十五大

C.十六大

D.十七大

6.党的 _____ 确定"两步走"战略，即 20 世纪 80 年代的 10 年主要是打好基础的阶段，要实现工农业总产值翻一番的目标，基本上解决人民的温饱问题；20 世纪 90 年代的 10 年为起飞阶段，工农业总产值再翻一番，人民生活达到小康水平。

A.十二大

B.十四大

C.十三大

D.十五大

7.党的 _____ 通过《中共中央关于加快农业发展若干问

题的决定》，明确指出政策是否符合发展生产力需要，要看这种政策能否调动劳动者的生产积极性；允许社、队在国家统一计划的指导下因时因地制宜，保障自主权，发挥主动性。

A.十一届三中全会

B.十一届四中全会

C.十三大

D.十四大

8."打酱油的钱不能打醋"，是改革开放之初国营企业普遍存在的管理状况。扩大企业自主权、改革分配制度、打破"大锅饭"。成为 _____ 改革的内在要求。

A.民营企业

B.农村体制

C.国营企业

D.城乡体制

9.创办 _____ ，是坚持实事求是、敢为人先的实践创新，在体制改革中发挥了试验田的作用，在对外开放中发挥了重要窗口作用。

A.粤港澳大湾区

B.绿色通道

C.经济特区

D.行政特区

10.党的十二大把"长期共存、互相监督"的"八字方针"，发展为"_____、_____、_____、_____"的"十六字方针"。

A. 长期共存、互相监督、肝胆相照、荣辱与共

B. 长期共存、互相监督、同甘共苦、肝胆相照

C. 长期共存、互相监督、坚持发展、荣辱与共

D. 长期共存、互相监督、肝胆相照、和谐共处

11. 党的十五大明确，_____ 是党领导人民治理国家的基本方略，是发展社会主义市场经济的客观需要，是社会文明进步的重要标志，是国家长治久安的重要保障。

A. 深化改革

B. 从严治党

C. 治国理政

D. 依法治国

12. 1995年5月，党中央、国务院颁布《关于加速科学技术进步的决定》，动员全党和全社会实施 _____ 战略，加速全社会科技进步，全面落实科学技术是第一生产力的要求。

A. "一带一路"

B. 京津冀协同发展

C. 科教兴国

D. 长江经济带

13. 2001年11月10日，在卡塔尔首都多哈举行的世贸组织第四届部长级会议，通过了《关于中国加入世界贸易组织的决定》。12月11日，中国正式成为世贸组织第 _____ 名成员。

A.142

B.143

C.145

D.146

14.1991 年初，_____ 爆发，这场局部战争是机械化战争向信息化战争的转折点，引发了世界性的军事变革浪潮。

A. 海湾战争

B. 波黑战争

C. 科索沃战争

D. 俄格战争

15. 党的十六届五中全会提出建设社会主义新农村的战略任务，明确提出建设"生产发展、_____、_____、_____、"的社会主义新农村，推进现代农业建设，大力发展农村公共事业。

A. 生活宽裕、绿色农村、村容整洁、管理民主

B. 生活宽裕、乡风文明、村容整洁、管理民主

C. 生活宽裕、乡风文明、文化建设、管理民主

D. 生活宽裕、乡风文明、村容整洁、乡村振兴

16. 香港、澳门回归后，中央政府坚持"一国两制""港人治港""澳人治澳"、高度自治的方针，严格按照 _____ 和基本法办事；全力支持行政长官和特别行政区政府依法施政，集中精力发展经济、切实有效改善民生、循序渐进推进民主、

包容共济促进和谐。

A. 民法典

B. 刑法

C. 宪法

D. 行政法

17. 社会主义和谐社会的内涵是：民主法治、公平正义、_____、_____、_____、_____。

A. 从严治党、依法治国、公平平等、团结互助

B. 反腐倡廉、国家富强、民族振兴、人民幸福

C. 安居乐业、社会安定、长治久安、创新发展

D. 诚信友爱、充满活力、安定有序、人与自然和谐相处

18. 党的十六届四中全会审议通过《中共中央关于加强党的执政能力建设的决定》。全会明确，要通过全党共同努力，使党始终成为立党为公、执政为民的执政党，成为科学执政、民主执政、依法执政的执政党，成为 _____、_____、_____、_____ 的执政党。

A. 科学民主、开拓创新、勤政高效、清正廉洁

B. 求真务实、开拓创新、勤政高效、清正廉洁

C. 求真务实、开拓创新、反腐倡廉、清正廉洁

D. 求真务实、改革创新、反腐倡廉、清正廉洁

19. 党的 _____ 是党的生命所系、力量所在，事关党执政地位的巩固和执政使命的完成，是领航中国始终走在时代前

列的源泉所在。

A. 先进性

B. 民主性

C. 法治性

D. 创新性

20.2013 年 3 月，习近平在十二届全国人大一次会议上指出，实现中华民族伟大复兴的中国梦，就是要实现 _____、_____、_____，必须走中国道路、弘扬中国精神、凝聚中国力量。

A. 国家富强、共同富裕、人民幸福

B. 国家富强、共同富裕、解放思想

C. 国家富强、民族振兴、解放思想

D. 国家富强、民族振兴、人民幸福

21. _____，体系严整、逻辑严密、内涵丰富、博大精深，闪耀着马克思主义真理光辉，是当代中国马克思主义、21 世纪马克思主义。

A. 科学发展观

B. 习近平新时代中国特色社会主义思想

C. 邓小平理论

D. "三个代表"重要思想

22.2021 年 1 月 28 日，习近平在主持十九届中央政治局第二十七次集体学习时指出，进入新发展阶段，必须更加注重高质量发展、更加注重共同富裕、更加注重人的全面发展、更加注重人与自然和谐共生、更加注重制度完备、更加注重为 _____ 贡献中国智慧和中国方案。

A. 新发展理念

B. 民族利益

C. 国家主权

D. 全球治理

23. 2021 年 7 月 9 日，习近平在中央全面深化改革委员会第二十次会议上强调，加快构建 _____ ，是把握未来发展主动权的战略举措，是为了在各种可以预见和难以预见的惊涛骇浪中增强生存力、竞争力、发展力、持续力，是一场需要保持顽强斗志和战略定力的攻坚战、持久战。

A. 新发展阶段

B. 新发展理念

C. 新发展格局

D. 新发展战略

24. 小康不小康，关键看老乡。全面建成小康社会、实现第一个百年奋斗目标，农村贫困人口 _____ 是一个标志性指标，最艰巨最繁重的任务在农村，特别是在贫困地区。

A. 全部脱贫

B. 绝对脱贫

C. 基本脱贫

D. 部分脱贫

25. 2021 年 7 月，习近平在中央全面深化改革委员会第二十次会议上强调指出，要持续深化 _____ ，统筹推进重要领域和关键环节改革，强化有利于提高资源配置效率、有利于调动全社会积极性的重大改革。

A. "放管服"改革

B. 资源配置

C. 供给侧结构性改革

D. 创新体制机制

26. 2021 年 2 月，习近平在全国脱贫攻坚总结表彰大会上指出，_____ 是实现中华民族伟大复兴的一项重大任务，要坚持把解决好"三农"问题作为全党工作重中之重。

A. 脱贫攻坚

B. 区域协同发展

C. 新型城镇化

D. 乡村振兴

27. 2021 年 7 月 1 日，习近平在庆祝中国共产党成立 100 周年大会上的讲话中强调，新征程上，"贯彻党的群众路线，尊重人民 _____ ，践行以人民为中心的发展思想，发展全过程人民民主"。

A. 首创精神

B. 创新精神

C. 劳模精神

D. 建党精神

28. 2014 年 10 月，习近平主持召开文艺工作座谈会并作重要讲话，强调实现中华民族伟大复兴需要中华文化繁荣兴盛，_____ 是社会主义文艺的灵魂，要创作无愧于时代的优秀作品，坚持以人民为中心的创作导向，加强和改进党对文艺工作的领导。

A. 改革开放精神

B. 中国精神

C. 民族精神

D. 抗战精神

29. 党的十九大把防范化解重大风险作为决胜全面建成小康社会三大攻坚战的 _____ 。

A. 重要战役

B. 根本战役

C. 首要战役

D. 次要战役

30. 2021 年 5 月，习近平出席全球健康峰会并发表重要讲话，就提高应对重大突发公共卫生事件能力和水平提出五点意见：坚持 _____ 、_____ ；坚持科学施策，统筹系统应对；坚持同舟共济，倡导团结合作；坚持公平合理，弥合"免疫鸿沟"；坚持标本兼治，完善治理体系。

A. 人民至上、生命至上

B. 党的事业至上、人民利益至上

C. 国家至上、人类至上

D. 法治至上、信念至上

1. 为什么说党的十一届三中全会是历史性的伟大转折？

2. 如何理解"实现中华民族的伟大复兴进入了不可逆转的历史进程"？

第6讲参考答案

1—5　A A B C C　　　6—10　A B C C A　　　11—15　D C B A B

16—20　C D B A D　　21—25　B D C A C　　26—30　D A B C A

第**7**讲

社会主义的渊源、使命与前景：

《社会主义发展简史》导读

2021 年 11 月 1 日

张磊

　　《社会主义发展简史》编写组首席专家、主要负责人，经济日报社原副总编辑，四川大学马克思主义学院讲座教授、名誉院长。长期从事党的宣传和理论工作，曾任中共中央宣传部理论局巡视员兼副局长，并主持中央马克思主义理论研究和建设工程办公室工作。

▶ 重要论述 ◀

以史为鉴、开创未来，必须坚持和发展中国特色社会主义。走自己的路，是党的全部理论和实践立足点，更是党百年奋斗得出的历史结论。中国特色社会主义是党和人民历经千辛万苦、付出巨大代价取得的根本成就，是实现中华民族伟大复兴的正确道路。我们坚持和发展中国特色社会主义，推动物质文明、政治文明、精神文明、社会文明、生态文明协调发展，创造了中国式现代化新道路，创造了人类文明新形态。

——习近平在庆祝中国共产党成立 100 周年大会上的讲话（2021 年 7 月 1 日）

前进征程上，我们要坚持中国共产党领导，坚持人民主体地位，坚持中国特色社会主义道路，全面贯彻执行党的基本理论、基本路线、基本方略，不断满足人民对美好生活的向往，不断创造新的历史伟业。

——习近平在庆祝中华人民共和国成立 70 周年大会上的讲话（2019 年 10 月 1 日）

社会主义500多年历史，演绎了无数动人的故事，它是一部为真理而献身、为主义而奋斗、为信仰而坚守的历史。科学社会主义创立170多年来无数志士仁人前仆后继、不屈不挠，亿万人民群众紧紧追随、英勇斗争。作为科学社会主义创始人，马克思把毕生心血、才华乃至生命献给了无产阶级事业。

社会主义制度在中国的确立，实现了中国历史上最深刻最伟大的社会变革，从此中国走上了社会主义道路。这是中华民族历史发展进程中的一个新的起点，为当代中国一切发展进步奠定了根本政治前提和制度基础，具有深远的历史意义。

改革开放以来，我们党领导人民坚定不移、接力探索，开辟了中国特色社会主义道路，创立了中国特色社会主义理论体系，不断发展和完善了中国特色社会主义制度，建设和繁荣了中国特色社会主义文化，将中国社会主义推进到一个崭新阶段，开辟了社会主义的新纪元。

本讲要点

《社会主义发展简史》的编写紧紧围绕社会主义发展的历史主题、历史脉络、历史规律，紧紧围绕中国特色社会主义的历史逻辑、理论逻辑、实践逻辑。在全面掌握史料和文献的基础上精心起草、编写修改。编写体现了几条具体要求：第一，坚持以习近平新时代中国特色社会主义思想为指导；第二，坚持以中国特色社会主义为主要视角；第三，坚持正确的历史观和科学精神相统一。

《社会主义发展简史》的主要内容，全书总共8章，可以分作四个单元，一是社会主义从空想的科学发展，包括序言、第一章、第二章；二是社会主义从理论运动到实践制度的探索，包括第三章、第四章、第六章；三是社会主义在中国的发展，包括第五章、第七章；四是中国特色社会主义进入新时代，主要是第八章和结束语。

怎样学好《社会主义发展简史》，第一，要把握社会主义发展的历史全貌，更深刻地认识社会主义发展的规律，从而树立牢不可破的理想信念。第二，注重学习正反两方面的经验教训，搞清楚成败得失的原因，以更加清醒地推进我们的事业。第三，要把学史实和学精神结合起来。铭记先辈对社会主义事业的忠诚，涵养强大的精神力量。第四，要深刻体悟我们党的初心使命。认识我们今天成功的根本原因，永远与人民站在一起。

一、《社会主义发展简史》的编写情况

更多精彩，扫码观看本讲视频

《社会主义发展简史》是按照党中央的统一部署，为庆祝中国共产党成立100周年，配合全党开展党史学习教育，由中宣部组织有关专家学者编写的，全书共计22.8万字，总共8章。课题组认真学习习近平总书记关于《社会主义发展简史》一系列重要论述，学习"四史"教育的有关要求。紧紧围绕社会主义发展的历史主题、历史脉络、历史规律，紧紧围绕中国特色社会主义的历史逻辑、理论逻辑、实践逻辑。在全面掌握史料和文献的基础上精心起草、编写修改。目的是要编写一部导向正确、史实准确、观点鲜明、语言生动，适合于全党特别是基层党员学习的《社会主义发展简史》，同时希望这本书能够适合青年和普通群众的学习。编写体现了如下几条具体要求：

第一，坚持以习近平新时代中国特色社会主义思想为指导。党的十八大以来，习近平总书记对社会主义发展史进行了许多的论述，本书就是以习近平总书记的一系列重要论述为遵循，充分吸收近些年来史学界、思想理论界关于社会主义史、国际共产主义运动史的最新成果和丰富素材。例如从人类社会发展规律高度，展现社会主义从空想到科学、从理论运动到实践制度、从一国到多国、从初步探索到全面改革、从开辟中国特色社会主义道路到迈进中国特色社会主义新时代这样一个百折不回、开拓前进、波澜壮阔的历史面貌。

编写坚持以大历史观来把握历史线索，分析历史演变，探究历史规律，用有说服力的材料来阐述历史事件和历史人物。要充分展示世界社会主义 500 多年、科学社会主义 170 多年、中国共产党为社会主义事业奋斗 100 多年的伟大历程，帮助广大干部群众深入了解社会主义发展的历史过程、社会主义的理论与实践。

📖 学习在线 ◀·····

历史发展有其规律，但人在其中不是完全消极被动的。只要把握住历史发展规律和大势，抓住历史变革时机，顺势而为，奋发有为，我们就能够更好前进。马克思、恩格斯早在 170 多年前就科学揭示了社会主义必然代替资本主义的历史规律。这是人类社会发展不可逆转的总趋势，但需要经历一个很长的历史过程。在这个过程中，我们要立足现实，把握好每个阶段的历史大势，做好当下的事情。

——《在党史学习教育动员大会上的讲话》，人民出版社 2021 年版，第 13 页。

第二，坚持以中国特色社会主义为主要视角。中国视角，是毛泽东同志对党史编写的原则要求。编写《社会主义发展简史》也应当遵循这样的原则，因为本书是我们党组织编写的，是供广大党员和群众学习的，理所当然的要体现我们中国共产党的视角和观点。实际上古今社会主义史、中外社会主义史汗牛充栋，各种政治观点、各种历史背景、各种偏好都有，可以说政治目的各异，出版动机多元，对这些材料要去粗取精、去伪存真、汲取精华为我所用。编写《社会主义发展简史》不可能事无巨细，要有所选择，突出重点。编写干部群众的读物要求明白晓畅，准确科学，易于学习使用。所以，这就要求在内容上客观科学、有理有据，体系上要能够突出重点，反映趋势性、本质性、规律性的历史现象。所以，这本书的编写既不脱离世界社会主义发展史的总体范围，又突出在世界宏阔历史背景中中国共产党的历史实践，着力展现中国特色社会主义的来龙去脉，反映我们党历代领导人对社会主义的深邃思考和创新认识，充分展示中国特色社会主义是从改革开放40多年伟大实践中走出来的，是在中华人民共和国70多年持续深入探索中走出来的，是对近代以来180多年中华民族发展历程的深刻总结中走出来的，是从中华民族五千多年悠久文明传统中走出来的，具有深厚的历史渊源、广阔的实践基础，帮助广大读者通过学习增强中国特色社会主义的道路自信、理论自信、制度自信、文化自信。

第三，坚持正确的历史观和科学精神相统一。《社会主义发展简史》坚持辩证唯物主义和历史唯物主义的世界观、方法论，坚持我们党关于历史问题的两个《决议》，坚持以史立论、论从史出和实事求是的原则，对所涉史料和重大问题都认真研究，以权威的文献资料为依据，严格考证对比，力求准确，特别是注意从人类社会进步史和社会主义探索史、中华文明发展史的纵深来展示社会主义的发展史。具体来讲，体现以下几个方面：

一是把握历史主线。就是从人类社会发展规律高度阐述社会主义五百年来经历的各个历史阶段，厘清历史逻辑，着力把主要的问题讲清楚。

二是把握历史进程。就是全面论述具体事件的缘起、发展、挫折、奋起、创新、跨越的宏阔历史画卷，为论述提供坚实可信的历史依据和理论依据。

三是把握历史规律。就是紧紧把握"两个必然"和"两个决不会"的历史规律，深入回答"什么是社会主义、怎样建设社会主义"，"新时代坚持和发展什么样的中国特色社会主义、怎样坚持和发展中国特色社会主义"，"中国共产党为什么能、中国特色社会主义为什么好，归根到底是马克思主义行"这些基本问题。同时也注意在本书的各个地方有针对性地回答人们的一些思想困惑，回击西方长期以来对社会主义散布的各种诬蔑、攻击，引导读者深刻认识中国特色社会主义来之不易，必须倍加珍惜。

四是坚持通俗易懂和良好阅读体验相统一。本书编写注重政治性、思想性、学术性、通俗性、规范性相统一。政治性就是要通过学习《社会主义发展简史》帮助人们坚定"四个自信"。思想性就是要解疑惑，要回答读者的问题，给人以启发，引人以思索。学术性，就是要把本书编成一部用事实说话的信史，一部有权威依据的正史。通俗性就是要坚持马克思主义大众化方向，坚持面向基层，面向群众，努力适应时代的要求和读者的需要。规范性就是要满足人民群众对高质量出版物的需求，做到修辞规范、文字简洁、版面庄重、风格雅致。全书力求结构安排合理，篇幅适中，各章配有代表性的历史图片以增强说服力、感染力和可读性。

《社会主义发展简史》的编写是许多同志心血的凝结，得到中央马克思主义理论研究和建设工程咨询委员会和中央有关部门以及全国有关专家学者支持和帮助，书稿的形成过程中，多次邀请全国社会主义史有关专家来研讨审读提出意见，还邀请马克思主义学院的教师和不同专业的学生、基层干部群众通过阅读提出他们的意见和建议。

2021 年 7 月 1 日，习近平总书记在庆祝中国共产党成立100 周年大会重要讲话发表后，课题组认真学习讲话精神，对书稿进行了多次修改，把很多新思想、新观点、新论断体现在书稿中。

二、《社会主义发展简史》的主要内容

《社会主义发展简史》全书总共 8 章，加上前言和结束语共 10 个板块。前言主要阐明学习《社会主义发展简史》的意义和要求，第一章主要是论述空想社会主义；第二章论述马克思、恩格斯创立科学社会主义；第三章论述列宁领导俄国工人阶级建立第一个社会主义国家；第四章是论述在斯大林领导下，苏联共产党领导人民建设社会主义；第五章是论述中国人民选择社会主义道路；第六章是论述社会主义在曲折中奋起，也就是苏东剧变；第七章论述中国共产党开创改革开放和社会主义现代化建设新时期，持续推进改革；第八章是论述中国特色社会主义进入新时代；最后的结束语，是对五百年的历史进行了总结和对社会主义前景的展望。

本书又可以分作四个单元，一是社会主义从空想到科学的发展，包括前言、第一章、第二章；二是社会主义从理论运动到实践制度的探索，包括第三章、第四章、第六章；第三是社会主义在中国的发展，包括第五章、第七章；四是中国特色社会主义进入新时代，主要是第八章和结束语。

更多精彩，扫码
观看本讲视频

（一）社会主义从空想到科学的发展

1.空想社会主义为什么会产生、空想社会主义的思想主张和空想社会主义的理论价值和历史地位。实际上，人类自古就有对美好社会或者理想社会的向往，中国和西方的文献中都留下了这样美好的篇章、诗句。空想社会主义应该也是美好向往之一，但是又不同于古人的社会理想，它是人类基于资本主义社会出现了机器生产和雇佣劳动，作为资本主义对立面出现的一种社会理想。空想社会主义之所以是空想，因为它没有找到实现理想的正确道路，也没有找到推进理想实现的社会力量。深层的原因就是因为社会生产力的发展还没有达到出现成熟理论的水平。恩格斯说过，不成熟的理论是与不成熟的资本主义生产状况、不成熟的阶级状况相适应的，解决社会问题的办法还隐藏在不发达的经济关系中，所以只能在人们头脑中产生出来。

空想社会主义300多年，分为三个阶段：一是早期空想社会主义，主要是16、17世纪的空想社会主义。这阶段的空想社会主义者同情工人的苦难，但是他们主要还是用游记、文学等形式来描绘一个新的没有剥削压迫的社会，比如它的代表人物托马斯·莫尔著有《乌托邦》，他可以说是空想社会主义的开山鼻祖。第二个阶段是18世纪空想社会主义，这个时期可以说是空想社会主义的中期阶段，空想社会主义开始摆脱纯粹的、虚构的阶段，意图用法律条文来规定理想社会的基本原则。第三个阶段是 19 世纪的空想社会主义，这个时期是空想社会主义比较高级的阶段。这个时期已经开始出现机器大工业，英国的工业革命已经开始深入发展了。所以，这个时候的空想社会主义应该是最接近于后来的科学社会主义的阶段。恩格斯评价说，"就其理论形式来说，它起初表现为 18 世纪法国伟大的启蒙学者们所提出的各种原则的进一步的、据称是更彻底的发展。"无论从理论上还是实践上都达到了一个高峰，空想社会主义思想发展的最高阶段，成为科学社会主义的直接理论来源。

延伸阅读

公元 1516 年，英国人托马斯·莫尔的《乌托邦》一书出版，描绘了一个没有剥削压迫、人人平等、和谐安宁的社会，这是社会主义思想的最初萌芽，后来被称为"空想社会主义"。

——《社会主义发展简史》，人民出版社、学习出版社 2021 年版，第 10 页。

科学社会主义是随着机器大工业和工人阶级成熟壮大发展起来的，这时科学社会主义发展，空想社会主义最终走向衰落。但是对于空想社会主义的历史贡献，马克思、恩格斯给予了高度肯定。马克思说，我们不应该否定这些社会主义的鼻祖，正如现代化学家不能否定古代的炼金术士一样。恩格斯说，"德国的理论上的社会主义永远不会忘记，它是站在圣西门、傅立叶、欧文这三个人的肩上的。虽然这三个人的学说含有十分虚幻和空想的性质，但是他们终究属于一切时代最伟大的智士之列的，他们天才地预见了我们现在已经科学地证明了其正确性的无数真理。"

空想社会主义由于受时代条件的限制，它也有很多不成熟或者片面的地方。在世界观上，它是历史唯心主义；在政治观上，它是主张阶级调和和反对阶级斗争；在实际行动上，他们不相信无产阶级的力量，他认为无产阶级应该是被拯救的，没有看到无产阶级是社会主义真正的推动力量。同时，他们没有找到建立新社会的正确途径。

2.科学社会主义的创立、发展和完善，以及对工人运动的指导。科学社会主义是马克思、恩格斯共同创立的，其标志就是《共产党宣言》发表。这是他们为第一个世界无产阶级政党——共产主义同盟制定的党纲。在这部著作里，他们论证了资本主义必然灭亡和社会主义必然胜利的历史规律，分析和批判了当时欧洲流行的形形色色的社会主义思潮，从各个方面阐述了"科学社会主义是什么和不是什么、主张什么和反对什么"，划清了科学社会主义和其他社会主义的界限。习近平总书记在十九届中央政治局第五次集体学习时提出，"《共产党宣言》是第一次全面阐述科学社会主义原理的伟大著作，向世界公开说明自己的观点、自己的目的、自己的意图，矗立起一座马克思主义精神丰碑。"《共产党宣言》一经问世，就在实践上推动了世界社会主义发展，深刻改变了人类历史进程。"可以说，科学社会主义创立，使社会主义实现了由空想到科学的历史性跨越，这是人类思想史和人类解放史上一次壮丽的日出。

📋 **学习在线** ◄┄

　　《共产党宣言》揭示的人类社会最终走向共产主义的必然趋势，奠定了共产党人坚定理想信念、坚守精神家园的理论基础。我们要把共产主义远大理想同中国特色社会主义共同理想统一起来、同我们正在做的事情统一起来，坚定道路自信、理论自信、制度自信、文化自信，不为任何风险所惧，不为任何干扰所惑，始终坚守共产党人的理想信念，不负共产党人的光荣称号。

　　——《习近平：深刻感悟和把握马克思主义真理力量　谱写新时代中国特色社会主义新篇章》，《人民日报》，2018年4月25日。

科学社会主义有三个直接的理论来源，分别是德国的古典哲学、英国的古典政治经济学、英法两国的空想社会主义。同时，马克思、恩格斯还从古希腊、罗马哲学、文艺复兴运动的思想成果、法国复辟时期历史学家的进步思想和自然科学发展的最新成果中，广泛吸取了知识智慧和思想精华。

科学社会主义有两大理论基石，分别是唯物史观和剩余价值学说，唯物史观可以说是科学社会主义的哲学基础；剩余价值学说可以说是科学社会主义的经济学基础。这两大成果深刻揭示了资本主义剥削的秘密，论证了无产阶级革命和建设理想社会的合理性、合法性，科学社会主义就是在此基础上建立和发展起来的。

科学社会主义一般有四条基本原则。第一，在生产资料公有制基础上组织生产，满足全体社会成员的需要，是社会主义生产的根本目的；第二，新的社会将对社会生产进行有计划的指导和调节，遵循等量劳动领取等量产品的按劳分配原则；第三，无产阶级革命是无产阶级进行斗争的最高形式，必须由无产阶级政党领导，以建立无产阶级政权为目的；第四，要通过无产阶级专政和社会主义生产力的高度发展，最终实现向消灭剥削、消灭阶级，实现人的全面自由发展的共产主义社会过渡。这些原则不是某个天才在家里想出来的，而是基于对资本主义社会基本矛盾的科学分析得出来的结论。这些原则阐明了社会主义和资本主义具有决定性意义的差别，对这些原则我们要抱着一个正确的态度。

马克思、恩格斯在《共产党宣言》1872 年德文版序言中指出，"这个《宣言》中所阐述的一般基本原理整个来说直到现在还是完全正确的"，至于"这些原理的实际运用"，正于《共产党宣言》中所说"随时随地都要以当时的历史条件为转移"。

习近平总书记指出，"中国特色社会主义是社会主义而不是其他什么主义，科学社会主义基本原则不能丢，丢了就不是社会主义。""我们要以科学的态度对待科学，以真理的精神追求真理，不断赋予马克思主义以新的时代内涵。"就是说，对这些科学社会主义的基本原则，我们既要坚持，同时要根据时代和实践的发展，在实际运用中把它具体化，并且进一步丰富和发展。

学习在线

马克思主义是科学的理论，创造性地揭示了人类社会发展规律。在马克思提出科学社会主义之前，空想社会主义者早已存在，他们怀着悲天悯人的情感，对理想社会有很多美好的设想，但由于没有揭示社会发展规律，没有找到实现理想的有效途径，因而也就难以真正对社会发展发生作用。马克思创建了唯物史观和剩余价值学说，揭示了人类社会发展的一般规律，揭示了资本主义运行的特殊规律，为人类指明了从必然王国向自由王国飞跃的途径，为人民指明了实现自由和解放的道路。

——《在纪念马克思诞辰200周年大会上的讲话》，人民出版社2018年版，第7—8页。

（二）社会主义从理论运动到实践制度的探索

1.列宁领导十月社会主义革命取得胜利，为巩固第一个社会主义政权而斗争。探索社会主义的道路实践和思考，十月社会主义革命是世界历史上第一个取得胜利的社会主义革命，它实现了社会主义从理论运动到制度实践的伟大跨越，是人类历史上具有深远影响的一个重大事件。

十月社会主义革命并不是如同一些经典理论所阐述的那样，首先是在发达的欧洲资本主义国家爆发的。因此，它可以说是第一个突破了经典理论的社会主义实践，也正因为如此，从一开始就受到了第二国际一些固守教条的领导人的否定，在俄国社会民主工党内也受到了一些人的怀疑。第二国际的理论权威考茨基等人大肆指责十月革命，认为俄国的社会主义革命搞早了，搞糟了，是个"早产儿"，后来所谓社会主义"早产论"就是从这里产生的。

列宁论证了俄国社会主义革命的合理性。他早在1915年《论欧洲联邦的口号》的文章中，就提出"社会主义可能首先在少数甚至单独一个资本主义国家内获得胜利"的观点。十月革命前后他又充分论证了他的观点，他指出，经济和政治发展不平衡性是资本主义的绝对法则，这种不平衡性导致帝国主义国家之间的争夺和战争，从而削弱资产阶级统治，激发这些国家内部的矛盾和阶级对抗，形成资本主义链条上的薄弱环节。这为社会主义革命提供了一个历史性的契机。

第一次世界大战爆发后，俄国的内外矛盾就使它成为这样一个帝国主义链条上的最薄弱环节。同时俄国革命力量强大，又有无产阶级政党的正确领导，因此它具备了首先取得胜利的条件。

实际上俄国十月革命并不违背世界历史发展的一般规律。因为从整个人类历史来看，社会革命的根源就是社会矛盾的运动，但是这个矛盾运动的呈现方式并不是整齐划一的，而是隐含各种可能性。一个比较明显的例子是，中国进入封建社会比西欧早得多，封建社会的发展程度也比西欧国家发达得多，封建社会出现资本主义因素也比欧洲要早得多，但是资本主义制度首先在欧洲出现，并不是首先在中国出现。这正如列宁所说的，世界历史发展的一般规律不仅丝毫不排斥个别发展阶段在发展的形式或者顺序上表现出来的特殊性，反而以此为前提。实际上，后来中国新民主主义革命的胜利，其他一些落后国家的民族民主革命的胜利、社会主义革命的胜利都多次证明了列宁观点的正确性。所以，从这个历史事实中我们也可以更深入理解马克思主义真谛究竟是什么。

十月革命作为世界历史上划时代的重大事件，从根本上震撼了资本主义世界，产生了深远的历史影响，它是一个划时代事件。这个时代，就是从此以后世界进入了"一球两制"的时代，社会主义制度和资本主义制度同时在这个地球存在并且竞争。

俄国十月革命胜利以后，为了巩固政权进行革命战争，最初实行了战时共产主义。但是随着实践的发展，布尔什维克党认识到这个经济政策不适合当时俄国的实际情况，提出了战时共产主义要转到新经济政策。列宁说，我们计划"用无产阶级国家直接下命令的办法，在一个小农国家里按共产主义原则来调整国家的产品的生产和分配。现实生活说明我们错了。"新经济政策的实施，使苏维埃俄国很快摆脱了经济政治危机，增强了布尔什维克党和广大人民建设社会主义的信心。这个转变实际上是具有非常深刻的理论和实践意义，对于探索建设社会主义道路有着重要的启示。

列宁的"一国胜利论"的精神实质，并不在于阐明需要多少个国家同时取得社会主义革命的胜利，而是强调无产阶级政党不要纠结于等待"世界革命同时胜利"的条件完全成熟，才开始采取行动。历史辩证法告诉我们，发挥人民群众的历史主动性，采取符合实际的正确路线、方针、政策，同样可以大大加快历史发展进程。俄国十月革命的成功，第一个社会主义国家苏联的建立及其成就，中国新民主主义革命的胜利和中国社会主义在革命、建设和改革方面的伟大成就，用实践证明了"不发达"国家完全可以发挥历史主动性，坚持从本国实际出发，走出建设社会主义、加快国家发展的成功道路。

——《社会主义发展简史》，人民出版社、学习出版社 2021 年版，第 82—83 页。

改革开放初期，邓小平同志就曾经对列宁的探索作出评价，"可能列宁的思路比较好，搞了个新经济政策"。中国探索发展社会主义商品经济、市场经济，也与这个思路的启发有着密切的关系。实际上新经济政策反映了生产关系必须适应生产力发展要求最基本的、客观的规律。在 20 世纪 20 年代到 30

年代，实际上出现了两个"新经济政策"，一是列宁在苏俄搞的新经济政策，二是美国的罗斯福新政，所谓新政就是新经济政策。正如几十年后，邓小平同志讲的那句，"计划经济不等于社会主义，资本主义也有计划；市场经济不等于资本主义，社会主义也有市场。计划和市场都是经济手段。"列宁新经济政策说明了社会主义要商品、要市场；罗斯福新政说明资本主义要计划，要国家调控。所以，这些思想对于我们今天仍然具有现实的意义。

列宁晚年对如何建设社会主义进行了许多思考，他在身体越来越糟糕的情况下，仍然一刻也没有停止思索，提出了一系列重要的观点。他认为建设社会主义不能从书本出发，而要从实际出发。他直言不讳地说，"要论述一下社会主义，我们还办不到；达到完备形式的社会主义会是个什么样子，——这我们不知道，也无法说。"对什么是社会主义，我们还要在实践中来认识。他说"对俄国来说，根据书本争论社会主义纲领的时代也已经过去了，我深信已经一去不复返了。今天只能根据经验来谈社会主义。"这些重要的思想对我们今天都有非常重要的意义。

列宁晚年的思考实际上开启了经济文化落后国家走向社会主义的新探索，对世界社会主义发展有着重大的历史意义。

2. 苏联社会主义建设成就，苏联模式的形成及其特征，二战后社会主义向多国发展，以及苏联社会主义发展的经验教训。人类历史上首次大规模的社会主义建设是从苏联开始的。苏联的成就显示了社会主义制度的优越性。苏联创立的时候，是被资本主义包围的一座社会主义孤岛，而且经济文化落后，工业基础薄弱，农业以小农经济为主，城乡发展水平比欧洲资本主义国家要低得多。旧势力对新制度的抵制和反抗还很激烈，巩固政权、恢复经济、实现工业化是摆在苏共面前的迫切任务。斯大林领导苏联共产党和苏联人民继承列宁开创的事业，进行了巩固和建设世界上第一个社会主义国家的创造性探索。这个探索的成就有很多，他的对手丘吉尔曾经说过这样一句话，斯大林接过的是一个扶木犁的穷国，他留下的是一个拥有核武器的强国。所以，在斯大林的领导下，苏联迅速从一个落后的农业国转变为一个强大的工业国，这是历史事实，得到世界各国肯定，也得到今天俄罗斯人民和政府的高度肯定。

当然围绕如何建设社会主义，苏共高层展开了激烈的争论，包括斯大林联共（布）中央同托洛茨基和布哈林反对派的理论上的斗争。从今天来看，应该说从当时苏联面临的外部环境和经济状况来看，斯大林和联共（布）中央的观点是有一定的历史合理性的，所以它得到苏联共产党和人民的支持。但是，这些争论只能说明社会主义建设道路还刚刚起步，还有很多未知领域，有些不同的意见是正常的现象。在不同的意见怎么对待方面，联共（布）和斯大林采取的方法是错误的，这也留下了一些弊端和严重的后患。

苏联社会主义建设取得的巨大成就为后来苏联取得反法西斯战争胜利奠定了坚实的物质基础，卫国战争的胜利也证明了苏联社会主义建设成就是十分巨大的。

苏联模式是苏联在实践中形成的苏式社会主义制度和体制，应该说从它的制度来看，它是一种社会主义制度。从经济制度看，苏联建立了社会主义公有制，在此基础上实行按劳分配的原则。在政治制度上，苏联坚持共产党的领导，坚持人民当家作主，形成了工人阶级领导的、以工农联盟为基础的苏维埃政权。在意识形态领域，苏联坚持马克思主义的指导地位，发展先进文化，弘扬社会主义价值观等等。这都说明了这个模式的社会主义性质。

这个模式最大的长处就是具有强大的组织动员能力和资源聚集优势，对于加快国家的工业化和农业集体化，推动经济在一个时期内的高速发展，以及对于打败法西斯都产生了积极作用。但是，这个模式应该说还是不成熟的，存在着明显的不足和严重的弊端，主要表现在，一是盲目追求单一公有制，所有制形式明显脱离生产力发展的水平；二是忽视经济规律，把计划经济绝对化，导致企业经营缺乏活力，劳动者缺乏主动性和创造性；三是片面发展重工业，忽视农业和轻工业，人民日常生活用品和消耗品长期匮乏。由此还带来党的民主集中制的弱化，并受到损害。党内监督机制受到破坏，社会主义民主法治不受重视，片面强调阶级斗争，命令主义和特权思想比较严重，这些都严重阻碍了社会主义的发展。

实践表明，苏联模式尽管在历史上发挥了重要作用，但它本身存在着弊端，而且它只是苏联实践产生的一个产物，把它当做普遍适用的甚至唯一的社会主义模式，势必阻碍各社会主义国家的发展，影响社会主义优越性的发挥。后来，各国在实践中认识了这一点，分别把突破这一模式作为改革的任务，这也推动了社会主义改革时代的到来。

第二次世界大战以后，社会主义发展还有一个重大的现象，就是社会主义制度越过苏联一国范围，实现从一国到多国的发展，根本改变了世界政治经济格局。战后东欧成立了八个人民民主国家，包括南斯拉夫、阿尔巴尼亚、波兰等等，亚洲、美洲先后成立了六个人民民主国家，包括中国、越南、朝鲜、蒙古和老挝等。

战后，以美国为首的西方国家和以苏联为首的东方国家形成了两大阵营，形成了东西方对峙的局面。历史上看，这个对峙是以美国为首的西方国家挑起的，社会主义国家为了应对当时的封锁和遏制，为了捍卫新生的社会主义制度，不得不采取这种结盟的措施，实际上这种措施当时也抑制了西方国家的冒险行为，维护了世界局势的稳定。但是要看到这种结盟并没有打破西方的封锁和遏制，后来苏联又加入同美国争夺世界霸权的斗争中，使得这种对抗轮番升级，对世界和平发展造成了不利影响。

3. 苏东剧变为标志的世界社会主义遭遇的曲折和以中国特色社会主义兴起为标志的世界社会主义重新奋起。苏东剧变主要原因还是内因，是内部矛盾。这要追溯到这些国家的社会主义建设和改革探索中出现的问题和失误。苏联模式的弊端是苏东国家改革的一个动因，应该说这个改革是必要的，也取得了一些成效。但是，在实践中由于教条主义作祟，思想保守、僵化，领导层领导不力，以及西方"和平演变"战略的干扰、渗透，使得改革发生了一些失误，特别是偏离了正确方向，包括 20 世纪 60 年代赫鲁晓夫鼓吹超阶级的人道主义，歪斜马克思主义国家学说和政党学说等，给党员干部思想造成了严重的混乱。

苏东改革的转折点实际上是戈尔巴乔夫上台以后，把改革的着力点从经济领域转向政治领域，提出了民主社会主义政治路线，并以"民主化和公开性"为口号，提出放开意识形态的管控，背弃马克思主义，放弃共产党的领导，由改革最终走向"转向"。

苏联作为一个强大的社会主义国家，可以说是唯一能够与美国抗衡的超级大国。执政 70 多年，有 2000 多万党员。从外部因素来看，是不可能发生苏东剧变这样的事情。但是这些国家短时间都倾覆瓦解，其原因确实值得我们深入思考。

从直接原因看，戈尔巴乔夫推行的错误路线，直接导致了苏联亡党亡国，其直接原因主要包括三个放弃、一个放任：

第一，放弃马克思主义指导地位，使党和国家失去共同的思想基础；第二，放弃共产党的领导地位，使国家失去了统一的政治基础和核心领导力量；第三，放弃新闻舆论的领导权，使全党、全社会出现了思想的大混乱；第四，放任敌对势力的颠覆活动，使西方"和平演变"的阴谋在苏东各国全部得手。

从历史原因来看，苏东剧变非一日之寒，存在一些内在的原因：第一，长期以教条主义的方式对待马克思主义，使马克思主义失去了活力；第二，长期以僵化的方式对待社会主义，使社会主义失去了优越性；第三，长期忽视人民生活水平的提高，使党和政府失去了民心；第四，长期缺乏社会主义民主和法治的建设，使党和国家失去了制度保障；第五，长期不能正确处理民族关系，使各民族失去了团结的共同基础；第六，长期放松执政党自身建设，使党失去了先进性和执政资格。

苏东剧变对社会主义造成的教训是惨痛的，它使社会主义在欧洲整体退场，世界力量对比发生了巨变。但是，历史表明，苏东剧变不是科学社会主义的失败，也不是社会主义制度的失败，它是苏东共产党在关键时期的政治错误、在长期实践中的历史性错误导致的。所以，我们要仍然以苏东剧变为历史之鉴，决不能忘记这个深刻的教训。

苏东剧变使社会主义遭遇空前的逆境，但并没有泯灭社会主义的强大生命力。很多国家的共产党人和社会主义者仍然保持了对共产主义、社会主义事业的坚贞，他们在困境中寻求出路。中国共产党人经受住了苏东剧变的重大考验，在充分汲取历史经验教训基础上采取一系列措施，成功捍卫了中国特色社会主义。正如习近平总书记在十九届中央政治局第五次集体学习的讲话中指出，"由于中国特色社会主义不断成功，冷战结束后世界社会主义万马齐喑的局面得到很大程度的扭转，社会主义在同资本主义竞争中的被动局面得到很大程度的扭转，社会主义优越性得到很大程度的彰显。"

（三）社会主义在中国的发展

1.中国人民历史性选择了社会主义，中国共产党为实现社会主义而奋斗，为新中国成立和探索社会主义道路作出了历史性的贡献。近代以来，中华民族遭受了亘古未有的屈辱和磨难。中国先进分子为了救亡图存，尝试谋求解放的各种道路。可以说在"无可如何"之下（"无可如何"，这是毛泽东在给蔡和森的一封信中说的，就是没有其他路可走），走俄国人的路，抛弃了原来学习和追随的各种思想主张，走上了信仰科学社会主义的道路。我们在电视剧《觉醒年代》里就可以看到这个情景，不是说一下子就选择社会主义，当时的先进分子信仰了各种主张，最后试来试去，别的主义实际上都是空想，实现不了。最后走上了俄国人的道路，信仰马克思主义，走上了科学社会主义的道路。

如何在一个经济文化极其落后的半殖民地半封建社会的东方大国完成反帝反封建的资产阶级民主革命，并且在这个基础上把革命引向社会主义方向。这在马克思主义经典著作中没有现成的答案，也没有可以套用的其他现成的经验。中国先进分子选择了马克思主义，但是马克思主义不是说一拿来什么问题都解决了。马克思主义怎么在中国落地生根，解决中国的问题，这是一个新的课题。以毛泽东同志为主要代表的中国共产党人为此进行了艰辛地探索，用理论和实践回答了这个问题。毛泽东指出，"两篇文章，上篇与下篇，只有上篇做好，下篇才能做好。坚决地领导民主革命，是争取社会主义胜利的条件。"中国共产党领导的整个中国革命，包括新民主主义革命和社会主义革命两个阶段在内的全部革命运动，是两个性质不同的革命过程，只有完成了前一个革命过程，才有可能完成后一个革命过程。新民主主义革命是社会主义革命的必要准备，社会主义革命是新民主主义革命的必然趋势。

所以，我们党虽然从建立之初就明确了要搞社会主义，但是我们党最初的任务还不是搞社会主义革命，而是新民主主义革命。在中国共产党领导下，中国人民经过 28 年的浴血奋斗，完成了新民主主义革命，取得了新民主主义革命的最终胜利。中华人民共和国成立，这是中国历史上具有划时代意义的伟大事件。邓小平同志曾经这样说，"中国在世界上的地位，是在中华人民共和国成立以后才大大提高的。只有中华人民共和国的成立，才使我们这个人口占世界总人口近四分之一的大国，在世界上站起来，而且站住了。"社会主义制度在中国的确立，可以说实现了中国历史上最深刻、最伟大的一次社会变革，从此为中国开辟了一条走向繁荣富强的光明大道。中华民族的伟大复兴经过一百多年的奋斗，从这时开始站在一个新的伟大的起点上，所以我们说它具有深远的历史意义。

延伸阅读

　　1921年，中国共产党诞生，这是中华民族发展史上开天辟地的大事变。从此，中国人民有了坚强的领导核心，中国革命有了正确的前进方向，中华民族的命运有了光明的发展前景。

　　中国共产党一经诞生，就把为中国人民谋幸福、为中华民族谋复兴确立为自己的初心使命，党团结带领中国人民进行的一切奋斗、一切牺牲、一切创造，归结起来就是一个主题：实现中华民族伟大复兴。而要实现这一主题，完成中华民族伟大复兴的历史使命，经过新民主主义走向社会主义是唯一正确的选择。党的一大宣布，我们党的奋斗目标是在中国实现社会主义和共产主义；党的二大提出了党的最低纲领和最高纲领，并指出党现阶段的最低纲领是进行民主革命，然后再进行社会主义革命，最终方向是社会主义和共产主义。

——《社会主义发展简史》，人民出版社、学习出版社 2021 年版，第 138—139 页。

中国的社会主义建设是从学习苏联起步的，这符合历史逻辑，也符合现实逻辑。实际上我们通过学习苏联，初步形成了一套社会主义建设的基本制度、体制和管理方法，积累了各方面的经验和物质基础，大大加快了中国社会的发展，加快了中国的工业化。

但是，随着实践的发展，我们党也开始认识到，苏联的一些东西并不完全符合中国，而且苏联模式本身存在缺陷和不足，在实践中出现了很多问题。所以 1956 年毛泽东同志说，"最近苏联方面暴露了他们在建设社会主义过程中的一些缺点和错误，他们走过的弯路，你还想走？"他明确提出，要以苏为鉴，把马克思主义基本原理同中国的实际进行第二次结合，独立探索出一条适合中国情况的社会主义建设道路。所以，从 20 世纪 50 年代开始，中国共产党就开始创造性地探索建设社会主义道路的艰辛历程。

从新中国成立到 1978 年，尽管经历了曲折，遭受了种种挫折，但是我们党带领全国各族人民经过艰苦卓绝的努力取得了巨大的成就，《社会主义发展简史》中把它概括为四个方面：第一，全面确立并巩固了社会主义基本制度，奠定了我国后来改革开放发展的制度基础；第二，为社会主义事业积累了坚实的物质基础和文化基础，我国后来发展的许多条件就是从那个时期开始形成的；第三，维护了国家的主权和安全，保证了有利于发展的和平环境；第四，积累了正反两方面的宝贵经验，形成了社会主义建设的重要理论和实践成果。这些方面的经验，对我们开拓中国特色社会主义新道路具有极其宝贵的意义。可以说，从中国共产党成立一直到改革开放前，这个历史时期是非常值得我们永远纪念的非常宝贵的时期。

我们党团结中国人民进行新民主主义革命和社会主义革命，使近代以来中华民族不断衰落的命运得到根本的扭转，为当代中国一切发展进步奠定了根本的政治前提和制度基础，它实际上开通了中华民族伟大复兴的光明道路。

2. 改革开放到党的十八大中国特色社会主义的发展和成就。1978 年党的十一届三中全会召开，以此为标志，我们开启了改革开放和社会主义现代化建设新时期。习近平总书记指出，如果没有 1978 年我们党果断决定实行改革开放，并坚定不移推进改革开放，坚定不移把握改革开放的正确方向，社会主义中国就不可能有今天这样的大好局面，就可能面临严重危机，就可能遇到像苏联、东欧国家那样的亡党亡国危机。

从党的十一届三中全会到党的十二大，我们在四年的探索间，进一步认识到中国的社会主义必须要开创一个新的道路。1982 年邓小平同志在党的十二大第一次明确提出"把马克思主义普遍真理同我国的具体实际结合起来，走自己的道路，建设有中国特色的社会主义"，这就是我们总结长期历史经验得出的基本结论。所以，从这以后，建设有中国特色社会主义这个重大的主题、命题就成了我们党全部理论和实践的主题。

这个主题的含义有两点。第一，我们要坚持走社会主义道路，决不能丢掉科学社会主义基本原则；第二，要把马克思主义基本原理同中国的具体实际结合起来，探索新的社会主义建设道路，建设具有中国特色的社会主义。围绕这个主题，以邓小平同志为主要代表的中国共产党人集中全党智慧，不断总结经验，深入实践探索，第一次比较系统地回答了在中国这样一个经济文化比较落后的国家如何建设社会主义、如何巩固和发展社会主义一系列基本问题，用新的思想观念发展了马克思主义。

加油站

习近平总书记在庆祝中国共产党成立 100 周年大会上的重要讲话中指出："中国共产党为什么能，中国特色社会主义为什么好，归根到底是因为马克思主义行"，强调"以史为鉴、开创未来，必须继续推进马克思主义中国化"。党的奋斗历史，就是不断推进马克思主义中国化的历史，就是不断推进理论创新、进行理论创造的理论探索史，党带领人民创造的辉煌成就与马克思主义中国化百年发展的艰辛探索并取得一系列重大成果是密不可分的。

——徐光春：《马克思主义中国化百年发展历程和宝贵经验》，《人民日报》2021 年 11 月 2 日。

党的十三届四中全会是我们党在党和国家面临严峻的形势和严峻的考验情况下召开的。中国共产党人保持了清醒和坚定，邓小平同志鲜明指出，"一些国家出现严重曲折，社会主义好像被削弱了，但是人民经受锻炼，从中吸收教训，将促使社会主义向着更加健康的方向发展。因此，不要惊慌失措，不要认为马克思主义就消失了，没用了，失败了。哪有这回事！"几十年过去，我们回过头来看，邓小平同志的论断是非常英明和正确的。

我们党采取重大措施，迅速稳定了党心、民心，经济形势趋于好转，国际环境也不断改善。在这个时期，我们党还作出了改革开放一系列重大的决策，其中包括推动新一轮改革开放的高潮兴起，建立社会主义市场经济体制，加入世界贸易组织，推进包括政治、经济、文化等方面在内的中国特色社会主义各项事业的发展，香港回归、澳门回归，我们的大国外交等等，取得了很多的成就。可以说，世纪之交，以江泽民同志为主要代表的中国共产党人，团结带领全党全国各族人民，深化改革开放、促进发展、保持稳定，在理论和实践上取得许多重大突破，成功把中国特色社会主义推向二十一世纪。

从党的十六大到十八大，中国特色社会主义进入了新千年、新世纪。国际形势继续发生深刻的变化，中国也面临许多新的问题。以胡锦涛同志为主要代表的中国共产党人，团结带领全党全国各族人民，紧紧抓住重要战略机遇期，以科学发展为主题，以转变经济发展方式为主线，全面推进中国特色社会主义经济、政治、文化、社会、生态文明建设，加强党的执政能力和先进性建设，在新的历史条件下开启了全面建设小康社会的新征程。这个时期，我们也打了很多重要的大仗，取得了很多的成绩，包括抗击"非典"的胜利，包括抗击汶川特大地震，应对2008年国际金融危机，成功举办北京奥运会、残运会和上海世博会等等，这些都展示了中国人民团结奋斗的精神面貌，展示了中国特色社会主义的勃勃生机。

新世纪的最初十年，我国实现了人均GDP从1000美元向

3000美元的跨越，我们开始迈入中等收入国家的行列。2010年，我国经济总量超过日本，成为仅次于美国的世界第二大经济体，从那以后，我们一直保持着这一地位，并同第三大经济体日本的差距越拉越大。综合国力、经济实力、科技实力进一步增强，社会保持了长期稳定，人民生活也上了一个大的台阶。

（四）中国特色社会主义进入新时代

1. 党的十八大以来，中国特色社会主义进入新时代，实现由大到强的历史跨越，开启了高歌猛进踏上实现中华民族伟大复兴的新征程。中国发展进入新的历史方位，这个新的历史方位有以下几个特点：

第一，我们进入了全面建成小康社会的决胜阶段。习近平总书记说，"这个时跨本世纪头20年的奋斗历程到了需要一鼓作气向终点线冲刺的历史时刻。完成这一战略任务，是我们的历史责任，也是我们的最大光荣。"吹响了全面建成小康社会的冲锋号。

第二，中国的外部环境持续发生深刻复杂的变化。世界面临百年未有之大变局，中华民族伟大复兴到了一个极其关键的时期，我们比历史上任何时期都更接近这个目标。我们面临的各种困难险阻也显著增大了。

第三，我国进入了全面深化改革的攻坚期，加快发展的关键期。社会主要矛盾发生了新变化，由此带来经济社会发展中许多新情况、新问题。我们实际上进入了一个充满机遇，也充满挑战的新时期。

第四，我们党也发生了新的变化，面临新的考验。特别是党内出现许多长期积累的问题，严重影响我们党的长期执政和国家的长治久安。

以习近平同志为核心的党中央，以伟大的历史主动精神、巨大的政治勇气、强烈的责任担当，统筹国内国际两个大局，贯彻党的基本理论、基本路线、基本方略，统揽伟大斗争、伟大工程、伟大事业、伟大梦想，坚持稳中求进工作总基调，出台一系列重大方针政策，推出一系列重大举措，推进一系列重大工作，战胜一系列重大风险挑战，解决了许多长期想解决而没有解决的难题，办成了许多过去想办而没有办成的大事，推动党和国家事业取得历史性成就、发生历史性变革。

习近平同志作为党、国家和军队的最高领导人，展现了非凡的理论勇气、卓越的政治智慧、强烈的使命担当，以"我将无我、不负人民"的赤子情怀，"革命理想高于天"的坚定信仰，"抓铁有痕、踏石留印"的扎实作风，为党和国家、军队发展作出历史性贡献，赢得了全党、全国各族人民的衷心拥护，成为党中央的核心、全党的核心。

在这个实践过程中，我们党创立了习近平新时代中国特色社会主义思想，党的十九大报告用八个明确、十四个坚持概括了这一重要思想的精神实质、丰富内涵、基本方略。这一重要思想是马克思主义中国化的最新理论成果，是当代中国马克思主义、二十一世纪马克思主义，是中华文化和中国精神的时代精华，实现了马克思主义中国化新的飞跃。

习近平总书记提出，理念是行动的先导，一定的发展实践都是由一定的发展理念来引领的。发展理念是否对头，从根本上决定着发展成效乃至成败。总书记的论述实际上回答了发展目的、动力、方式、途径，阐明了我们党关于发展的政治立场、价值导向、发展模式、发展道路等重大的问题。

党的十八大以来，习近平总书记提出了一系列的重要思想、战略目标、重要理念，其中包括确保到 2020 年全面建成小康社会以及全面建成社会主义现代化强国的伟大目标；明确中国特色社会主义事业总体布局是经济建设、政治建设、文化建设、社会建设、生态文明建设五位一体；中国特色社会主义事业战略布局是全面建设社会主义现代化国家、全面深化改革、全面依法治国、全面从严治党四个方面，既有战略目标也有战略举措，每一个"全面"都具有重大的战略意义，等等。

学习在线

新的征程上，我们必须坚持党的基本理论、基本路线、基本方略，统筹推进"五位一体"总体布局、协调推进"四个全面"战略布局，全面深化改革开放，立足新发展阶段，完整、准确、全面贯彻新发展理念，构建新发展格局，推动高质量发展，推进科技自立自强，保证人民当家作主，坚持依法治国，坚持社会主义核心价值体系，坚持在发展中保障和改善民生，坚持人与自然和谐共生，协同推进人民富裕、国家强盛、中国美丽。

——《在庆祝中国共产党成立 100 周年大会上的讲话》，人民出版社 2021 年版，第 14 页。

党的十八大以来，中国特色社会主义进入新时代。我们党牢牢把握国际国内两个大局，深入贯彻新发展理念，坚持稳中求进的工作基调，推动"十二五"规划顺利完成、"十三五"规划顺利实施、"十四五"规划和 2035 年远景目标确立，取得了改革开放和社会主义现代化建设的历史性成就。这个时期，我们国内生产总值从 2012 年的 51.9 万亿到 2020 年超过 100 万亿，翻了一番。对世界经济的贡献率超过 30%。

进入新时代，我们党领导完成的一项最扎实、最具战略意义、最有世界影响的任务，就是全面建成小康社会。在庆祝中国共产党成立 100 周年大会上，习近平总书记向全世界和全国各族人民宣布了我们完成了这项重大的任务，"经过全党全国各族人民持续奋斗，我们实现了第一个百年奋斗目标，在中华大地上全面建成了小康社会，历史性地解决了绝对贫困问题，正在意气风发向着全面建成社会主义现代化强国的第二个百年奋斗目标迈进。这是中华民族的伟大光荣！这是中国人民的伟大光荣！这是中国共产党的伟大光荣！"

全面建成小康社会任务的完成是高质量的。习近平总书记说，全面建成小康社会更重要的是"全面"。就是不仅仅是国民生产总值的目标要达到，而且各个方面的目标都要达到，可以说我们决胜小康打了一场非常漂亮的攻坚战，应该说是货真价实、精彩纷呈、意义重大，交出了一张亮丽的成绩单。

全面建成小康社会里面最亮眼的一条就是全面打赢了脱贫攻坚战，历史性地解决了绝对贫困问题。到 2020 年，我们在现行标准下 9899 万农村贫困人口全部脱贫，832 个贫困县全部摘帽，这么大规模、这么彻底、这么全面的脱贫，这在世界上只有中国做得到。我曾经到过很多贫困地方去了解、考察，精准脱贫对我们国家、对广大贫困地方所带来的影响绝对不仅是经济上的，而是深刻的社会变革，是整个一代人，甚至若干代人命运的深刻转变，它的意义非常大，是中华民族发展史上亘古未有的伟大跨越。

党的十八大以来，党中央深刻洞悉国际局势的复杂变化，牢牢把握人类社会发展的趋势，坚定地站在历史正确的一边，大力推进构建人类命运共同体，提出共建"一带一路"倡议，积极参与和促进全球治理体系的变革，日益发挥世界和平建设者、全球发展的贡献者、国际秩序维护者的重要作用，成功走出了一条中国特色大国外交之路。总书记提出的人类命运共同体理念，反映了全人类普遍愿望和共同心声，汇聚了世界各国人民对美好生活向往的最大公约数，为解决人类社会面临的共同难题提供了中国方案，得到了世界各国人民的共同支持。

延伸阅读

2013年3月，习近平在莫斯科国际关系学院发表演讲时，首次提出构建人类命运共同体理念，他指出："这个世界，各国相互联系、相互依存的程度空前加深，人类生活在同一个地球村里，生活在历史和现实交汇的同一个时空里，越来越成为你中有我、我中有你的命运共同体。"人类命运共同体顾名思义，就是每个国家、每个民族乃至每个人的前途命运，都是紧紧联系在一起的，应该风雨同舟，荣辱与共，努力构建一个和睦相处的人类大家庭。这一理念反映了全世界各国人民的普遍愿望和共同心声，成为人类对美好生活向往的最大公约数，为解决人类社会面对的共同难题提供了中国方案。

——《社会主义发展简史》，人民出版社、学习出版社2021年版，第291页。

从十月革命以后，我们地球上是"一球两制"，社会主义和资本主义共处在地球上，同时这个地球上还有很多是超越制度的共同性问题，人类命运共同体这个理念就为解决人类共同的难题提供了一个最科学、最好的方案。所以，这个理念被载入联合国多项决议，日益产生广泛的社会影响。人类历史会记住这个伟大的智慧所作出的贡献。

共建"一带一路"倡议，把我国发展同世界其他国家发展结合起来，把中国梦同世界各国人民谋求和平发展的梦想结合起来，体现了中国的全球视野、国际胸怀和大国担当。"一带一路"现在发展得也非常好，到 2020 年 11 月，我们已同138 个国家和 31 个国际组织签署了 201 份共建"一带一路"的合作倡议，而且"一带一路"倡议的影响，不仅仅体现在这些可信的文字上面的，而是体现在人心上面的，它确确实实解决了亚洲、欧洲、非洲、拉丁美洲特别是一些发展中国家发展的问题，共同发展的问题。

中国还秉持共商、共建、共享的全球治理理念，倡导国际关系民主化，坚持国家不分大小、强弱贫富，一律平等，支持联合国发挥作用，支持发展中国家在国际事务中的代表性和发言权。在国际事务上主持公平正义，这是当今中国的一个非常亮丽的形象。

中国始终高举和平发展、合作共赢的旗帜，积极发展全球伙伴，不断拓展全方位、多层次、立体化外交格局，打造遍布全球的朋友圈。这些都说明中国共产党是为中国人民谋幸福、为中华民族谋复兴的党，也是为世界谋大同、为人类谋进步的党。

党的十八大以来，以习近平同志为核心的党中央，加强党的全面领导，全面从严治党，不断加强党的政治领导力、思想引领力、群众组织力、社会号召力，使党在革命性锻造中更加坚强。

一是加强党的集中统一领导。党的十八大以来，党的领导体制和机制进一步健全，党总揽全局、协调各方领导核心作用充分彰显。

二是坚持全面从严治党，始终保持党的先进性、纯洁性。党的十八大以来，党中央从全面贯彻中央八项规定精神等具体的事情开始，推动全面从严治党深入展开。全面从严治党，领导干部这个关键少数是抓手。以习近平同志为核心的党中央，坚持从领导干部这个关键少数严起、治起，有力推进全面从严治党的深入。习近平总书记强调，要聚精会神抓好党的建设，使我们党越来越成熟、越来越强大、越来越有战斗力。

党的十八大以来，开展党内集中教育也是我们党突出的一个特色。通过开展党的群众路线教育、"三严三实"专题教育、"两学一做"学习教育、"不忘初心、牢记使命"主题教育、党史学习教育，大大提高了党的理论水平和政治水平，增强了党的组织力、引领力和做好群众工作的本领。

巡视工作也是新时代加强党的建设、加强党内监督的一个战略性安排。党的十八大以来，每一届代表大会都会进行一轮全面巡视。这些巡视一方面解决了许多党的建设工作中暴露的突出问题，另一方面通过这种巡视，也督促全党深化党的建设，不断给全党敲响加强党的建设这个警钟。

党的十八大以来，我们党以猛药去苛，刮骨疗毒的决心和勇气，铁腕惩治腐败，坚持无禁区、全覆盖、零容忍，老虎苍蝇一起打，果断处理一大批违规违纪、贪污腐化的党员干部。这种大力度的惩贪治腐，一方面是彻底治理和消除党内的隐患，同时，也是向人民群众表明了我们党"刀口向内"的态度和决心。由于我们大力加强反腐败斗争，一个时期以来，腐败现象屡禁不止的状况得到根本性扭转，腐败高发、多发的势头得到坚决的遏制，反腐败斗争取得了压倒性胜利，而且这个胜利成果在不断巩固和发展。

党的十八大以来，我们党以刀刃向内的自我革命精神，直面党内存在的突出问题，解决了许多长期想解决而没有解决的难题，消除了党和国家内部存在的严重隐患，党的政治生态明显好转，党的创造力、凝聚力、战斗力显著增强，党群关系明显改善，党在革命性锻造中更加坚强。党的伟大的自我革命，有力地推进了伟大的社会革命的进程。

实现第一个百年奋斗目标以后，我们党已经站在新的起点，就是要向第二个百年奋斗目标迈进。习近平总书记在中国共产党第十九次全国代表大会庄严宣布，从全面建成小康社会到基本实现现代化，再到全面建成社会主义现代化强国，是新时代中国特色社会主义发展的战略安排。我们要坚忍不拔、锲而不舍，奋力谱写社会主义现代化新征程的壮丽篇章！

党的十九届五中全会审议通过的《中共中央关于制定国民经济和社会发展第十四个五年规划和二〇三五年远景目标的建议》，标志着我们进入了一个新的发展阶段。"十四五"时期就是我们新发展阶段的新起点，我们要从新发展阶段的新起点出发，以一往无前的奋斗精神、风雨无阻的精神状态，改革不停步、开放不止步，推动中国特色社会主义不断取得新的发展。

2.总结社会主义五百年的历史和对社会主义前景的展望。这一部分主要包括三点：第一，指出社会主义是人类进步的明灯。特别是用几个"第一次"来论证社会主义对人类进步事业做出的巨大贡献；第二，指出了社会主义实践给我们带来的重要的启示，包括有六条：要认识社会主义的必然性和长期性，认识到社会主义从来都是在开拓创新中前进的，强调社会主义必须始终坚持以人民为中心的发展思想，强调社会主义必须要有坚强的无产阶级政党的领导，社会主义事业必须培养大批合格的社会主义事业建设者和接班人，社会主义事业必须加强与世界大多数人民的团

更多精彩，扫码
观看本讲视频

结合作，等等；第三，社会主义在 21 世纪必将迎来新的辉煌。

三、怎样学好《社会主义发展简史》

习近平总书记说"历史是最好的教科书"，"要做到学史明理、学史增信、学史崇德、学史力行，教育引导全党同志学党史、悟思想、办实事、开新局。"我们党历来是重视社会主义发展史的学习，这种学习也确实对我们党发挥了非同寻常的重要作用。

我们党在创建时期学习社会主义史，培养了一大批坚定的马克思主义者和我们党的早期领导人。毛泽东同志 1936 年 10 月在和斯诺的谈话中提到，有三本书对他的影响特别深，其中就包括《社会主义史》，他还说"我一旦接受了马克思主义是对历史的正确解释以后，我对马克思主义的信仰就没有动摇过。"其实我们学习历史就可以看到，不仅是毛泽东同志，包括我们党的那一代领导人，很多都是通过学习《社会主义史》了解了社会主义，了解了科学社会主义，了解了我们党所从事的伟大事业，从而明确了自己的终身追求。

在新民主主义革命时期和社会主义建设时期，学习《社会主义史》也大大促进了社会主义事业的发展。新中国成立前后，我们党掀起了学习社会主义发展史的一股热潮，很多从旧社会过来的知识分子通过这种学习认识了历史唯物主义，认识了马克思主义，认识了中国共产党，认识了新社会；许多工农群众通过这种学习，认识了新社会，认识了中国共产党，建设社会主义积极性得到空前提高。20 世纪 60 年代，我们进行社会主义发展史教育，对我们社会主义事业发展也起了非常重要的作用。20 世纪 60 年代初，社会主义发展史在我国的教育系统开始系统化、规范化和学科化，当时中宣部组织编写的第一部文科教材就包括《科学社会主义原理》《国际共产主义运动史》《世界社会主义运动史》等，这些教材的出版都大大促进了社会主义史教育的发展。

在改革开放和社会主义现代化建设新时期，我们党陆续开展了社会主义教育，组织干部群众学习社会主义发展史，并且把社会主义发展史的学习同学习毛泽东思想和中国特色社会主义理论体系紧密结合起来，推动学习不断深入。有力保证了改革开放的正确方向，有力地统一了全党、全国各族人民的思想，为中国特色社会主义事业的顺利发展提供了思想保证。

党的十八大以来，习近平总书记也特别重视社会主义发展史的学习。2013 年 1 月，他在新进中央委员会的委员、候补委员学习贯彻党的十八大精神研讨班上就深刻阐述了社会主义发展五百年的非凡历史，阐明了中国特色社会主义历史渊源和社会主义的发展进程。2016 年 7 月，习近平总书记在庆祝中国共产党成立 95 周年大会上强调，"一切向前走，都不能忘记走过的路；走得再远、走到再光辉的未来，也不能忘记走过的过去，不能忘记为什么出发。"2020年1月，在"不忘初心、牢记使命"主题教育总结大会上，他明确指出，"要把学习贯彻党的创新理论作为思想武装的重中之重，同学习马克思主义基本原理贯通起来，同学习党史、新中国史、改革开放史、社会主义发展史结合起来"。在2021年4月的党史学习教育动员大会上，他再次强调，"要学习党史、新中国史、改革开放史、社会主义发展史，广大党员要以学习党的历史为重点，做到知史爱党、知史爱国，在学习领悟中坚定理想信念，在奋发有为中践行初心使命"。所以，学习社会主义发展史是我们党理论学习的一个重要组成部分，我们可以从以下几个方面把握社会主义发展史的学习：

第一，要把握社会主义发展的历史全貌，深刻认识社会主义发展的规律，树立牢不可破的理想信念。坚定的理想信念是建立在对历史规律的深刻把握之上的。恩格斯在《社会主义从空想到科学的发展》中写到，"现代社会主义，就其内容来说，首先是对现代社会中普遍存在的有财产者和无财产者之间、资产者和雇佣工人之间的阶级对立以及生产中普遍存在的无政府状况这两个方面进行考察的结果。"直到今天，科学社会主义得以确立的这两个基本方面，仍然没有变化。在资本主义社会，阶级对立仍然存在，社会基本矛盾没有消除，不时发生的资本主义经济危机就是这个矛盾的外在的表现。苏东剧变使社会主义遭受了挫折，但是没有否定资本主义社会存在问题，也无法否定科学社会主义的基本原则。中国特色社会主义实践展示了社会主义的强大生机、活力，所以我们学习社会主义发展史，就要从整个社会主义历史发展的全貌中来认识它内在的根本规律，它必然胜利的历史趋势，从而坚定我们的信仰。

第二，注重学习正反两方面的经验教训，搞清楚成败得失的原因，以更加清醒地推进我们的事业。历史是面镜子，可以明得失。社会主义五百多年发展中，确实是有辉煌、有挫折，有顺境、有逆境，有成功、有失败。这些辉煌、挫折、顺境、逆境、成功、失败，都是历史积淀的智慧，是我们吸取继续前进的力量的来源。通过学习社会主义发展史，特别是社会主义光荣、曲折并终将走向辉煌的发展史，学习正反两方面的经验教训，从而更加深刻地认识社会主义，搞清楚什么是社会主义，怎样建设社会主义等等这些基本的问题，目的是更好地坚持和发展中国特色社会主义。

第三，要把学史实和学精神结合起来。铭记先辈对社会主义事业的忠诚，涵养强大的精神力量。社会主义五百多年的历史演绎了无数动人的故事，它是一部为主义而献身、为理想而奋斗、为信仰而坚守的历史。科学社会主义 170 多年来，无数志士仁人前赴后继、不屈不挠，至少几十亿人民参与到社会主义发展的事业中，紧紧追随社会主义事业，英勇地为之奋斗。中国的革命、建设和改革的历程中，更是有无数的先辈，为了崇高的社会主义、共产主义理想不惜牺牲，矢志不渝，可以说这就是为我们树立的光辉的榜样。习近平总书记说，革命理想高于天。没有远大理想，不是合格的共产党员；离开现实工作而空谈远大理想，也不是合格的共产党员。所以，我们学习社会主义发展史除了学习史实以外，还要学习中国共产党人的精神谱系，学习无数革命先辈的奋斗精神和高尚的品德，特别是学习他们对事业、对理想、对党、对人民的无限忠诚，始终把自己的命运与国家的前途、民族的未来、人民的幸福和人类进步事业结合在一起，脚踏实地地建设中国特色社会主义。

第四，要深刻体悟我们党的初心与使命。社会主义发展史是最能体现我们党的初心与使命的一部历史，我们党为什么要干社会主义，发展中国特色社会主义是为了什么，我们又怎么样继续去发展中国特色社会主义，其实这所有问题只有一个答案，就是为了人民。为了人民能过上更好的日子，而且日子越过越好。习近平总书记在十九届中央政治局进行第三十一次集体学习时强调，"江山就是人民，人民就是江山，打江山、守江山守的是人民的心，就是要告诫全党同志，对我们这样一个长期执政的党而言，没有比忘记初心使命、脱离群众更大的危险。只要我们始终同人民生死相依、休戚与共，人民就会铁心跟党走，党就能长盛不衰。"学习社会主义发展史就是要深刻认识我们党的初心使命，牢固树立人民立场，深刻认识人民立场是党的根本立场，是我们党的生死关键，我们的一切奋斗就是为了人民。

今天中国正处在中华民族伟大复兴的关键时期，国家强盛、民族复兴需要物质力量，也需要精神力量。我们要从社会主义五百年历史中吸取智慧、力量和信心，始终不忘初心、牢记使命，始终坚守理想、坚定信念，接好社会主义接力棒，走好新时代的长征路。在全面建成富强民主文明和谐美丽的社会主义现代化强国，实现中华民族伟大复兴的征程中用热血、汗水和牺牲铸就新的辉煌。

快问快答

1. 在学习《社会主义发展简史》的时候，应该着重注意把握哪些主题和主线？如何将社会主义发展史的学习同党史、新中国史和改革开放史的学习有效衔接、融会贯通？

答：社会主义发展史的主题，就是谋求人类解放、人民解放。马克思、恩格斯在《共产党宣言》里面讲过，"代替那存在着阶级和阶级对立的资产阶级旧社会的，将是这样一个联合体，在那里，每个人的自由发展是一切人的自由发展的条件。"这样一个联合体的实现，实际上就是人类不断解放的一个过程。

人类解放过程实际上面临三个矛盾：一个是自然的矛盾，一个是社会的矛盾，一个是自我的矛盾，所以就有自然的革命、社会的革命和自我的革命。我们党一百年的奋斗，首先是解决民族压迫和阶级压迫，所以，是社会革命。只有实现这个前提，才能谈得上其他的革命。新中国成立以后，进行社会主义建设，使人民摆脱贫困，从站起来、富起来不断地发展，实现全面小康，这是自然革命，是解决人民群众的生活的问题。现在到了中国特色社会主义新时代，不平衡、不充分的发展是我们主要矛盾，就是要革不平衡、不充分发展的命。

整个发展的过程就是人类不断解放的过程。在这个过程中间，同时还有一个人的自我解放的过程，这就是我们的伟大建党精神，我们民族精神的塑造，中国共产党人精神谱系的形成，我们培养社会主义、共产主义新人等等。在这种革命过程中，实际上也就是自我革命、思想革命的一个过程，新人塑造的过程。共产主义、社会主义是一个漫长的历史过程，但是贯穿始终的是人类解放、人民解放。

2. 习近平总书记在 2021 年秋季学期中央党校（国家行政学院）中青年干部培训班开班式上强调，年轻干部要牢记，坚定理想信念是终身课题，需要常修常炼，要信一辈子、守一辈子。学习社会主义发展史，特别是中国特色社会主义发展史，对于青年干部进一步做到信念坚定、对党忠诚有哪些重要意义？

答：习近平总书记说"理想信念是中国共产党人的精神支柱和政治灵魂"，精神支柱和政治灵魂之所以能够坚不可摧，除了感性的实际生活带来的这种认识以外，更重要的是建立在理性基础之上，建立在科学理论基础之上，建立在对历史规律的深刻把握之上的。

革命先烈夏明翰说过，"砍头不要紧，只要主义真。"方志敏也说过，"敌人只能砍下我们的头颅，决不能动摇我们的信仰！因为我们信仰的主义，乃是宇宙的真理！"夏明翰、方志敏都出生在家境相对比较好的家庭，从他们自己个人的生活体验感受来讲，他们可以不做出这个牺牲，他们日子照样可以过得好。他们为什么投身于革命，甚至不惜牺牲，那么坚贞不屈，就是因为他们不是为了自己，他们认清了人类社会历史发展的规律，认清了要为这个美好社会贡献自己的一切，包括生命。所以，学习社会主义发展史，就是要帮助年轻同志认识社会发展的规律，从而把理想信念建立在一个坚实的理论基础之上。在实际生活中通过感性认识也可以强化我们的理论认识。但是感性认识不能代替理论学习。所以，我们党强调社会主义发展史的学习，强调理论的学习，就是要帮助我们认清楚这个历史发展的规律，坚定我们的理想信念。

3. 走好新时代的长征路，接好社会主义发展的接力棒，避免走封闭、僵化的老路，改旗易帜的邪路，在接下来，有哪些方面是我们必须始终坚持一以贯之的？又有哪些方面是我们需要进一步去探索、完善和思考的？

答：《社会主义发展简史》的结束语中总结了六点启示：要认识社会主义的必然性和长期性，认识到社会主义从来都是在开拓创新中前进的，强调社会主义必须始终坚持以人民为中心的发展思想，强调社会主义必须要有坚强的无产阶级政党的领导，社会主义事业必须培养大批合格的社会主义事业建设者和接班人，社会主义事业必须加强与世界大多数人民的团结合作。这六点启示就是从社会主义500年，科学社会主义170多年，社会主义制度100多年的历史经验教训中间总结出来的关于如何坚持和发展社会主义的一些认识。

　　总体来讲，这五百多年的历史告诉我们，要坚持和发展社会主义事业，必须要有一个真正的马克思主义政党来领导。这个政党必须要从严要求自己，必须要始终以人民为中心，要能够把马克思主义同具体的实践结合起来，要能够团结最广大的人民，包括世界各国人民，而且要有正确的政策和策略。因为社会主义是一个很长的历史时期，正因为长，它的发展过程就会曲折，就会出现各种情况。面临各种曲折，面临新的情况，我们就要坚定信心。所以，要深刻认识到社会主义"两个必然"这个历史趋势，同时，要看到还有"两个决不会"。发展过程中间的曲折是难以避免的，有些发展现象是在实践中不断加以完善的。只有坚持正确的政策和策略，既看到社会主义的长期性、艰巨性，也要看到它必然胜利，不断坚定我们为之持续奋斗的信心，不断地为之奋斗。

　　社会主义事业长，要一代一代人干下去。党要培养一代又一代的社会主义事业的建设者和接班人。"不忘初心、牢记使命"，实际上这个话我们要一代一代永远讲下去，始终要不忘初心、牢记使命。中国共产党成立 100 年，执政 70 多年，未来还要长期执政，因为共产党执政本质上就是领导和支持人民当家作主，或者说共产党执政就是人民当家作主，所以，中国共产党要长期执政。我们要汲取、总结的东西很多，实际上简单归结起来就是《社会主义发展简史》的结束语中总结的六点启示。这六条我们牢牢把握，党的事业就能不断地发展。

青年说

　　接力棒已然传递到吾辈手中，我们深受祖国滋养，在万千宠爱和庇护下茁壮成长。幸福源于祖国，自当万般努力才能够回馈这生我养我的华夏大地。见证沧桑巨变，历史的车轮已然沾满鲜血和奋斗者的身影，凝聚成一股中国力量，积蓄在你我手中。我们都是未来生活的缔造者，我们也终将成为未来世界的历史。在这浩浩汤汤的时间长廊中书写属于自己的故事，用矢志不渝的信念擦亮青春底色，山河已无恙，吾辈当自强！

——高丕一（中国太平爱学习队）

　　树高千尺有根，水流万里有源。五百年前空想社会主义种下一颗理想社会的种子，经过马克思恩格斯、俄国十月革命和苏联模式的实践探索，最终在中国发展为新时代中国特色社会主义。通读《社会主义发展简史》，我深刻认识到，社会主义能够穿越五百年，并在今天的中国焕发出勃勃生机，是社会实践和时代发展的必然趋势。

——高琪（银保监会同心聚力队）

　　社会主义发展到今天历经500多年的沧桑巨变，虽波折不少，但其总体的发展路径仍是不断前进的，符合唯物辩证法的事物发展规律，即事物的发展呈现出波浪式前进或螺旋式上升的总趋势，是前进性和曲折性的统一，即前途是光明的，道路是曲折的。当前中国社会主义建设取得的举世瞩目成就的关键在于坚持中国共产党的领导，是党将马克思主义与中国的具体实际相结合，团结带领中国人民一路奋进才擘画出中国特色社会主义发展新篇章，未来中国道路该如何走关键还是在党。如果没有中国共产党的领导，我们的国家、我们的民族不可能取得今天这样的成就。实践充分证明，坚持和完善党的领导，是党和国家的根本所在，命脉所在，是全国各族人民的利益所在。

——朱南兰（中国邮政集团有限公司直属机关队）

学以致用

1.公元 1516 年，英国人托马斯·莫尔的 _____ 一书出版，描绘了一个没有剥削压迫、人人平等、和谐安宁的社会，这是社会主义的最初萌芽。

A.《社会主义从空想到科学的发展》

B.《理想国》

C.《共产党宣言》

D.《乌托邦》

2.社会主义的最初萌芽是 _____ 社会主义，其关于理想社会的许多构想，至今仍然具有重要的启示意义。

A. 空间

B. 科学

C. 空想

D. 理想

3.19 世纪 40 年代，马克思、恩格斯适应时代发展的需求，在深入批判资本主义旧世界的基础上，创立了 _____ 。使社会主义实现了从 _____ 到 _____ 的历史性跨越。

A. 科学社会主义 理想 科学

B. 理想社会主义 空想 理想

C. 科学社会主义 空想 哲学

D. 科学社会主义 空想 科学

4. 欧洲资本主义的发展和工人运动的兴起，为科学社会主义的产生提供了现实的依据，当时欧洲的三大思潮，即 _____ 、_____ 、_____ 。

A. 德国古典哲学 法国古典政治经济学 德法两国的空想社会主义

B. 德国古典哲学 英国古典政治经济学 英法两国的空想社会主义

C. 德国古典哲学 英国古典政治经济学 德法两国的空想社会主义

D. 英国古典哲学 德国古典政治经济学 英法两国的空想社会主义

5.科学社会主义创立的标志性著作，是 _____ 创作的 _____。

A.马克思《共产党宣言》

B.马克思《资本论》

C.马克思和恩格斯《资本论》

D.马克思和恩格斯《共产党宣言》

6.社会主义思想传入中国的最早公开文字，是1899年在上海出版的 _____ ，上面简略介绍了马克思和他的学说。

A.《大公报》

B.《中外新报》

C.《万国公报》

D.《时务报》

7.科学社会主义创始人马克思和恩格斯诞生在哪个国家？

A.美国

B.英国

C.法国

D.德国

8.马克思主义最根本的世界观和方法论是 _____ ？

A.辩证唯物主义与历史唯物主义

B.唯物主义和辩证法

C.剩余价值学说和劳动价值论

D.科学社会主义

9.以毛泽东同志为主要代表的中国共产党人，把马克思主义基本原理与中国实际相结合，创立了毛泽东思想，领导中国 _____ 取得了 _____ 的伟大胜利，建立了新中国，确立了 _____ 制度。

A.人民 社会主义革命 社会主义

B.人民 无产阶级革命 社会主义

C.群众 新民主主义革命 中国特色社会主义

D.人民 新民主主义革命 社会主义

10.毛泽东在《中国的红色政权为什么能够存在?》等著作中指出，中国革命只能走与资本主义国家不同的道路，只能走农村包围城市、武装夺取政权的道路。这篇著作创作于 _____ 。

A.长沙

B.井冈山

C.瑞金

D.延安

11.世界上第一个无产阶级政权是 _____ 。

A.苏维埃

B.第一国际

C.第二国际

D.巴黎公社

12.经济政治发展的不平衡是资本主义的绝对规律，由此得出结论：社会主义可能首先在少数或者甚至在单独一个资本主义国家内获得胜利。提出这一著名论断的是 _____。

A.马克思

B.恩格斯

C.列宁

D.斯大林

13.社会主义从理论到实践的飞跃，是通过 _____ 实现的。

A.改革和革命

B.对人民群众的教育

C.实践

D.无产阶级革命

14.无产阶级革命取得胜利的根本保证是 _____。

A.无产阶级政党的正确领导

B.建立革命的统一战线

C.人民群众的革命积极性的极大提高

D.国家政权问题

15.社会主义必然代替资本主义的主要依据是 _____。

A.无产阶级与资产阶级斗争尖锐化

B.个别企业有组织的生产与整个社会生产无政府状态之间的矛盾

C.现代无产阶级的日益壮大

D. 生产的社会化与资本主义私人占有制之间的矛盾

16. 中华人民共和国第一部宪法是 _____ 年颁布的?

A.1954

B.1956

C.1958

D.1960

17. 党在社会主义初级阶段基本路线是 _____ 是新时期指导党和国家各项工作的总纲。

A. 以经济建设为中心

B. 坚持四项基本原则

C."一个中心、两个基本点"

D. 坚持发展改革开放

18. 中国共产党第 _____ 次全国代表大会明确提出了经济体制改革的目标是建设社会主义市场经济体制。

A. 十三

B. 十四

C. 十五

D. 十六

19. 中国共产党第 _____ 次全国代表大会把邓小平理论作为指导思想写入党章,确立为党必须长期坚持的指导思想。

A. 十三

B. 十四

C.十五

D.十六

20."三个代表"重要思想的本质是 _____。

A.立党为公、执政为民

B.坚持与时俱进

C.一切从实际出发

D.实事求是

21. _____ 年 11 月 10 日，在 _____ 举行的世界贸易组织（WTO）第四届部长级会议通过了中国加入世界贸易组织的法律文件。12 月 11 日，中国正式成为世贸组织成员。

A.2001 迪拜

B.2001 多哈

C.2000 多哈

D.2000 迪拜

22.党的十七大把 _____ 四位一体的中国特色社会主义事业总体布局写入党章。

A.经济建设、政治建设、文化建设、社会建设

B.经济建设、政治建设、文化建设、法治建设

C.民主法治、公平正义、科学执政、民主执政

D.立党为公、执政为民、科学执政、民主执政

23.全面建设小康社会的奋斗目标，是在 _____ 提出来的。

A. 党的十五大

B. 党的十六大

C. 党的十七大

D. 党的十八大

24. 邓小平理论初步回答了 _____ 问题。

A. 什么是新民主主义革命、怎样进行新民主主义革命

B. 什么是社会主义、怎样建设社会主义

C. 建设什么样的党、怎样建设党

D. 什么事科学发展、怎样实现科学发展

25. 改革开放初期，我国设立的经济特区有 _____ 。

A. 深圳 上海 汕头 珠海

B. 深圳 厦门 上海 珠海

C. 深圳 珠海 汕头 厦门

D. 深圳 上海 厦门 汕头

26. _____ 成功开创了中国特色社会主义。

A. 以毛泽东同志为核心的党的第一代中央领导集体带领全党全国各族人民

B. 以邓小平同志为核心的党的第二代中央领导集体带领全党全国各族人民

C. 以江泽民同志为核心的党的第三代中央领导集体带领全党全国各族人民

D. 以习近平同志为核心的党中央领导集体带领全党全国

各族人民

27.马克思列宁主义基本原理与中国具体实践相结合产生的第二次理论飞跃是形成了 _____ 。

A.毛泽东思想

B."三个代表"重要思想

C.邓小平理论

D.中国特色社会主义理论体系

28.科学发展观,第一要义是发展,核心是 _____ ,基本要求是 _____ ,基本方法是 _____ 。

A.为民服务 全面协调可持续 改革开放

B.为民服务 以经济建设为中心 统筹兼顾

C.以人为本 全面协调可持续 统筹兼顾

D.以人为本 以经济建设为中心 改革开放

29.2021 年,我国脱贫攻坚战取得了全面胜利,现行标准下 _____ 万农村贫困人口全部脱贫, _____ 个贫困县全部摘帽, _____ 万个贫困村全部出列。

A.9889 832 12.8

B.9889 823 13.8

C.9899 832 12.8

D.9899 823 13.8

30.党的十八大以来,中国特色社会主义站在新的历史起点上。党中央牢牢把握国内国际两个大局,深入贯彻新发展理念，统筹推进 _____ 总体布局、协调推进 _____ 战略布局，推动 _____ 规划顺利完成、_____ 规划顺利实施，中国特色社会主义在新时代迈向辉煌！

    A."四个全面""五位一体""十二五""十三五"

    B."五位一体""四个全面""十二五""十三五"

    C."四个全面""五位一体""十三五""十四五"

    D."五位一体""四个全面""十三五""十四五"

    1."建设有中国特色的社会主义"这一重大时代命题包含哪两层含义？有什么重要意义？

    2.社会主义历史发展给我们的深刻启示有哪些？

....

....

....

....

....

....

....

....

第7讲参考答案

1—5　DCDBD	6—10　CDADB	11—15　DCDAD
16—20　ACBCA	21—25　BABBC	26—30　BDCCD

责任编辑：王熙元

版式设计：王欢欢

图书在版编目（CIP）数据

历史是最好的教科书：党史学习边学边记／

本书编委会 编 . —北京：人民出版社，2023.4

ISBN 978 - 7 - 01 - 025546 - 0

I. ①历… II. ①本… III. ①中国共产党 - 党史 - 学习参考

资料 IV. ① D239

中国国家版本馆 CIP 数据核字（2023）第 050227 号

历史是最好的教科书

LISHI SHI ZUIHAO DE JIAOKESHU

——党史学习边学边记

本书编委会 编

人民出版社 出版发行

（100706 北京市东城区隆福寺街 99 号）

北京新华印刷有限公司印刷 新华书店经销

2023 年 4 月第 1 版 2023 年 4 月北京第 1 次印刷

开本：880 毫米 × 1230 毫米 1/32 印张：13

字数：245 千字

ISBN 978 - 7 - 01 - 025546 - 0 定价：68.00 元

邮购地址 100706 北京市东城区隆福寺街 99 号

人民东方图书销售中心 电话（010）65250042 65289539